Gilbert Brands

Der sichere Webserver und seine Umgebung

Aufsetzen, Programmieren und Testen:

ein Trainings-, Übungs- und Ideenbuch für den Administrator,

Webprogrammierer und den, der es werden will

Buchreihe: IT-Sicherheit, Vol. III

Dr. Gilbert Brands
26736 Krummhörn

Email: gilbert@gilbertbrands.de

ISBN-13: 978-1489565990

© Gilbert Brands, Krummhörn, 2013

Hinweise zu anderen Bänden der Reihe am Ende des Buches

Inhaltsverzeichnis

1 Maximale Sicherheitsprävention

An die Programmierung von Servern trauen sich viele Leute heran, weil der Einstieg relativ leicht ist: man kann für einen Internetauftritt einen Server mieten und muss sich nicht mit dessen Einrichtung befassen, und die ersten Seiten werden irgendwelche HTML-Seiten sein, die auch ohne Übung schon nach kurzer Zeit ein buntes Bild ergeben. „Man" rutscht so mehr oder weniger automatisch in die Sparte „Webprogrammierer", und schon bald kommen Serverprogrammierung, Datenbankzugriffe und schließlich Clientprogrammierung hinzu. Aufgrund dieses Spektrums an verschiedenen Programmiertechniken gehört die Webprogrammierung eigentlich zu den Königsdisziplinen, und aufgrund des Netzwerkeinbindung zu den gefährlichen Disziplinen, in denen Unfug angestellt werden kann:

> Dem Webprogrammierer durch „learning by doing" fehlt nicht selten die Systematik, die Sicherheitsaspekte zu würdigen, und er investiert fast seine komplette Zeit darin, seinen Webauftritt bunt und schrill zu gestalten, während die Sicherheit nur wenige Gedanken abbekommt. Die gleichen Fehler werden von der nächsten Generation wiederholt, und längst abgestellt geglaubte Lücken tauchen in Webseiten immer wieder auf.[1]

> Dem Hacker stehen nicht nur viele Angriffswerkzeuge zur Verfügung, die es auch technisch weniger qualifizierten Leuten erlauben, Server anzugreifen, er wird in seiner professionellen Version ebenso viel Zeit wie der Webprogrammierer ausschließlich darin investieren, die Lücken herauszufinden und auszunutzen.[2]

> Die Gruppe der internen Nutzer erhält oft keine ausreichenden Sicherheitshinweise, die ein versehentliches Schädigen des Systems durch das eigene Personal vermeiden sollen, an die Hand, oder auf die Umsetzung einer Sicherheitspolitik wird nicht hinreichend geachtet, weder von dem, der sie beachten, noch von dem, der sie kontrollieren soll.

Dieses Buch tritt nicht an, dem Webprogrammierer zu erklären, wie er seinen Auftritt bunt und schrill gestalten kann – das kann er vermutlich besser als der Autor. Es soll ihm aber einige Sicherheitsrezepte an die Seite stellen, nach denen auch der Anfänger von vornherein seine Webanwendung sicher gestalten kann. Hält er sich an den Fahrplan, wird ein Fremdeindringen in den Server schon recht schwierig und unwahrscheinlich, auch wenn die Arbeit später professionell in einem Unternehmen fortgesetzt wird.

Einige Organisationen wie die RailsGirls versuchen beispielsweise, interessierte Anfänger in Kurzseminaren und Workshops an die Webprogrammierung heranzuführen. Im

---

1 Der Verfasser war bei seiner Zusammenarbeit mit der Polizei in Sachen Internetkriminalität erstaunt, wie oft die Ursache für einen geknackten Webserver noch eine SQL-Injection ist.

2 Wir werden hier solche Werkzeuge für Sicherheitstests nutzen.

Grunde der richtige Ansatz, um technisch meist wenig beschlagene junge Leute an die Technik heranzuführen. Die Aussage des einen oder anderen Machers „*Man kann ja erst mal machen, ohne etwas zu verstehen. Der Rest kommt vielleicht später.*" halte ich aber für eine gefährliche Fehleinschätzung. Leute, die sich mit Webprogrammierung beschäftigen, sollten vom ersten Augenblick an auch mit den Gefahren vertraut gemacht werden.

Ist die Anwendung erstellt und einsatzbereit, soll dieses Buch dem (angehenden) Administrator helfen, alles zu testen und sichere Systemkonfigurationen und Programme im Internet in Betrieb gehen zu lassen. Wird der Server geschäftlich eingesetzt, sind noch eine Reihe weiterer Sicherheitsmaßnahmen sinnvoll, die äußere Bedrohungen und inneren Schlendrian neutralisieren können. Denn auch aus dem Umgang mit nachfolgenden Kommunikationsmitteln wie Emails kann noch viel Ungemach resultieren. Doppelt hält besser, und wenn man als Administrator einige Löcher grundsätzlich verschließt, braucht man auch nicht mehr Datenlecks durch versehentliche oder fahrlässige Nichtbeachtung von Sicherheitsrichtlinien durch die anderen Systemnutzer zu fürchten.

Es ist erstaunlich, wie unbekümmert noch immer jede Sicherheitssorgfalt beim Umgang mit Emails fehlt. Die Industriespionage von Geheimdiensten hat bereits in den 1990er Jahren immense Schäden in der deutschen Industrie verursacht, und durch das WWW haben auch Kriminelle immer weitreichenderen Zugang zu Schlüsselpositionen im Netz. Trotzdem hört man immer noch und immer wieder von Schäden durch gefälschte oder belauschte Mails, auch im Industriebereich.

Die verschiedenen Aspekte sicherer Konfiguration, Programmierung, Tests und Kontrolle werden in diesem Buch anhand folgender Systemkomponenten ausführlich diskutiert:

- Linux-Betriebssystem
- Apache HTTP-Server
- PHP – Serverprogrammierung mit dem MVC-Framework CodeIgniter
- MySQL – Datenbankserver
- JavaScript – Clientprogrammierung

Später kommen noch weitere Komponenten hinzu, bei denen die Diskussion aber großenteils etwas allgemeiner ausfällt, da hier auch die allgemeine Sicherheitsphilosophie des Serverbetreibers eine Rolle spielt:

- Firewall und Proxyserver (IPCop, squid, snort)
- Mailserver (sendmail, postfix, dovecot, . . .)

Diese Auswahl der hier schon namentlich aufgeführten Komponenten sowie weiterer, auf die wir in den einzelnen Kapiteln stoßen werden, erfolgte unter zwei Gesichtspunkten:

- ✔ Die Systemkomponenten sind allgemein und frei zugänglich. Sie können auf dem häuslichen Computer installiert werden, so dass praktische Übungen von jedem Leser uneingeschränkt durchgeführt werden können.

✔ Die Systemkomponenten werden auch im professionellen Bereich eingesetzt, so dass die Erkenntnisse unmittelbar in die Praxis übertragen werden können.

Die Auswahl soll keinerlei Wertung darstellen, auch wenn man häufig auf genau diese Komponenten trifft. In der realen Internetwelt werden natürlich weitere spezielle Netzwerkkomponenten oder andere Betriebssysteme, Server, Datenbanken und Programmiersysteme eingesetzt. Was man in einem Unternehmen vorfindet, hat meist eine gut durchdachte Historie, und man sollte sich erst mit der jeweiligen Sicherheitsphilosophie vertraut machen, bevor man eine Diskussion anfängt. Leser, die mit anderen Systemen arbeiten, werden die hier vorgestellten Konfigurationen und Programmbeispiele nicht direkt übernehmen können, jedoch sind die Fehler, die man machen kann, in allen Systemen ähnlich gestrickt. Die Ausführungen in diesem Buch dürften daher auch für solche Leser nutzbringend sein, die Windows, Java, Ruby, Postgre oder andere Systemkomponenten verwenden.

Stichwort Übungen:

> Lesen Sie dieses Buch nicht nur, sondern sehen Sie es als Anleitung zum Üben und zum Aufstellen eigener Sicherheitsrichtlinien.

Auch wenn Sie nicht sofort ein Webprojekt beginnen, sollten Sie dieses Buch nicht nur lesen, sondern die Themen auf Ihrem System auch zur Übung umsetzen. Und auch der bereits in einem Projekt steckende Programmierer oder Administrator tut gut daran, nicht sofort am realen Server zu arbeiten, sondern erst einmal in einer Laborumgebung alles auszuprobieren und zu testen. Die Theorie sieht oft einfach aus, aber die Umsetzung in die Praxis dauert aufgrund kleiner Nickligkeiten der Systeme nicht selten ein paar Stunden. Verstanden hat man eine Sache aber erst dann, wenn man sie auch einmal ausprobiert hat. Die Nickligkeiten beginnen meist recht früh: schon bei den hier als Arbeitsbasis verwendeten Systemkomponenten gibt es Unterschiede bei der Konfiguration, je nach verwendeter Distribution oder Version einer Kompontente. Der Leser wird daher an der einen oder anderen Stelle etwas Mühe und Fantasie entwickeln müssen, um die Pfade zu identifizieren, in denen seine Konfigurationsdateien liegen, oder auch die Dateien, in die eine Parameterkonfiguration aus unerfindlichen Gründen von den Entwicklern verschoben wurde.

> Dem Autor ging es oft nicht anders. Anleitungen oder Tutorien zu Einzelthemen waren oft nur dazu zu gebrauchen, herauszubekommen, wonach man eigentlich suchen muss. Aber auch das ist oft schon eine wichtige Hilfe. Aus diesen Gründen ist das Buch übrigens auch relativ dünn: dicke Anleitungen stimmen oft nach kurzer Zeit nicht mehr und machen den Leser oft etwas betriebsblind, da die Versuchung, ausführliche und umfangreiche „Kochvorschriften" ohne eigene Überlegung nachzufahren, groß ist. Hier finden Sie zwar (hoffentlich) auch alle wesentlichen Sachen, aber Ihre eigenen Ideen bei der Umsetzung sind bei den Details auch gefordert.

Manche Leser werden an Windows (oder MacOS) statt an Linux gewöhnt sein und sich für den Übungsbetrieb nur ungern von Ihrem Betriebssystem trennen. Das ist nicht weiter kritisch. Mit XAMPP stehen für beide Systeme komplette Apache/MySQL/PHP-Serversysteme zur Verfügung, mit denen das meiste ebenfalls geübt werden kann, und für den Rest genügt eine virtuelle Maschine (VirtualBox oder VMWare), die mit dem passenden Betriebssystem geladen und nach dem Test auch wieder entsorgt werden kann. Beim System, das hinterher als Server im Internet eingesetzt wird, sollte man sich aber schon Gedanken darüber machen, ob man sein System so gut kennt, dass man potentielle Lücken auch dort schließen kann, oder zumindest zu diesem Zeitpunkt auf Linux zurückgreift.[3]

Aufgrund der Spannweite der Webprogrammierung und der Beschränkung des Umfangs dieses Buches sollte der Leser allerdings einige Kenntnisse mitbringen. Zwar sollte auch der Anfänger bereits mit dem Thema Sicherheit vertraut gemacht werden, aber mehr als ihn in einigen Kapiteln auf eine Schiene zu setzen, um die Einarbeitung in Programmiertechniken und -Sprachen zu erleichtern, kann und will ich nicht tun. Zumindest parallel zu den entsprechenden Kapiteln sollte sich der Leser folgende Kenntnisse aneignen:

> Die Programmierkenntnisse sollten so weit fortgeschritten sein, dass die Codebeispiele verstanden werden oder einige nur in Grundzügen dargelegte Prinzipien selbständig in ein Programm umgesetzt werden können. Dabei genügen auch Kenntnisse in der C/C++ - oder Java-Programmierung.

> Das gilt in noch größerem Umfang für HTML, CSS und JavaScript oder allgemein den Bereich Clientprogrammierung. Diese Sachen sorgen für das schöne Aussehen einer Seite, spielen aber sicherheitstechnisch im Grunde keine Rolle, nehmen also hier auch weniger Umfang ein.

> Der Umgang mit relationalen Datenbanken und der Kommandosprache SQL sollte zumindest so weit bekannt sein, dass Sie sich einige der spezielleren Ausführungen im Eigenstudium verständlich machen können.

> Auf die genauen Spezifikationen der Internetprotokolle (HTTP, TCP, IP, usw.) werden wir ebenfalls nicht eingehen (können). Informationen sind im Internet aber leicht zu finden, beispielsweise in Form der RFCs. Diese Normbeschreibungen sind zwar nicht ganz einfach zu lesen, stellen aber die verbindliche Referenz für die Protokolle dar.[4]

Einige Themenbereiche werden möglicherweise dem einen oder anderen Leser bereits bekannt sein. Solche Kapitel können Sie überfliegen, aber

> achten Sie auf solche eingerahmten Absätze, denn so werde ich häufig sicherheitstechnische wichtige Gesichtspunkte kenntlich machen.

Möglicherweise finden Sie auch in Abschnitten mit bekannten Themen noch Sicherheitshinweise, die Sie noch nicht berücksichtigt haben.

---

3   Die Entscheidung muss nicht nur eine Sicherheitsentscheidung sein. Bei vergleichbarer Sicherheit der installierten Gesamtanwendung muss auch die Performanz eines Systems bewertet werden.

4   PHP, HTML, CSS und JavaScript warten mit einer Unmenge an Bibliotheksfunktionen und spezielle Einstellungen auf. Die jeweiligen Handbücher sind im Internet zu finden und haben teilweise einen Umfang von mehr als 1.000 Seiten. Für das grundsätzliche Verständnis genügen aber meist ein paar Grundlagen, um dann zielsicher im Handbuch das Passende zu finden. SQL-Kenntnisse könnten eine größere Herausforderung werden, aber auch da lässt sich sicher im Internet etwas finden, mit dem Sie sich schlau machen können.

Und um gleich mit einem wichtigen Absatz zu beginnen: vielfach werden Sie Sicherheitsmaßnahmen finden, die etwas absichern, das an anderer Stelle bereits abgesichert wurde, oder „Lücken" schließen, von denen Sie sich beim besten Willen nicht vorstellen können, dass überhaupt eine existiert und wie sie denn nutzbar sein könnte. Kann man dann den Unfug nicht vergessen?

Mir geht es hinsichtlich der Vorstellungskraft auch meist nicht anders, aber vergessen sollte man den Unfug trotzdem nicht, denn

> ➤ die Systeme besitzen viele Stellen, an denen man eine Lücke für einen Angriff offen lassen kann, und wie wir sehen werden, besteht immer wieder die Möglichkeit, dass man versehentlich vergisst, eine der Lücken zu schließen, oder dass man sogar unabsichtlich eine öffnet. "Schließmechanismen", die parallel greifen und das Versehen ausgleichen, sind dann sicher kein unnötiger Unfug.

> ➤ können Sie sicher sein, dass der Komponentenhersteller nicht irgendwo Mist gebaut hat und seine Anwendung nicht doch an irgendeiner Stelle anders funktioniert, als Sie glauben?

> ➤ können Sie tatsächlich sicher sein, dass ein Angreifer, der nur über Angriffsmöglichkeiten nachdenkt, nicht doch einen Weg findet, auf den Sie bei deutlich reduziertem Gedankeneinsatz nicht gekommen sind?

Jede Systemkomponenten wird einzeln auf maximale Sicherheit (maximum protection) eingestellt, unabhängig davon, ob eine theoretische Angriffsmöglichkeit auch umsetzbar erscheint.

Und nun viel Spaß beim Lesen und Üben!

2   Systemeinrichtung des Webservers

Im ersten Teil werden wir die Einrichtung der Systemkomponenten der Webservers behandeln. Weitere Systemkomponenten der Serverumgebung werden in Kapitel 8 Sichere Netzwerke und Emails auf Seite 149 ff diskutiert. Alle diese muss man in der Regel so verwenden, wie sie angeliefert werden, d.h. eine Reihe von eventuell vorhandenen Sicherheitslücken hat man nicht selbst zu verantworten.[5]

Jede Systemkomponente bietet darüber hinaus auch eine Fülle unterschiedlicher Konfigurationsmöglichkeiten an, bei denen gemäß Murphys Gesetz[6] zunächst immer genau die falschen ausgewählt werden, wenn man sich nicht intensiver mit ihnen auseinandersetzt. Wie Komponenten unter dem Aspekt der "maximum protection" eingestellt werden sollten, oder zumindest, welche Gedanken man bei der Einstellung der Parameter verfolgen sollte, werden wir hier diskutieren.

2.1   Entwicklungs-, Test- und Produktivsystem

2.1.1   Die Entwicklingsphasen

Bevor man mit einer Serveranwendung oder einem Update einer Anwendung das Internet betritt, sollten die Funktionen in Laborsystemen getestet werden. Ein ausgiebiger Test besteht aus mehreren Teilen:

1. Überprüfung, ob die gewünschte Funktionalität bei korrekter Bedienung (durch den Anwender/das Clientsystem) fehlerfrei gewährleistet ist,

2. Überprüfung, ob das System bei nicht korrekter Bedienung (Felder falsch ausgefüllt, mehrere Seiten gleichzeitig im Browser geöffnet und bedient usw.) immer noch wie vorgesehen reagiert,

3. Überprüfung, ob das System auch auf absichtlich falsche Bedienung (Hacken) noch eine korrekte Funktion zeigt.

---

5   OpenSource-Software kommt zwar mit dem Argument, dass sich schließlich jeder vergewissern kann, dass alles korrekt ist, aber wer ist denn Willens und in der Lage, einen über Jahre gewachsenen komplexen Code tatsächlich zu kontrollieren? Trotzdem ist solche Software oft sicherer als kommerzielle, weil eben doch viele Leute darauf und hinein schauen und Fehler schnell bekannt und genauso schnell geschlossen werden.

6   „Whatever can go wrong *will* go wrong. Whatever cannot go wrong, *will* go wrong nonetheless.“

Punkt 1 betrifft das Sollbild der Serveranwendung, auf das hin meist entwickelt wird. Dieser Entwicklungsteil umfasst auch das schöne bunte Aussehen der Anwendung, worüber wir aber angesichts des Thema "Sicherheit" wenig Gedanken verschwenden werden.

Diese Tests werden trivialerweise immer gemacht, sind aber u.U. gar nicht so trivial. Man trifft im Internet immer wieder auf Seiten – auch großer Anbieter – die Fehlfunktionen aufweisen. Die häufigsten Ursachen:

> ➢ Nach einer Änderung in der Anwendung wurden nur die Teile geprüft, von denen der Entwickler meint, sie könnten betroffen sein, aber nicht die komplette Anwendung. In komplexeren Anwendungen steckt der Teufel aber oft im Detail, und manche mögliche Auswirkungen stehen einfach nicht mehr auf dem Schirm des Entwicklers.

> Anwendungen sind nach Änderungen stets komplett zu überprüfen. Hierzu ist eine Checkliste zu erstellen, die mit Erweiterung der Anwendung überarbeitet und angepasst wird.[7]

> Bei größeren Anwendungen werden die Tests durch spezielle Testumgebungen durchgeführt, die automatische Skripte ausführen und die Antwort des Systems mit einem Sollbild vergleichen. Im Internet findet man viele freie Testtools, deren Einsatz jedoch auch von den speziellen Projektgegebenheiten abhängt. Teilweise sind solche Tests natürlich auch sicherheitsrelevant, wir können aber darauf nicht näher eingehen und überlassen es dem Webprogrammierer, sorgfältig zu arbeiten.

> ➢ Das Clientsystem besitzt Einstellungen, mit denen man selbst nicht gearbeitet hat (anderer Browser, andere JavaScript- oder Cookie-Einstellungen, andere Zeichensatzkonvertierungen oder Spracheinstellungen, usw.).

> Auch für diesen Bereich ist eine Checkliste recht nützlich. Wenn man nicht selbst alle Clientversionen testen will, gewinnt man sie über Testanwender oder Nutzermitteilungen, von denen man die genauen Clienteinstellungen erfragen muss. Die Situation kann dann im Labor nachgestellt und der Fehler behoben werden.

Punkt 2 kann Anlass zu Tüfteleien sein, denn man muss sich ja selbst erst einmal vorstellen, welchen Unfug der Nutzer machen könnte. Meist wird versucht, falsche Eingaben oder Bedienung durch zusätzliche JavaScript-Funktionen auf Clientseite zu beheben, was an in Ordnung ist, sofern es nur um das gute Aussehen geht.

> JavaScript-Erweiterungen beheben zwar hässliches Verhalten der Browseransicht, aber nicht ein aus den Falscheingaben resultierendes Problem auf dem Server, weil ein Hacker die Clientfunktionen ohne Weiteres umgehen kann.

---

7   Der komplette Check vor Freigabe kann bei dringenden Sicherheitspatches auch nachträglich erfolgen. Eine Seite kann besser falsch angezeigt werden als einen Hack zuzulassen. Für reguläre Weiterentwicklungen bedeutet der Testaufwand aber auch, dass man nicht mit jedem neuen bunten Bit direkt ins Internet geht, sondern Entwicklungs- und Testaufwand in ein gesundes Verhältnis bringt.

Der primäre Schritt von Korrekturen muss darin bestehen, den Server gegen Fehlgriffe immun zu machen; im zweiten Schritt können Sie dann mit bereits laufendem Internetserver die Clientprogrammierung nachbessern oder sich überlegen, ob es sich überhaupt lohnt, auf gewisse Fehlbedienungen höflich zu reagieren.[8]

Punkt 3 umfasst auch allgemeine Hackertechniken, die das System insgesamt und nicht nur die Anwendungsprogrammierung angreifen. Ein Teil solcher Tests kann mit den Werkzeugen aus Punkt 1+2 durchgeführt werden, vieles verlangt jedoch spezielle Kenntnisse von Hackertechniken und Systemkomponenten. Spezialisierte Tools können auch hier weiterhelfen. Wir gehen in Kapitel 6.3 Komplette Systemanalyse auf Seite 136 ff auf diese Möglichkeiten ein.

2.1.2   Die Arbeitssysteme

Um alles berücksichtigen zu können, benötigt man im Prinzip drei Systeme:

1. Ein Entwicklungssystem, auf dem die Anwendung entwickelt wird. In der Regel handelt es sich hierbei um ein Vollsystem mit grafischer Oberfläche und einer Vielzahl von Anwendungen, die im Laufe des Entwicklungsprozesses benötigt werden oder benötigt werden könnten. Außerdem ist auf dem System alles zugelassen, was den Entwicklungsprozess beschleunigt, z.B.

   ➢ volle Zugriffsrechte auf alle Verzeichnisse außerhalb der Systemsphäre,

   ➢ einfache Superuserzugriffe auf Systemverzeichnisse,

   ➢ volle Zugriffsrechte auf das Datenbanksystem,

   ➢ Ausgabe kompletter Debuginformationen bei Fehlern,

   und Weiteres.

2. Ein Testsystem, das nur das beinhaltet, was später auch im Produktivsystem vorhanden ist. In der Regel handelt es sich hierbei um ein stark abgemagertes System, das außer dem Betriebssystem nur die Serverkomponenten beinhaltet, die für den Betrieb benötigt werden. Grafische Oberfläche und weitere Anwendungen fehlen, die Bedienung erfolgt über eine Systemkonsole.

   Hier kann sich der Entwickler überzeugen, ob die Anwendung auch unter restriktiven Bedingungen noch läuft, und man kann bis hin zu destruktiven Tests alles an solchen Systemen ausprobieren, ohne gravierende Schäden in der Produktion in Kauf nehmen zu müssen.

3. Das Produktivsystem mit der im Internet aktiven Seite.

---

8 Beispielsweise müssen auch Ajaxabfragen des Servers komplett abgesichert werden. Gerade solche Abfragen werden häufig nachträglich eingebaut oder erweitert, so dass einige Sorgfalt notwendig ist. Das Problem bei Javascript-Ajax-Anfragen ist, dass falsche Daten gar nicht so einfach zu simulieren sind, weil die Daten von der eigenen Programmierung geliefert werden.

Die Anwendungsentwicklung kann in der Regel auf einem normalen Arbeitsplatzrechner erfolgen. Die notwendigen Server sind meist problemlos installierbar, und schon kann es losgehen. Während der Anwendungserstellung wird man vermutlich die Sicherheitsprinzipien allenfalls lockern, um bequemer entwickeln zu können.

Der Übergang vom Entwicklungs- zum Testsystem bedeutet oft einen Zusammenprall von zwei Welten: in der einen existiert für fast alles eine grafische Bedienoberfläche, die den Anwender durch komplizierte Zusammenhänge führt, in der anderen ist mit Kommadozeilen in einem Terminalfenster zu operieren, und Konfigurationen erfolgen in Textdateien, mit deren Inhalten sich der Anwender erst einmal auseinander setzen muss.

> Serversysteme besitzen keine überflüssigen Kompontenten wie grafische Oberflächen.

Das ist zwar nicht unbedingt ein Muss, aber die Serverkonfiguration ist nur selten anzupassen, und zusätzliche Fehlerquellen sind genauso unnötig wie die Versuchung, „mal eben" auch etwas anderes auf dem Server zu machen. Server werden daher weitestgehend von der Kommandozeile aus konfiguriert.[9] Als Administrator oder Administrator/Entwickler muss man sich daher spätestens an dieser Stelle auch einmal intensiv mit Kommandozeilenumgebungen auseinander setzen.

Das Testsystem sollte auch Prüfungen ermöglichen, die mehrere Maschinen erfordern oder invasiv-destruktiv sind, also zur Zerstörung der Programme und Daten führen können. Andererseits muss das System aber auch schnell und reproduzierbar wiederherstellbar sein, um mit den Tests fortfahren zu können. Mit Hilfe von virtuellen Maschinen können mehrere komplette Systeme auf einem Rechner installiert werden. Die Maschinenzustände können zu beliebigen Zeitpunkten gesichert und die Maschinen erneut mit dem Sicherungszustand gestartet werden.

> Dokumentieren Sie, welche Tests an einem bestimmten Systemzustand durchgeführt wurden, welches Ergebnis dabei entstanden ist und welche Maßnahmen Sie gegen einen Fehler getroffen haben. Der Zustand nach Durchführung dieser Maßnahmen ist der nächste Sicherungszustand.

Sie behalten so eine Übersicht, welche Änderungen sinnvoll waren, wo Probleme auftauchten usw. und können jederzeit ihr Trainings- und Entwicklungssystem wieder in einen definierten Zustand versetzen.

> Der für sicher und geeignet gehaltene Konfigurationsdatensatz kann auf das Produktivsystem übertragen werden, das eine 1:1-Kopie des besten Testsystems darstellt.

Die gleichen Überlegungen gelten natürlich auch für die Anwendung selbst. Das Festhalten der Historie ist hilfreich, wenn man im Rahmen späterer Änderungen erneut auf bestimmte Fehler trifft, die man bereits beobachtet hat.

Außerdem werden Sie während der Anwendungsentwicklung und auch bei den späteren Tests Datenbanktabellen mit Daten benötigen, die dem Inhalt Ihres Webauftritts entsprechen. Mit

---

9 Vieles kann auch über Netzwerkschnittstellen erledigt werden, doch dazu später.

dem kompletten Datenbestand in der Entwicklung und zum Teil auch während der Test zu arbeiten ist meist ungünstig, da falsch bearbeitet Sätze nur schwer zu finden sind. Signifikante Testdaten zu erzeugen ist oft mit einem höheren Zeitaufwand verbunden, besonders wenn Tests in der einen oder anderen Form wiederholt werden müssen.

Sichern Sie Backups der Datenbank mit für Tests sinnvollen Daten mit Kommentierung der Verwendung in den Tests. Damit lassen sich immer wieder Referenzzustände der Datenbank herstellen, von denen Sie wissen, was das Ergebnis eines Zugriffs sein soll. Konfigurieren Sie die Backups so, dass sie die Daten auch zu größeren Sätzen kombinieren lassen.

Je nach Umfang des Webauftritts kann das Produktivsystem auch aus mehreren physikalischen Einheiten bestehen, beispielsweise einem oder mehreren HTTP-Servern und einem Datenbankserver. Die physikalische Trennung ist in der Entwicklung noch nicht gegeben. Das Testsystem muss diese Auftrennung zumindest so weit wiedergeben, dass die daraus resultierenden zusätzlichen Angriffspunkte durch die Tests abgedeckt werden können.

Bei Wiederholungen nach Fehlerbeseitigungen sind alle Systemtests vollständig durchzuführen.

Bei größeren und weit entwickelten Anwendungen werden für neue Funktionen u.U. nur bestimmte Tests für notwendig erachtet. Da komplette Testläufe recht langwierig werden können, neigt der Entwickler möglicherweise dazu, bereits bestandene Testeinheiten nicht erneut ausführen zu lassen, um schneller mit dem aktuellen Problem weiter zu kommen. Als Zwischentest ist das durchaus legitim, doch sollten die kompletten Testserien zumindest vor der Übertragung zum Produktivsystem ohne Unterbrechung und fehlerfrei durchgeführt werden, ggf. im Hintergrund oder über Nacht.

2.1.3 Testumgebung mit virtuellen Maschinen

Virtuelle Maschinen erlauben ohne größeren apparativen Aufwand eine Vielzahl von Tests, bei denen das Testsystem auch negativ beeinträchtigt werden kann. Nach Einrichtung eines System auf einer von der Kontrollsoftware verwalteten Datei genügt es, einen Sicherungspunkt anzulegen, um nach einem Testlauf wieder einen definierten Ausgangszustand herzustellen. Wir beschreiben hier den Umgang mit der Freeware-Version der VirtualBox-Software (im Weiteren „Vbox" genannt).

Die Einrichtung einer Maschine besteht aus der Definition des Systems, also maximale Plattengröße, Schnittstellen usw., und einer anschließenden einmalig erfolgenden Installation eines Betriebssystems. Hierzu genügt der Download eines *.iso*-Installations-CD-Abbildes und die Auswahl dieser Datei bei der Installation. Nicht mehr benötigte virtuelle Maschinen können vollständig gelöscht werden. Da die Installationen in der Regel virtuelle Partitionen verwenden und daher nur so viel Speicherplatz auf der Platte einnehmen, wie von Anwendungen benötigt wird, dürften selten Speicherplatzprobleme auftreten. Nach der Installati-

on sind weitere Updates usw. wie bei einer normalen Systeminstallation möglich. In der virtuellen Umgebung sind die Systeme oft nur unwesentlich langsamer als bei einer direkten Installation.

Vereinfachend kommt in Testumgebungen hinzu, dass grafische Oberflächen nicht (Server-
version; die Bedienung erfolgt in einer Systemkonsole) oder höchstens in magerer Form benötigt werden und außer den Netzwerkschnittstellen keine weiteren Schnittstellen notwendig
sind. Für die komfortable Einbindung in das Gastbetriebssystem können spezielle Systemer-
weiterung (GuestAdditions) installiert werden, die in Testumgebungen jedoch ebenfalls
nicht notwendig sind.

Wichtig ist für Testzwecke die korrekte Konfiguration der (ebenfalls virtuellen) Netzwerkanschlüsse. Bei der Installation eines Betriebssystems werden diese automatisch erkannt und
konfiguriert, während eine Nachinstallation je nach System einen Zusatzaufwand für den Administrator bedeuten kann, da dann auch das Betriebssystem nachkonfiguriert werden muss.
Daher sollten die notwendigen Schnittstellen von vornherein angelegt werden. Die Vbox-
Software bietet dazu folgenden Optionen an:

➢ "Not attached" mode

In diesem Modus sieht das Gastsystem eine Netzwerkkarte, bei der das (virtuelle)
Netzwerkkabel abgesteckt ist. Wenn man noch nicht genau weiß, was später alles gemacht werden soll, bietet sich dieser Modus an, um zumindest über eine Schnittstelle
zu verfügen.

> Network Address Translation (NAT)

NAT ist eine (firewallgestützte) Möglichkeit, aus dem Gastsystem heraus auf externe Netze zuzugreifen. Ein Zugriff von außen in das Gastsystem hinein (z.B. auf einem im Gastsystem installierten Webserver) ist teilweise möglich, indem ein Port-Forwarding in der Vbox eingerichtet wird.

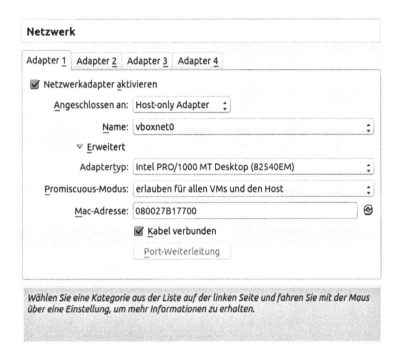

Die Vbox ist in diesem Modus ein normaler Prozess auf dem Hostsystem, der Nachrichten für seinen Gast umadressiert, d.h. die Funktion eines NAT-Routers übernimmt.

> Bridged networking

In diesem Modus bekommt das Gastsystem direkten Zugriff auf das Netzwerk, an dem auch das Host-System angeschlossen ist. Es wird beim lokalen DHCP-Server als eigene Netzwerkkarte über die vorhandene Hostkarte angemeldet (IP ...115 ist die die Netzwerkbrücke).

#	IP Adresse	Gerätename	MAC Adresse
1	192.168.1.100	UNKNOWN	E0:91:F5:1B:BB:05
2	192.168.1.103	UNKNOWN	00:1D:7D:D8:DA:D6
3	192.168.1.113	UNKNOWN	00:15:99:B5:8C:4F
4	192.168.1.115	UNKNOWN	08:00:27:DF:7F:8E

> Internal networking

Bei der Konfiguration eines internen Netzwerks können nur Gastsysteme, die an das gleiche interne Netzwerk angeschlossen werden, miteinander kommunizieren.

Eine Kommunikation mit dem Host System oder anderen Netzen außerhalb von Vir-tualBox ist nicht möglich. Der Netzwerkname wird automatisch vergeben. Auf diese Weise können gegen die Außenwelt abgeschottet Hierarchien aufgebaut werden, bei-spielsweise getrennte Netzwerk- und Datenbankserver.

➢ Host-only networking

In diesem Modus ist eine Kommunikation zwischen angeschlossenen Gastsystemen und dem Host-System möglich. Am Host-System werden dazu eigene Netzwerk-Interfaces verwendet, für das erste Host-only Netzwerk z.B. **vboxnet0**. Die Netz-werk-Interfaces werden im allgemeinen Konfigurationsteil der Vbox vor der Konfigu-ration der virtuellen Maschine eingerichtet.

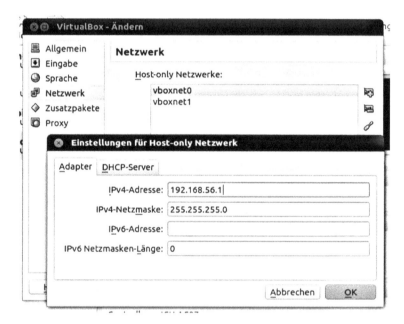

Die Konfiguration der IP-Adresse am Host sowie die Konfiguration des DHCP-Ser-vers für dieses Netzwerk erfolgt direkt in Vbox.

2.1.4   Das Produktivsystem

Physikalisch ist ein Server eine in einem Schrank verbaute Maschine (siehe Kapitel 8.1.4 Phy-sikalische Sicherungen auf Seite 162 ff). Tastatur und Bildschirm werden in der Regel nur vorübergehend angeschlossen, andere Peripherie fehlt meist ebenfalls. Die Bedienung erfolgt in einer Konsole. Um nicht ständig mit Tastatur und Bildschirm unterwegs zu sein, ist auf dem Server der **ssh-server** zu installieren. Über **ssh** kann der Administrator von seinem eige-nen Arbeitsplatz aus eine Konsole auf dem Server öffnen:[10]

---

10 In der Regel ist die ungeschützte Variante **telnet** nicht installiert bzw. wird bei Tests erkannt. Überprüfen Sie aber zur Sicherheit trotzdem, dass der Server auf den telnet-Befehl nicht reagiert.

```
⊗⊖◎   user@debian: ~
user@gilbert:~$ ssh 192.168.1.114
user@192.168.1.114's password:
Linux debian 2.6.32-5-686 #1 SMP Mon Feb 25 01:04:36 UTC 2013 i686

The programs included with the Debian GNU/Linux system are free software;
the exact distribution terms for each program are described in the
individual files in /usr/share/doc/*/copyright.

Debian GNU/Linux comes with ABSOLUTELY NO WARRANTY, to the extent
permitted by applicable law.
You have mail.
Last login: Thu May  2 09:52:36 2013 from gilbert.local
user@debian:~$ ▊
```

ssh ist ein Protokoll, dass mehr kann als nur eine Konsole öffnen. Mit Installation des ssh-Servers hat man gleichzeitig eine Möglichkeit geschaffen, mit **sftp** auch die Daten auf den Server zu kopieren und sie anschließend von der Konsole aus zu verteilen. Weitere Anwendungen wie **ftp** sind dazu nicht notwendig. Auf dem Client können auch komfortable Werkzeuge wie **Filezilla** eingesetzt werden, der **sftp** unterstützt. Erfolgt die Anmeldung direkt als **root**, können auch Systemdateien kopiert bzw. editiert werden, ohne dass zusätzliche Konsolenaufrufe notwendig sind.

Alternativ zur Konsolenschnittstelle kann man für viele Systemeinheiten auch Webschnittstellen installieren (das bekannteste Beispiel betrifft vermutlich die MySQL-Datenbank mit dem PHPMyAdmin). Solche vorgefertigten Schnittstellen, die mit einem Browser vom Clientsystem aus bedient werden, sind komfortabler zu bedienen, besitzen aber bei komplexen Operationen in manchen Fällen nicht die Flexibilität der Konsolenschnittstellen. Außerdem sind sie natürlich eine Versuchung für fast jeden, der beim surfen auf sie stößt. Im Vorgriff auf die Diskussion der Konfiguration des HTTP-Servers sei aus Sicherheitsgründen empfohlen:

a)   Verwenden Sie nach Möglichkeit ungewöhnliche Ports. Bei Surfen stößt man so nicht zufällig auf diese Schnittstellen und kann sie zusätzlich noch durch Firewalls verbergen (siehe Kapitel 8.1.1 Firewall auf Seite 150 ff)

b) Achten Sie darauf, dass die Schnittstellen ausschließlich SSL-gesichert zugänglich sind (siehe Kapitel 2.6.2 Konfiguration des Servers auf Seite 50 ff).

c) Bei einigen Webinterfaces empfiehlt es sich, zusätzliche Authentifizierungsmaßnahmen durchzuführen (z.B. nach Kapitel 5.1.1 Administratoren auf Seite 91 ff) oder die Interfaces nur dann zu aktivieren, wenn sie benötigt werden.

Der Zugang zu den Interfacefunktionen ist zwar durch Name/Kennwort geschützt, aber beispielsweise der PHPMyAdmin gewährt jedem Datenbanknutzer mit seiner Kennung Zutritt mit den für ihr definierten Rechten. Bereits das kann aber unter bestimmten Rahmenbedingungen bereits unerwünscht sein. Bei einer Konsolenschnittstelle mit SSH lässt sich ein unerwünschter Zugriff durch entsprechende Konfiguration leicht ausschließen, bei einer Webschnittstelle kann man dies durch eine zusätzliche Authentifizierung auf Serverebene erreichen.

2.1.5 Virtuelle Server

Noch ein Wort zu virtuellen Maschinen. Wir sehen sie hier vorzugsweise für Testzwecke und nicht für den Einsatz in Produktivsystem vor. Mit dem Vordringen des Cloud-Computing setzen große Anbieter von Webhosting- oder Webcomputing-Dienstleister dagegen häufig virtuelle Maschinen, da dies einige Vorteile für sie bietet:

- Virtuelle Maschinen sind leicht automatisch einzurichten und zu pflegen und verbrauchen nur beschränkte und leicht kontrollierbare Ressourcen. Der Kunde kann eine bestimmte Leistungsklasse, ein bestimmtes Betriebssystem und definierte Festplattenkapazitäten und Netzwerkanschlüsse ordern, ohne dass der Anbieter hierfür Hardware konfigurieren müsste.

- Server unterschiedlicher Kunden sind durch das Vbox-Kontrollsystem gewissermaßen physikalisch voneinander getrennt sind, d.h. der Einbruch in ein System beeinträchtigt die anderen nicht.

Meist bewegt man sich bei solchen Projekten in einem kommerziellen Umfeld mit einer Reihe von Anbietern, die entsprechend leistungsfähige virtuelle Maschinen anbieten.[11] Mit dem XenProject ist inzwischen auch eine OpenSource-Software in diesem Anwendungsfeld zu finden. Wir können auf diesen Bereich allerdings hier nicht näher eingehen. Wer solche Techniken einsetzen will, um Hardwareressourcen zu sparen und/oder Systeme auf virtueller Ebene gegeneinander zu verriegeln, muss sich selbständig durch diese Materie wühlen.

---

11 Die kommerziellen Versionen von VirtualBox, VMWare, Citrix und anderen. Diese sind auch in der Lage, große Architekturen (Vielkernprozessoren, große RAM-Kapazitäten, RAID-Festplattenstapel, transparentes Umschalten zwischen verschiedenen Maschinen usw.) zu bedienen und zu emulieren, was die Freeware-Versionen nicht schaffen.

2.2 Apache-HTTP-Server

2.2.1 Servereinrichtung

Die Installation des Servers ist in der Regel unproblematisch, da für die verschiedenen Betriebssysteme fertige Pakete existieren und das Funktionieren des Servers nach Installation durch einen Aufruf der lokalen Domain im Browser kontrolliert werden kann. Die hierbei eingestellte Grundkonfiguration wird für die viele Anwendungsentwicklungen bereits genügen.

Der Server ist modular aufgebaut. Der Kernel umfasst nur die wichtigsten Grundfunktionen. Die meisten spezielleren Funktionen müssen als Modul aktiviert werden, wobei mehr als 50 verschiedene Module existieren. Diese sind im Verzeichnis **/etc/apache2/mods-available** zu finden, die aktuell installierten im Verzeichnis **/etc/apache2/mods-enabled**. Die Aktivierung oder Deaktivierung erfolgt mit Hilfe der Programme **a2enmod** und **a2dismod**. Oberflächlich betrachtet kopieren die Programme nur die Moduldateien zwischen den Verzeichnissen hin und her. Zu einigen der Module gehören jedoch neben den Binärdateien auch Konfigurationsdateien. Die beiden Serviceprogramme wissen, was bei einem speziellen Modul zu tun ist, weshalb man nicht dem Irrtum verfallen sollte, das Kopieren kurzerhand selbst vorzunehmen.

Die allgemeine Konfiguration erfolgt mit Hilfe der Datei **/etc/apache2/apache2.conf**, die allerdings systemabhängig durch eine Vielzahl von eingebundenen (include) oder weiteren Dateien ergänzt werden kann.[12] Die Module besitzen oft ihre eigenen Konfiguration, die im Verzeichnis der Module stehen. Meist muss man hier nichts tun, ein Blick hinein schadet jedoch nicht. Die Konfigurationsdateien sind (meist) ausführlich kommentiert, so dass man sich recht leicht und sicher informieren kann, ob Anpassungen notwendig sind. Wir beschränken deshalb hier die Diskussion auch auf die Konfigurationsteile, die aus Sicherheitsgründen unbedingt kontrolliert werden sollten.

Im Verzeichnis **/etc/apache2/conf.d** finden sich weitere Konfigurationsdateien, und insbesondere Konfigurationsanwendungen wie PHP und Spezialisierungen wie **phpmyadmin** für die MySQL-Datenbank tragen hier ihre spezielle Konfiguration oder zumindest Systemlinks darauf ein. Nach Installation solcher Werkzeuge empfiehlt sich ein Blick in dieses Verzeichnis, um zu prüfen, ob noch weitere Handgriffe notwendig sind. Auch für die HTTP-Serverkonfiguration existieren grafische Bearbeitungsprogramme für die Konfiguration, jedoch ist es meist einfacher und sicherer, mit einem Texteditor die notwendigen Einstellungen vorzunehmen. Nicht übersehen:

Nach jeder Änderung, Aktivierung oder Deaktivierung ist der Server durch den Befehl **/etc/init.d/apache2 restart** neu zu starten (jeweils mit **root**-Rechten; die Pfade kön-

---

12 Wir beziehen uns wieder auf ein Linux-System. Die Rechtevergabe auf den verschiedenen Windows-Systemen ist anders geregelt. Die Kenntnis des Rechtesystems unter Linux, also die Aufteilung in Nutzer, Gruppen und den Rest der Welt, setzen wir voraus.

nen von System zu System variieren). Wenn man dies vergisst, werden die Module nicht aktiv (oder deaktiv).

Aufgrund der Vielzahl der Module ist die Zahl der einstellbaren Parameter recht umfangreich, und wir können hier nur auf einige eingehen. Für den Umgang mit den Modulen gilt:

> **Verfügbare Module.** Wenn Sie eine bestimmte Funktionalität benötigen, beispielsweise die automatische Anpassung der Aufruf-URL bei Verwendung von MVC-Konzepten, ist die Liste der Module zu konsultieren, ob und welches Modul die Funktionalität bereit stellt und wie es zu konfigurieren ist.

> **Installierte Module.** Bei der Einrichtung des Produktivservers empfiehlt es sich, in der Liste der installierten Module zu überprüfen, welche Funktionen diese ausüben. Nicht benötigte Module sollten sicherheitshalber entfernt werden. Kontrollieren Sie auch die jeweiligen Konfigurationsdateien, ob sicherheitsrelevante Einträge modifiziert werden sollten.

In vielen umfangreicheren Büchern folgt hier meist eine ausführliche Liste und Beschreibung der Module. Die können Sie jedoch genauso gut und jeweils aktuell im Internethandbuch des Servers finden. In diesem sollte bei sehr speziellen Problemen ohnehin geforscht werden, weil es durchaus möglich ist, dass exotische Module nicht in Standardpaketen vorhanden sind. Auch hier gilt wieder: Probieren geht über Studieren. Virtuelle Maschinen mit ihren Sicherungspunkten machen Versuche einfacher, besonders, wenn etwas einmal nicht funktioniert hat.

Auch nach einem Systemupdate, bei dem eine neue Version des Servers aufgespielt wurde, sollte aus Sicherheitsgründen kontrolliert werden, ob installierte Module und zugehörende Konfigurationsdateien unverändert sind. Durch Sicherheitskopien der Dateien und Vergleich mit Werkzeugen wie **Kompare** bereitet dies wenig Aufwand.

Der Grund für den modularen Aufbau liegt in der Arbeitsweise des Servers. Mit dem Systembefehl **ps aux** erfährt man, dass der Server in mehreren Instanzen gestartet wurde:

```
www-data   5774   0.0   0.2   40844   5680 ?   S   08:09   0:00
/usr/sbin/apache2 -k start
www-data   5775   0.0   0.2   40844   5680 ?   S   08:09   0:00
/usr/sbin/apache2 -k start
www-data   5776   0.0   0.2   40804   4952 ?   S   08:09   0:00
/usr/sbin/apache2 -k start
```

Die vierte Angabe – 40.844 – ist die Größe eines Prozesses in reservierten Pages (nicht Bytes!) im Speicher. Wenn ein Client eine Seite aufruft, wird ein Serverprozess nur für die Auslieferung dieser Seite aktiviert und danach wieder abgeschaltet – und nicht etwa für die Dauer einer Anwendersitzung vom Login bis zur Abmeldung für die Bedienung der Clientwünsche eingerichtet.

Server sind vielbeschäftigte Leute, und mehrere Instanzen erlauben es, viele Clientaufrufe in einer Zeiteinheit zu bearbeiten. Bei einer neuen Verbindung wählt das Betriebssystem einen der freien Prozesse aus, und dieser kann auf mehrere Arten reagieren. Trotz der nur kurzen Arbeitszeit für die Auslieferung einer Seite übernimmt das nicht der aktivierte Prozess, son-

dern deligiert Tätigkeit. In der ältesten Reaktionsart wird der Serverprozess im Hauptspei-
cher des Rechners geclont. Der Kindprozess arbeitet die Anfrage des Clientensystems ab,
liefert die fertigen Daten aus und schaltet sich dann wieder ab. Je nach Komplexität der Seite kann die Lebensdauer des Kindprozesses einige Millisekunden bis zu einigen Minuten
dauern. Der Elternprozess kann in dieser Zeit weitere Anfragen entgegen nehmen und weitere Kindprozesse starten. Für diese Arbeitsweise ist ein Modul zu laden und zu konfigurieren:

```
<IfModule mpm_prefork_module>
    StartServers            5
    MinSpareServers         5
    MaxSpareServers        10
    MaxClients            150
    MaxRequestsPerChild     0
</IfModule>
```

Alternativ kann der Serverprozess die Anfragen über interne Threads bedienen, was das
Clonen des kompletten Prozesses einspart. Hierzu sind andere Module zu laden, die etwas
unterschiedlich funktionieren:

```
<IfModule mpm_worker_module>
    StartServers            2
    MinSpareThreads        25
    MaxSpareThreads        75
    ThreadLimit            64
    ThreadsPerChild        25
    MaxClients            150
    MaxRequestsPerChild     0
</IfModule>

<IfModule mpm_event_module>
    StartServers            2
    MinSpareThreads        25
    MaxSpareThreads        75
    ThreadLimit            64
    ThreadsPerChild        25
    MaxClients            150
    MaxRequestsPerChild     0
</IfModule>
```

Von diesen Modulen darf natürlich nur eines aktiviert werden. Für die Auslegung der Serverhardware ist die voraussichtliche Belastung des Servers wichtig, genauer, die erwartete
maximale Anzahl gleichzeitig erfolgender Clientaufrufe. Genau so viele Prozesse oder
Threads müssen ja gestartet werden, um alle Aufrufe bedienen zu können.

Die genaue Berechnung, wie viel Speicherplatz ein Prozess nun tatsächlich benötigt, ist bereits im Prozessmodell nicht ganz einfach, da vom Betriebssystem zwischen reservierten
und statisch zugewiesenen Seiten differenziert wird, man die Seitengröße des virtuellen
Speichermanagements kennen muss und noch einige andere Faktoren eine Rolle spielen.
Bei Threads, also ohne Aufspaltung in speicherplatzmäßig getrennte Prozesse, wird das
nicht einfacher. Die Anzahl der bedienbaren Clientanfragen ergibt sich aber recht einfach
durch die Division des verfügbaren RAMs durch den mittleren Speicherbedarf eines Prozes-

ses oder Threads. Es ist daher leicht verständlich, dass die Grundgröße des Serverprozesses möglichst klein bleiben sollte, und genau dies war der Anlass für den modularen Aufbau.

2.2.2 Zugriffsrechte und Pfade auf dem System

Wir beginnen mit der Konfiguration des Servers für eine einzelne Domain. Für eine Domain können verschiedene Seiten/Anwendungen installiert sein, jedoch ist keine Unterscheidung zwischen verschiedenen Anwendern notwendig. Das Thema Web-Hosting, d.h. das Verwalten mehrerer Domains und Anwender, behandeln wir später.

HTTP definiert eine Reihe von Befehlen, von denen normalerweise nur der GET- und der POST-Befehl aktiviert sind.

Methode	Beschreibung
GET	Die GET-Methode dient der Anforderung einer HTML-Datei oder einer anderen Quelle. Die Quelle wird durch die URL adressiert. Im Header lassen sich Bedingungen hinterlegen, die die Netzlast reduzieren oder einen unterbrochenen Datentransfer wieder aufnehmen. Über GET lassen sich auch Formular-Daten übermitteln. Diese werden in codierter Form der URL angehängt. URL und Formular-Daten sind durch ein Fragezeichen (?) voneinander getrennt.
POST	Die POST-Methode funktioniert ähnlich wie die GET-Methode. POST wird jedoch zur Übermittlung von Formular-Daten an ein Programm oder Skript verwendet. Die Daten werden im Entity-Bereich getrennt durch eine Leerzeile vom Header übertragen.
HEAD	Die HEAD-Methode fordert den Response-Header an, der üblicherweise vom Server nach einem GET-Request übermittelt wird.
PUT	Diese Methode erlaubt das Erstellen oder Ändern von Dateien auf dem Server.
OPTIONS	Die OPTIONS-Methode dient zur Ermittlung von Kommunikationsoptionen durch den HTTP-Client. Es werden jedoch keinerlei Aktionen ausgeführt oder Daten übertragen.
DELETE	Diese Methode führt zur Löschung der Datei, die durch die URL adressiert ist.
TRACE	Die TRACE-Methode dient der Verfolgung von HTTP-Requests, die zwischen Client und Server über einen oder mehrere Proxy-Server laufen. Im Header-Feld "Via" des HTTP-Responses sind alle zwischengeschaltete Server protokolliert.
CONNECT	Durch die CONNECT-Methode baut ein Proxy-Server einen Tunnel zum angegebenen Rechner auf und übermittelt darin Daten und Kommandos zwischen Client und Server.

GET ruft eine Seite ab, POST überträgt bei dem Abruf zusätzlich Formulardaten vom Client zum Server. Kritisch sind PUT und DELETE, die im Rahmen einer „WebDAV ('Web-based Distributed Authoring and Versioning')"-Funktionalität benötigt werden können.[13] Zuständig sind Module, die die Bezeichnung **dav** beinhalten und daher von der Liste der aktivierten Module zu entfernen sind.

Die weitere Absicherung des HTTP-Servers beginnt mit der Definition der Rechte, mit denen er auf dem System operiert. Die Konfigurationsdateien sind im Verzeichnis **/etc/apache2** gespeichert, und für den schreibenden Zugriff auf diese Dateien sind **root**-Rechte notwendig, woran auch nichts geändert werden darf. Lesende Zugriffe für andere Gruppen/User als den **root**-User sind natürlich notwendig.

Der Apache-Server wird beim Start einer bestimmten Usergruppe zugewiesen. Oft handelt es sich um den User **www-data** in der gleichnamigen Gruppe (siehe Systemprogramm **ps aux**

---

13 In der Regel löst man solche Aufgaben besser durch Content Management Systems (CMS). Wir gehen daher auf die Spezialität WebDAV nicht weiter ein.

im letzten Teilkapitel), und sein Heimatverzeichnis ist **/var/www**. Das Verzeichnis gehört aber nicht dem Server, sondern ebenfalls dem User *root*, d.h. der Server besitzt auch hier nur die Rechte, die ihm *root* vorgibt, und kann daran auch nichts ändern. Als Grundregel sind die Rechte auf Leserechte zu beschränken.

Wie jeder User kann nun auch der Serverprozess auf alle Verzeichnisse und Dateien zugreifen, die entweder für alle freigegeben sind oder zumindest für Gruppen, in denen der Server Mitglied ist. Im Vorgriff auf das Webhosting kann ein User beispielsweise Verzeichnisse und Dateien in seinem Heimatverzeichnis anlegen und für diese eine Gruppe definieren, in der er und der Server Mitglied sind. Der Server genießt dann nur auf diesen Verzeichniszweigen Gruppenrechte, andere User des gleichen Rechners aber nur allgemeine Rechte, d.h. hier besteht eine Steuermöglichkeit, wer was sehen und ändern darf. Als Grundregel gilt auch hier: die Rechte des Servers beschränken sich auf Leserechte in speziellen Verzeichnisbäumen.[14]

Von den Verzeichnissen, auf die der Serverprozess als solcher zugreifen darf, zu trennen sind die Verzeichnisse, auf die der Client bei einer HTTP-Anfrage von außen direkten Zugriff hat, d.h. die Pfade, die in einer URL angegeben werden dürfen. Diese werden in der Konfigurationsdatei **/etc/apache2/sites-available/default** festgelegt.

```
DocumentRoot /var/www
<Directory />
    Options FollowSymLinks
    AllowOverride None
</Directory>

<Directory /var/www/>
    Options -Indexes -FollowSymLinks MultiViews
    AllowOverride None
    Order allow,deny
    allow from all
</Directory>

ScriptAlias /cgi-bin/ /usr/lib/cgi-bin/
<Directory "/usr/lib/cgi-bin">
    AllowOverride None
    Options +ExecCGI -MultiViews +SymLinksIfOwnerMatch
    Order allow,deny
    Allow from all
</Directory>
```

DocumentRoot ist das Verzeichnis, in dem der Server nach Dateien mit dem Namen **index.html** oder **index.php** (oder welche Skriptsprachen nun aktiviert sind) sucht, wenn die URL nur aus der Domain besteht. Weitere in der URL erlaubte Pfade werden mit ihrem Namen oder einem Alias aufgeführt.[15] Innerhalb der Skripte, die ausgeführt werden, kann je-

---

14 Das empfiehlt sich bereits auf den Entwicklungssystemen. Ein zu freier Umgang kann dazu führen, dass später Verzeichnisse auf die Produktivumgebung kopiert werden müssen, die dort nichts zu suchen haben, oder Dateien in den Serververzeichnisses stehen, die dort ebenfalls nichts zu suchen haben.

15 Hierzu muss das Modul „alias" aktiviert werden. Ein Alias verbirgt die physikalische Verzeichnisstruktur vor einem Nutzer, d.h. er erhält keine Information, die er bei einem Angriff über

doch auf alle Verzeichnisse zugegriffen werden, auf denen der Server Leserechte besitzt, beispielsweise um dort Include-Dateien zu laden. Ist nur **/var/www** erlaubt, darf in einem Skript auch durchaus auf **/home/user/php/mycode.php** zugegriffen werden, aber eben indirekt und nicht direkt. Man kann auf diese Weise große Teile der Skripte vor dem direkten Zugriff des Clientsystems schützen.

Das Verstecken von Dateien auf diese Weise gilt aber nur für Zugriffe innerhalb der Skripte! Seitenbestandteile wie Bilder, die mittels des HTML-Tags **img** eingebunden sind, Links (Tag **<a..**) oder sonstige Ladebefehle (Tag-Option **src=..**)müssen in für externe Aufrufe zugelassenen Verzeichnissen stehen, da der Client diese mit einem GET-Befehl holt. Fassen wir zusammen:

a) Die direkt per URL erreichbaren Verzeichnisse werden auf die Einstiegsskripte der Anwendungen, HTML-Dokumente und in Links benötigte weitere Dokumente (Bilder usw.) beschränkt. Alle anderen Skriptteile und Dokumente werden in andere Verzeichnisse ausgelagert, auf nur der Server internen Zugriff besitzt.

Hierdurch wird verhindert, dass ein Angreifer eine Sicherheitslücke, die durch gezieltes Ausführen eines Teilskriptes oder durch Auslesen einer versteckten Datei entsteht, für sich nutzen kann.

Die Option **FollowSymlinks** wird durch ein vorangestelltes „-" deaktiviert. Damit wird unterbunden, dass der Server symbolischen Dateilinks im Verzeichnis folgt und dann doch in Verzeichnissen landet, auf die er keinen Zugriff haben sollte.

b) Die Option **Indexes** werden durch ein vorangestelltes „-" deaktiviert. Damit wird unterbunden, dass auf dem Clientsystem der Verzeichnisinhalt angezeigt wird, wenn in die URL mit einem Verzeichnisnamen endet und keine Datei namens **index.html** oder **index.php** gefunden wird.

Durch Entfernen des Moduls **autoindex** wird die Auflistung des Verzeichnisinhaltes ebenfalls unterdrückt, ebenso wie durch Anlegen einer Datei **index.html** ohne jeglichen Inhalt in jedem Verzeichnis (→ 3 Sicherheitsriegel = maximum protection!).

Bei Auflistung des Verzeichnisinhaltes erhält ein Client Information über die vorhandenen Dateien, kann im Verzeichnisbaum blättern und kann die Dateien herunterladen. Die Unterdrückung der Verzeichnisauflistung ist somit ein wesentliches Sicherheitsmerkmal und sollte nur aktiviert werden, wenn sie tatsächlich benötigt wird.

c) Alle Verzeichnisse und Dateien, die Programmdaten enthalten und folglich nicht verändert werden dürfen, erhalten die Rechtekennung **drwxr-xr-x** (besser **dr-xr-xr-x**), d.h. der Server, der allenfalls der gleichen Gruppe angehört wie der Eigentümer, darf nur lesend auf die Dateien zugreifen.

Damit wird verhindert, dass ein Angreifer weder Schwächen von Skripten noch von Sicherheitslücken in der Serversoftware ausnutzen kann, um Daten in seinem Sinn zu verändern.

---

einen anderen Zugangsweg zum System nutzen könnte. Ein Alias ist somit nur nur eine Vereinfachung der Schreibweise, sondern auch eine Sicherheitsmaßnahme.

d) Verzeichnisse, die Dateien enthalten, auf die ein Client nicht direkt zugreifen darf, werden außerhalb der in der Konfigurationsdatei genannten Verzeichnisstruktur untergebracht.

Will man beispielsweise Dokumente nur unter bestimmten Bedingungen zugänglich machen, muss das durch ein Skript kontrolliert werden. Die Dateien werden dann allerdings nicht durch einen Link ausgeliefert, sondern durch ein entsprechendes Skript.

e) Verzeichnisse, in die geschrieben werden darf, enthalten nur unkritische Dateien, also keinerlei Skripte oder ausführbaren Code, und befinden sich ebenfalls außerhalb des Konfigurationsraumes.[16]

Damit wird verhindert, dass ein Angreifer selbst Skripte auf den Server hochlädt und direkt ausführt. Die Uploads müssen durch Skripte verwaltet werden.

> Bei der Inbetriebnahme einer Anwendung sind häufig kurzfristig Schreibrechte für den Server notwendig, insbesondere bei selbstkonfigurierenden Skripten. Die Rücknahme der Rechte darf nicht vergessen werden!

In manchen Fällen ist eine zentrale Definition unhandlich oder bei bestimmten Parametern auch nicht möglich. Die zentralen Regeln können in einem gewissen Rahmen daher auf Verzeichnisebene dezentral durch eine Datei namens **.htaccess** ergänzt oder verändert werden. **.htaccess** enthält ähnliche Einträge wie die zentrale Konfigurationsdatei. Durch die Namensgebung mit vorangestelltem Punkt sind diese Dateien per Konvention (meist) unsichtbar und erscheinen nicht in Verzeichnislisten (und selbst auf Betriebssystemebene oft nur durch spezielle Parameterangaben). Der Server kontrolliert automatisch, ob solche Dateien vorhanden sind, und überschreibt ggf. die zentralen Einträge. Zentral wird durch den Parameter **AllowOverride** allerdings festgelegt, was in **.htaccess** überschrieben werden darf und was nicht.[17] Wir werden später auf einige Nutzungsmöglichkeiten eingehen. Für **.htaccess**-Dateien gilt das Gleiche wie für andere Dateien: der Server gehört nicht zu den Systemnutzern, die irgendetwas an der Datei verändern dürfen.

Außerdem enthalten die Konfigurationsdaten einen Firewallanteil, der in zwei Teilen konfiguriert wird.

```
Order deny,allow
deny from all
allow from localhost
```

Order legt fest, dass zunächst die Verbotsregeln ausgewertet und anschließend von den Erlaubnisregeln überschrieben werden sollen. Das Beispiel verbietet zunächst jeglichen Zu-

---

16 Es existieren auch Programmtechniken, die das Schreiben selbstgenerierten Codes erfordern. Solche Verzeichnisse dürfen dann nichts anderes als solchen Code enthalten und befinden sich auch außerhalb des direkten Zugriffsraums des Clients.

17 D.h. kontrollieren, ob mit einer **.htaccess**-Direktive auch das Ziel erreicht wurde!

griff auf das Verzeichnis, um die Regel anschließend ausschließlich für den lokalen Rechner wieder zuzulassen. Bei einem Versuch erhält ein externer Client eine HTTP-Fehlermeldung.

> Die Administrationsseiten sollten auf diese Weise vom allgemeinen Zugriff ausgeschlossen werden. Der Administrator kann dann allerdings auch nur von bestimmten Rechnern aus auf diese Seiten zugreifen. Einem Angreifer wird hierdurch die Möglichkeit genommen, Kennwortangriffe auf eine Webseite durchzuführen.

2.2.3   Webhosting

Wenn eine Servermaschine mehrere User und deren Webseiten verwalten soll, kann

> ➢ jedem User eine eigene IP-Adresse oder

> ➢ jedem User eine eigene Portnummer oder

> ➢ mehrere Domains einer IP/Port-Kombination

zugewiesen werden (mischen möglich). Aufgrund des Mangels an IPv4-Adressen ist die letzte Option wohl die am häufigsten eingesetzte. Für die Umsetzung der Zugriffe und der Verriegelungen der User gegeneinander sind einige Module zu aktivieren, angefangen bei **vhost**, der Clientaufrufe nach Domainen trennt:

```
NameVirtualHost *:80

<VirtualHost *:80>
ServerName www.domain.tld
ServerAlias domain.tld *.domain.tld
DocumentRoot /www/domain
</VirtualHost>

<VirtualHost *:80>
ServerName www.otherdomain.tld
DocumentRoot /www/otherdomain
</VirtualHost>
```

Im hier gezeigten Beispiel werden alle IP-Adressen auf dem Port 80 ausgewertet, man kann aber auch Zuweisungen auf bestimmte Ports und IP-Adressen aufteilen. Zu jeder Domain können alternative Namen angegeben werden, falls der User über mehrere Domains verfügt, und die Anfrage landet in dem angegebenen Wurzelverzeichnis, in dem auch die weiterführenden Pfade, die in der URL angegeben sind, vorhanden sein müssen.

> Administrationsseiten können durch IP-Adressen und/oder Portnummern von den öffentlich zugänglichen Seiten auch auf dieser Ebene abgetrennt werden.

Allerdings ist diese Konfiguration noch unzureichend, da der Server weiterhin auf alle Verzeichnisse zugreifen kann, für die er Rechte besitzt.

> ➢ Ein User könnte sich Zugriff auf Verzeichnisse anderer User verschaffen, die ihm sonst nicht zugänglich sind (interner Angriff). Beispiele:

■ Wenn er Verzeichnisnamen kennt, kann er Skripte schreiben, die auf diese Verzeichnisse zugreifen und die Inhalte auslesen.

■ Wenn er die URLs der anderen Nutzer kennt und die Schreibrechte nicht korrekt gesetzt sind, kann er die Basisskripte (index.html, index.php) der anderen Nutzer austauschen und Aufrufe auf seine Seite umleiten.

➤ Ein Angreifer hätte die Möglichkeit, durch das erfolgreiche Hacken eines Users auch alle anderen zu hacken (externer Angriff). Beispiele:

■ Das Skript weist Fehler auf und erlaubt beispielsweise SQL-Injections. Damit wäre zunächst nur die Seite des Angegriffenen kompromittiert, nicht aber die anderer User.

■ Die Datenbank enthält Links auf Dateien und die Injection erlaubt das Manipulieren dieser Einträge. Damit sind auch Dateien anderer User in der Reichweite des Angreifers.

■ Die Datenbank enthält Inhalte, die vom Skript während der Codeausführung geladen und teilweise ausgeführt werden.[18] Der Hacker kann in diesem Fall die gleichen Skriptangriffe konzipieren wie der interne Angreifer.

■ Der Hacker kann Dateien des Users überladen. Weitere Möglichkeiten wie zuvor.

■ Der Hacker kann direkt in das Userkonto eindringen. Weitere Angriffsmöglichkeiten wie zuvor.

Der Zugriff des Servers muss daher durch den Server selbst zusätzlich auf die Verzeichnisse des jeweiligen Users beschränkt werden, was das Modul **UserDir** bewerkstelligt:

```
<IfModule mod_userdir.c>
    UserDir public_html
    UserDir disabled root

    <Directory /home/*/public_html>
        AllowOverride FileInfo AuthConfig Limit Indexes
        Options MultiViews Indexes SymLinksIfOwnerMatch
        <Limit GET POST OPTIONS>
            Order allow,deny
            Allow from all
        </Limit>
        <LimitExcept GET POST OPTIONS>
            Order deny,allow
            Deny from all
        </LimitExcept>
    </Directory>
</IfModule>
```

Ähnlich wie bei Firewallregeln lässt sich hier festlegen, wer welche Zugriffsrechte besitzt. **UserDir disabled** beschränkt die Zugriffe auf den Eigentümer des Heimatverzeichnisses. Damit kann nun der Systemadministrator recht einfach mehrere User auf einer Maschine

---

18 Siehe Kapitel 4.1 Server: PHP Framework Seite 75 ff

verwalten, die wie oben beschrieben weitere Rechte in ihrem Verzeichnissystem definieren und, sofern vom Administrator freigegeben, per **.htaccess** weitere Konfigurationsmerkmale einstellen können.

Da sich Webhosting in der Regel auf den Bereich Webhosting beschränkt, d.h. auf dem Server keine anderen Tätigkeiten als der Serverbetrieb durchgeführt werden, und die Nutzer in der Regel keine Spezialisten sind, bedient man sich häufig des Verwaltungstools **confixx**, das ein Webschnittstelle für die User bereitstellt. **confixx** ist allerdings keine Freeware, so dass wir nicht weiter darauf eingehen. Virtuelle Hosts werden relativ häufig benötigt, wie wir im Kapitel über SSL-Verbindungen noch sehen werden; die Rechtebeschränkungen von **UserDir** können natürlich auch verwendet werden, um verschiedene Anwendungen auf einem Server komplett zu trennen, was aber in der Praxis wohl nur auftreten dürfte, wenn tatsächlich so etwas wie Webhosting mit verschiedenen Zuständigkeiten vorliegt.

2.3 Das PHP-Modul

Die PHP-Skriptsprache bietet eine Möglichkeit, dynamische Inhalte von Webseiten zu erzeugen. Im Prinzip kann jede Skript- oder Programmiersprache dazu verwendet werden, man muss dem Server durch ein passendes Modul nur klar machen, was er wo im Falle eines GET- oder POST-Befehls zu starten hat.[19]

PHP ist in der Version 5 eine objektorientierte Sprache, die Klassen und Vererbung kennt. Die Syntax ähnelt C++ bzw. Java, wobei man sich in PHP aber nicht mit der Deklaration von Variablen aufhalten muss.

```
$a="b";
```

deklariert eine Variable **$a** mit dem Inhalt **b**, der anschließend beliebig gegen andere Daten - auch Zahlen - ausgetauscht werden kann. Der PHP-Interpreter nimmt jeweils den Datentyp an, der zu der Befehlszeile am besten passt. Eine Besonderheit ist die indirekte Ansprechbarkeit von Variablen, ohne die PHP als Serverskriptsprache gar nicht funktionieren würde:

```
$$a = 15.5;
```

deklariert mit dem oben angegebenen Inhalt von **$a** eine Variable **$b** mit dem Inhalt 15.5, die anschließend auch in der Form **$b** angesprochen werden kann. Das funktioniert auch mit Funktionsnamen und ist bei der Programmierung sicherheitstechnisch zu beachten (siehe unten und Kap. 4.1 Server: PHP Framework auf Seite 75 ff). Die weitere Einarbeitung in die Sprache müssen wir Ihnen, wie in der Einleitung bemerkt, selbst überlassen. Das ist – minimale Programmierkenntnisse vorausgesetzt – eine relativ simple Angelegenheit: man stellt ein

---

19 Skripte werden nicht in Maschinensprache übersetzt, sondern der Code wird während der Ausführung interpretiert. Der Geschwindigkeitsverlust gegenüber Maschinenspracheprogrammen ist aber heute bei den hier betrachteten Anwendungen vernachlässigbar, zumal die Skripte oft intern in einer optimierten Darstellung vorgehalten werden. Bezüglich der Arbeitsweise vergleiche auch Kapitel 2.2.1 Servereinrichtung auf Seite 23 ff)

paar Programmzeilen in einer Datei mit der Dateierweiterung **.php** zusammen, gibt das Ergebnis mit **echo ... ;** aus und ruft anschließend die Datei über den Browser mit

```
http://localhost/datei.php
```

auf, um sich das Ergebnis seiner Bemühungen anzuschauen. PHP hält so ziemlich für alles und jedes Bibliotheksfunktionen bereit, und mit Hilfe des Handbuchs werden sich auch Anfänger schnell an den Umgang mit der Programmierung gewöhnen und können sich dann hier mit der Sicherheit ihre Programmierversuche beschäftigen.

Etwas ausführlicher erläutert, ist der Verkehr zwischen Server und dynamischem Programm recht simpel: die HTTP-Parameter entsprechen in ihrer Syntax der Definition von Umgebungsvariablen. Der Server setzt alle Headerzeilen sowie die Daten aus der URL und einem gegebenenfalls vorhandenen POST-Body in Umgebungsvariable um und startet das Programm (in diesem Fall den PHP-Interpreter), das die Umgebungsvariablen ähnlich wie ein Kommandozeilenprogramm die Eingabedaten von einer Konsole einlesen kann. Als Ausgabe erzeugt es (fast) beliebigen Daten (einige wenige Regeln sind einzuhalten) durch Schreiben auf den Ausgabestream, den der Server nach Beenden des Programmprozesses nebst einigen eigenen Erweiterungen an das Clientsystem weitersendet.

PHP ist eine Skriptsprache, d.h. die aufgerufenen Dateien werden von einem Interpreter geöffnet und abgearbeitet. Da die Server meist HTML-Dokumente ausliefern, die nur wenige Stellen besitzen, an denen dynamischer Inhalt einzusetzen ist, ist ein PHP-Programm oft gemischter PHP/HTML-Code:

```
<HTML>
...
<BODY>
   ...
   <? php ......    ?>
   ...
</BODY>
</HTML>
```

Bis zum Auftreten der Zeichenkette "<?" wird alles vom Interpreter einfach auf den Ausgabestream geschrieben. Zwischen "<?" und "?>" steht PHP-Code, den der Interpreter versucht, auszuführen. Es gilt

➢   Alles, was außerhalb von "<? ... ?>" steht, ist auf dem Clientsystem zu sehen.

➢   Nichts von dem, was durch "<? ... ?>" gekapselt ist, verlässt den Server (außer natürlich dem, was in Print-Befehlen steht).

> Sicherheitstechnisch bedeutet dies, dass Kommentare, die den PHP-Code dokumentieren, nie im HTML-Teil stehen dürfen.

Die Ausführung der Skripte wird durch HTML-Kommentare nicht ausgesetzt. Wenn ein Skriptteil nicht ausgeführt werden soll, muss es im PHP-Teil auskommentiert werden, nicht durch Auskommentierung des PHP-Teils durch einen HTML-Kommentar.

Um die Umgebung eines PHP-Skriptes komfortabel kontrollieren zu können, definiert PHP die Funktion **phpinfo()**, die die komplette Serverkonfiguration auf die Ausgabeseite ausgibt:

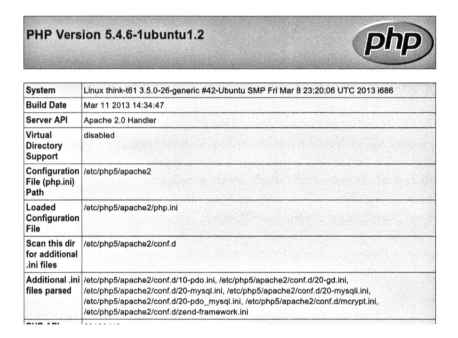

System	Linux think-t61 3.5.0-26-generic #42-Ubuntu SMP Fri Mar 8 23:20:06 UTC 2013 i686
Build Date	Mar 11 2013 14:34:47
Server API	Apache 2.0 Handler
Virtual Directory Support	disabled
Configuration File (php.ini) Path	/etc/php5/apache2
Loaded Configuration File	/etc/php5/apache2/php.ini
Scan this dir for additional .ini files	/etc/php5/apache2/conf.d
Additional .ini files parsed	/etc/php5/apache2/conf.d/10-pdo.ini, /etc/php5/apache2/conf.d/20-gd.ini, /etc/php5/apache2/conf.d/20-mysql.ini, /etc/php5/apache2/conf.d/20-mysqli.ini, /etc/php5/apache2/conf.d/20-pdo_mysql.ini, /etc/php5/apache2/conf.d/mcrypt.ini, /etc/php5/apache2/conf.d/zend-framework.ini

Die Ausgabe erfolgt nicht als Rückgabewert, sondern sofort an den Übertragungspuffer des HTTP-Servers. In der Entwicklungsphase und auch später bei der Einrichtung des Produktivservers ist diese Ausgabe eine Hilfe, schnell die korrekte Konfiguration des Servers und des PHP-Moduls zu kontrollieren - und natürlich auch eine wertvolle Hilfe für einen Hacker, der nach einem Tor ins System sucht.

> Dieser Funktionsaufruf darf daher nie auf den Produktivserver aktiviert sein!

Außerdem kommen oft in der Entwicklungsphase noch weitere Ausgaben hinzu, die im Code verteilt sind und nur für Testzwecke benötigt werden. Sofern solche Ausgaben für allgemeinere Tests benötigt und deshalb nicht schon während der Entwicklungsphase entfernt werden, sind sie zwingend im Produktivserver auszuschalten. Das Ein- und Ausschalten ist aus diesem Grund zentral zu organisieren, beispielsweise über eine Konstante namens DEBUG:

```
<?php
define('DEBUG','phpinfo');

if(defined('DEBUG') &&
    strpos(constant('DEBUG'),'phpinfo')!==FALSE) phpinfo();
?>
```

Nur wenn in der Konstante DEBUG der Parameter 'phpinfo' definiert ist, wird **phpinfo()** auch ausgeführt. Eine solche zentrale Definition rettet über vergessenes Löschen von Testbefehlen hinweg bzw. erlaubt es, Testsequenzen für die weitere Entwicklung aktiv zu behalten.

Unabhängig von solchen Befehlen innerhalb des Skripts gilt es, weitere Parameter zu ändern, wenn die Entwicklungsumgebung verlassen wird:

error_append_string	no value	no value
error_log	no value	no value
error_prepend_string	no value	no value
error_reporting	32767	32767

In der Entwicklungsphase ist man für jeden Fehlermeldung dankbar, und mangels anderer Möglichkeit werden Fehlermeldungen in den Übertragungspuffer geschrieben und auf dem Client angezeigt. Der Interpreter ist so ausgelegt, dass er beim ersten Syntaxfehler die Arbeit einstellt und eine Fehlermeldung ausgibt. Das gilt auch für nachgeschaltete Modul wie beispielsweise ein Datenbankfehler.

> Fehlermeldungen und Fehlerlogging ist auf dem Produktivsystem zu deaktivieren.[20]

Selbst auf Seiten größerer Unternehmen ist nicht selten zu beobachten, dass auf offenbar weniger häufig besuchten und kontrollieren Bereichen ausführliche Fehlermeldungen über abgeschmetterte Datenbankabfragen nebst komplettem SQL-Code auftreten. Derart weit reichende Informationen sind in Hackerkreisen natürlich gesucht.

Zuständig für die Konfiguration ist die Datei

```
/etc/php5/apache/php.ini
```

die aufgrund der ausführlich Kommentierung selbsterklärend ist. Für Fehlerausgaben sind die Konfigurationszeilen

```
; display_errors
;    Default Value: On
;    Development Value: On
;    Production Value: Off

; display_startup_errors

; error_reporting

; html_errors

; log_errors
```

zuständig. Um zu kontrollieren, ob alles korrekt funktioniert, kann man in die Anwendung für die Testphase Skripte einfügen, die garantiert Fehler generieren, aber auf dem Produktivsystem nicht sichtbar sein dürfen.

Einzelne Laufzeitfehler können auch im Code durch

```
$res=@foo();
($res=foo()) or die("das war nix");
```

---

20 Kontrollieren Sie die Log-Verzeichnisse auf dem Produktivserver! Unerwartete Einträge weise darauf hin, dass sie etwas nicht abgeschaltet haben. Log-Verzeichnisse dürfen nicht über URLs zugänglich sein, zumal für sie auch auf Produktivsystemen Schreibrechte definiert sind.

abgefangen werden, aber das bezieht sich auch auf die Entwicklungsumgebung, in der man an genaueren Meldungen interessiert ist, und ist nur für geplante Fehler sinnvoll und nicht zur Behebung mangelhafter Programmierung.

In den meisten Installationen deaktiviert sind die Modi **safe_mode** und **register_globals**.[21] Die erste Option ist/war ein Versuch, Zugriffsprobleme auf fremde Verzeichnisse beim Webhosting zu lösen, der jedoch zu anderen Problemen führt, da er viel zu weit hinten in der Ausführungskette angesiedelt ist. Die zweite Option überträgt POST-Variablen in normale PHP-Variable:

```
S_POST['var']   ===>   $var
```

Ein Angreifer könnte bei einer Aktivierung durch Manipulation des POST-Befehls Variablen mit beliebigen Inhalten in ein PHP-Skript schmuggeln. Prüft der Anwendungsprogrammierer die Existenz einer Variable vor Verwendung mittels **isset($var)**, so ist diese im normalen Programmablauf möglicherweise noch nicht existent, durch den manipulierten POST aber nun vorhanden und löst möglicherweise fatale Folgen aus. In dieser Argumentationskette sind zwar eine Menge „wenn" und „aber" drin, aber trotzdem ist aus Sicherheitsgründen **register_globals=OFF** zu verwenden.

> Der Zugriff von PHP ist **unbedingt** auf Verzeichnisse zu beschränken, in denen Skripte oder Daten, mit denen das Skript umgehen muss, liegen. Alle anderen Zugriffe sind zu unterbinden.

Wie wir oben ausführlich erläutert haben, hat der Apache-Server sehr viel weiter reichende Lese- und ggf. auch Schreibbefugnisse, als er Clientsystemen über die URL einräumt. Da PHP als Modul des Servers arbeitet, gelten diese Befugnisse grundsätzlich auch für PHP. Das Rechtesystem des Betriebssystems erlaubt damit meist auch Zugriffe auf Verzeichnisse, in denen ein Skript nichts zu suchen hat: beispielsweise können auch große Teile der Systemverzeichnisse ausgelesen werden, und ein Angreifer, der ein entsprechendes Skript einschleust, kann sich so Informationen verschaffen, die ihm ein noch weiteres Eindringen erlauben. Als Konsequenz muss man PHP zugriffsmäßig weiter beschränken (ähnlich wie es das **UserDir**-Modul beim Server macht). Dies erfolgt durch den Parameter

```
open_basedir = /home/user;/var/www
```

in der **php.ini**. Lesebefehle innerhalb der angegebenen Verzeichnisbäume werden ausgeführt, außerhalb der Verzeichnisse werden Fehlermeldungen generiert. Innerhalb des Skriptes kann der Zugriff mittels der Funktion **init_set()** weiter eingeschränkt werden (siehe folgenden Abschnitt).

Bei Arbeiten mit virtuellen Servern ist die Zugriffseinschränkung eine individuelle Angelegenheit des jeweiligen Servers. Im Konfigurationsabschnitt eines Servers können die zulässigen Pfade mit

```
php_admin_value open_basedir ...
```

---

21 Der Versuch einer Aktivierung kann/soll laut PHP-Handbuch mit einer Fehlermeldung enden. Die Einstellmöglichkeiten sind allerdings immer noch in der php.ini vorhanden.

angegeben werden.

Grundsätzlich sollte beachtet werden, dass ein User Verzeichnisse auf dem System verwaltet, die mit der PHP-Webanwendung nichts zu tun haben. Diese dürfen für das PHP-Modul nicht lesbar sein. Beispielsweise kann der Apache-Server neben PHP auch CGI-Programme bedienen (im Aufruf durch die Dateierweiterung .pl erkennbar). Sofern es zwischen verschiedenen Anwendungsmodulen keine direkten Beziehungen existieren, sollten sie gegeneinander verriegelt werden.

Wie beim Apache-Server in Form der **.htaccess**-Dateien können einige Konfigurationsdaten von lokalen Skripten überschrieben werden. Hierzu dient die Methode **ini_set()**, die häufig verwendet wird, um einem Skript, das mit dem in der Konfigurationsdatei freigegebenen Speicher nicht auskommt, mehr Platz zu verschaffen. Die Benutzung von **ini_set()** kann mit dem Parameter **disable_functions** in der **php.ini** nebst anderen gefährlich erscheinenden Funktionen deaktiviert werden.[22] Welche Funktionen abgeschaltet werden, hängt davon ab, was man in der Anwendung benötigt; sie Liste kann allerdings schon recht lang werden, wenn man Empfehlungen im Internet folgt:

```
disable_functions = "apache_child_terminate, apache_get_modules,
apache_get_version, apache_getenv, apache_note, apache_setenv,
curl_exec, curl_multi_exec, define_syslog_variables,
disk_free_space, diskfreespace, dl, error_log, escapeshellarg,
escapeshellcmd, exec, ftp_connect, ftp_exec, ftp_get, ftp_login,
ftp_nb_fput, ftp_put, ftp_raw, ftp_rawlist, ini_alter, ini_get_all,
ini_restore, link, mysql_pconnect, openlog, passthru, pfsockopen,
php_uname, phpinfo, popen, posix_getpwuid, posix_kill,
posix_mkfifo, posix_setpgid, posix_setsid, posix_setuid,
posix_uname, proc_close, proc_get_status, proc_nice, proc_open,
proc_terminate, set_time_limit, shell_exec, symlink, syslog,
system, tmpfile, virtual"
```

2.4 Konfigurationsprüfung

Sie haben nun einiges über die Konfiguration des HTTP-Servers und des PHP-Moduls erfahren und durch eigene Übungen vermutlich auch darüber hinaus gehende Erkenntnisse gesammelt (weitere Systemkomponenten folgen noch, die Sie sinngemäß in diesen Rahmen integrieren). Wie Sie bemerkt haben,

> ➤ existieren manchmal verschiedene Konfigurationsdaten zu einem Thema (beispielsweise das Verhalten im Fehlerfall),

> ➤ können zentral definierte Konfigurationsdaten dezentral überschrieben werden,

---

22 Eine solche Deaktivierung ist nicht nur unter dem Gesichtspunkt, dass es einem Hacker gelingt, ein Skript einzuschleusen und auszuführen, sinnvoll, sondern für Webhoster eine betriebliche Notwendigkeit. Der einzelne Nutzer hat natürlich nur seine Applikation im Sinn und kann durch unkontrolliertes Abgreifen von Ressourcen das System lahm legen oder die Anwendungen anderer Nutzer gefährden.

> ➤ hängt der erreichte Effekt bei manchen Vorgaben von der Reihenfolge ihrer Definiti-
> on ab,

> ➤ können einige Konfigurationsdaten auch in Dateien stehen, die bei jedem Update
> vom Entwicklungssystem auf den Produktivserver übertragen werden oder die beim
> Übertragen der neuen Dateien überschrieben werden könnten.

Aus diesem Grund gilt:

> Konfigurationsprüfungen sind immer in die Testphase zu integrieren.

Um über die getroffenen Maßnahmen eine Übersicht zu behalten und im Falle eines Angriffs
auf den Produktivserver beurteilen zu können, welche Gefährdungen sich ergeben und was
geschützt ist, empfiehlt sich ein systematisches Vorgehen:

1. Notieren Sie, was ein Angreifer machen könnte, um Ihren Server zu kompromittie-
   ren.

   Das kann in einigen Fällen beinhalten, dass Sie wissen, wie das geschehen kann (z.B.
   Eingabe bestimmter Daten in Eingabefelder), aber auch andere, bei denen Sie das
   nicht wissen (z.B. Veränderung eines Ihrer Skripte). Sie können dies zur Klassifizie-
   rung Ihrer Gedanken heranziehen (Kategorien „Praktische Gefährdung" und „Theoretische Gefährdung"), aber nicht als Kriterium, bestimmte Sachen einfach zu igno-
   rieren.

2. Notieren Sie, welche Maßnahmen diese Gefährdung beseitigen oder minimieren können.

   Dies wird in vielen Fällen eine Liste von Maßnahmen werden, die jeweils einzeln bereits Schutz bieten. Beachten Sie aber die Philosophie der „maximum protection"!
   Die Liste ist eine offene Liste, und zögern Sie nicht, weitere Punkte aufzunehmen,
   wenn sie Ihnen einfallen.

3. Notieren Sie zu jedem Punkt Ihrer Maßnahmenliste, welche Einstellungen Sie am
   System vornehmen, um die Maßnahme zu realisieren. Ordnen Sie die Liste chronologisch an und

   ✗ klassifizieren Sie die Einstellungen in „global" und „lokal". Wenn neue Einstellungen festgelegt werden, sind alle chronologisch davor eingetragenen Einstellungen
   auf Widersprüche zu kontrollieren (z.B. kann die globale Deaktivierung bestimmter lokaler Einstellmöglichkeiten vorhergehende lokale Einstellungen auf-
   heben).

   ✗ markieren Sie sie als „persistent" und „variabel". Variable Einstellungen befinden
   sich in Dateien, die überschrieben werden oder überschrieben werden könnten
   und die bei jedem Update kontrolliert werden müssen.

4. Notieren Sie Testmöglichkeiten (mit deren Ergebnissen, wenn alles korrekt funktioniert), um in der Testphase sicher zustellen, dass die Maßnahme umgesetzt wird.

Das betrifft nur die einzelne Maßnahme. Wenn Sie befürchten, dass ein Angreifer Ihr Skript manipulieren könnte und Sie die Verzeichnisse deshalb verstecken, bezieht sich der Test nur auf den Versuch eines Zugriffs auf ein verstecktes Verzeichnis, nicht auf die Manipulation selbst.

5. Sofern allgemeinere Tests noch möglich sind, sind diese zum Abschluss hinzu zu fügen.

Im Laufe der Zeit wird eine Vielzahl von Maßnahmen und Testmöglichkeiten auf Ihrer Liste erscheinen. Es ist daher sinnvoll, Tests weitgehend zu automatisieren. Wir werden in Kapitel 6 Systemtestverfahren ausführlicher auf diesen Punkt eingehen.

Alle Prüfungen laufen mit den Systemkomponenten ab, die Sie im Internet einzusetzen gedenken. Es lohnt sich aber durchaus, im Testbetrieb zusätzlich Skripte installieren, die absichtlich fehlerhaft sind, Schwächen haben oder auf falsche Systemeinstellungen spezifisch reagieren (und auch durchaus vorsätzlich falsche Systemeinstellungen vorzunehmen). An solchen Skripten und Einstellungen lernt man nicht nur, was man nicht machen sollte, sondern kann auch überprüfen, ob die Tests dies tatsächlich entdecken, sieht die Auswirkungen im Fall invasiver Tests und kann prüfen, ob das Prinzip der „maximum protection" funktioniert und bei Versagen eines Gliedes der Sicherheitskette die anderen greifen. Beispielsweise können Sie Skripte entwerfen, die bei Uploads oder Downloads die Dateinamen eines POST-Befehls ohne Prüfung übernehmen (und so in beliebige Verzeichnisse hinein greifen können), auf nicht definierte Variable zugreifen (und Fehlermeldungen auslösen) oder Funktionen indirekt ausführen:

```
$a=$_POST["info"];
$a();
```

> Testskripte dieser Art dürfen aber nur während des Tests installiert werden und sind anschließend (vor dem Testende) wieder zu deinstallieren. Eine permamente Installation mit einer temporären Aktivierung ist sicherheitstechnisch unzulässig.

2.5 MySQL - Datenbankserver

Der Datenbanken lassen sich anstelle von Kommadozeilenoperationen bequemer über **PHPMyAdmin** verwalten, wenn man ohnehin schon einen HTTP-Server mit PHP installiert hat. In der Entwicklung lassen sich damit schnell Anpassungen durchführen, Testdatensätze generieren oder fehlgelaufene Aktionen korrigieren. Auf dem Produktivsystem fallen diese Notwendigkeiten jedoch fort, so dass man diesen Datenbankzugang deaktivieren kann. Hierzu einige sicherheitstechnische Überlegungen:

> Um mit der Datenbank arbeiten zu können, muss das PHP Skript den Nutzernamen und den Zugriffsschlüssel im Klartext kennen. Unterstellen wir, dass Angreifer auf irgendeine Weise Kenntnis vom Inhalt der Konfigurationsdatei erhalten, können sie sich mit dem Usernamen und dem Schlüssel beim PHPMyAdmin einloggen und die Tabellen der betroffenen Anwendung auslesen oder manipulieren.

Um diesen Weg zu versperren, kann der Zugang zum PHPMyAdmin auf einen unge-wöhnlichen Port gelegt und dieser über die Firewallkonfiguration nur für einen be-stimmten Administratorarbeitsplatz freigeschaltet werden. Der Angreifer müsste nun in mindestens eine weitere Systemkomponente eindringen, um den PHPMyAdmin nutzen zu können. Eine gute Sicherung stellt ein zusätzlicher Passwortschutz mittels **.htaccess** im PHPMyAdmin-Verzeichnis dar.

Ohne PHPMyAdmin besteht nur der Systemzugang zum Datenbankserver über die Kommandozeile, d.h. der Administrator (oder der Angreifer) muss sich über **ssh** und/oder **sftp** mit von den Datenbanken völlig unabhängigen Zugangsdaten in das Sys-tem einloggen, bevor er mit den Datenbankzugangsdaten Zugang zu den Tabellen er-langt. Für ein Produktivsystem ist dieser Zugang in der Regel ausreichend, da keine di-rekte Manipulationsnotwendigkeit an den Tabellen besteht.

Auf dem Entwicklungssystem bewegt man sich auch im Datenbankbereich üblicherweise mit maximalen Rechten, um Tabellen schnell anpassen oder nach einem fehlgegangenen Versuch den alten Zustand bequem wieder herstellen zu können. Auf dem Produktivsystem ist für jede Anwendung ein Datenbank-User zu definieren, der auch nur Zugriff auf seine Datenban-ken bekommt.[23]

Neuen Benutzer hinzufügen

Um auf eine Datenbank zugreifen zu können, müssen in den Skripten die Kennworte im Klar-text bekannt sein, und ein Hacken einer Anwendung darf nicht dazu führen, dass die anderen Datenbanknutzer nun ebenfalls korrumpiert werden können.

Auch auf den eigenen Tabellen sollte der User nur die Rechte besitzen, die er für die im Pro-duktivsystem verwendeten SQL-Befehle benötigt:

---

23 Unterschiedliche Systemuser für unterschiedliche Anwendungen machen nur in Verbindung mit virtuellen Hosts Sinn, siehe Kapitel 2.1.5 Virtuelle Server auf Seite 22 ff.

```
┌─ Globale Rechte (Alle auswählen / Auswahl entfernen) ─────────────┐

  MySQL-Rechte werden auf Englisch angegeben

   ┌─ Daten ──┐  ┌─ Struktur ─────────┐   ┌─ Administration ──────┐  ┌─ Ressourcenbeschränkungen ──┐

    ☐ SELECT      ☐ CREATE                 ☐ GRANT                    Der Wert 0 (null) entfernt die Beschränkung.
    ☐ INSERT      ☐ ALTER                  ☐ SUPER
    ☐ UPDATE      ☐ INDEX                  ☐ PROCESS
    ☐ DELETE      ☐ DROP                   ☐ RELOAD                   MAX QUERIES PER HOUR     0
    ☐ FILE        ☐ CREATE TEMPORARY TABLES ☐ SHUTDOWN
                  ☐ SHOW VIEW              ☐ SHOW DATABASES           MAX UPDATES PER HOUR     0
                  ☐ CREATE ROUTINE         ☐ LOCK TABLES
                  ☐ ALTER ROUTINE          ☐ REFERENCES              MAX CONNECTIONS PER HOUR  0
                  ☐ EXECUTE                ☐ REPLICATION CLIENT
                  ☐ CREATE VIEW            ☐ REPLICATION SLAVE       MAX USER_CONNECTIONS      0
                  ☐ EVENT                  ☐ CREATE USER
                  ☐ TRIGGER
```

Rechte für nicht verwendete Operationen oder die unbegrenzte Zuweisung von Ressourcen erhöhen die Gefahr, dass ein Hacker etwa durch eine SQL-Injection gefährlichen Unfug anstellen kann.[24]

Wichtig! Der MySQL-Server wird über standardmäßig die Portnummer 3306 angesprochen und ist nur über *localhost* zugänglich, d.h. auf ihn kann <u>nicht</u> über das Netzwerk zugegriffen werden.

In größeren Serverumgebungen wird der Datenbankserver aber oft auf einer anderen Maschine eingerichtet als der/die HTTP-Server, d.h. die Serverports sind im Netzwerk freizugeben. Damit durch Belauschen des Datenverkehrs oder durch Verwenden irgendwie erlangter Logininformationen keine Datenbankkompromittierung erfolgt, sind eine Reihe von Maßnahmen zu ergreifen:

a) Die zulässigen Verbindungen zu Clientsystemen (HTTP-Server, Datenbankadministration) werden in den Firewalleinstellungen definiert. Dies erfolgt in zwei Stufen: in der Datei **/etc/mysql/my.cnf** wird die Bindung an die localhost-Adresse auskommentiert:

```
# the default is now to listen only on
# localhost which not less secure.
bind-address = 127.0.0.1
```

Der Server akzeptiert mit dieser Einstellung allerdings sämtliche eingehenden Verbindungen. Eine weitere Beschränkung ist durch die Firewallumgebung (IPCop, siehe Kapitel 8.1.1 Firewall auf Seite 150 ff) sowie durch die auf Linuxsystemen immer vorhandene lokale Firewall iptables durchzuführen. Die folgende lokale Regeldefinition auf dem Datenbankserver lässt den Verkehr mit genau einer anderen Maschine zu:

```
iptables -A INPUT -p tcp \
```

---

24 Wenn ein Sitzungsmanagement vorhanden ist, wird SELECT/INSERT/UPDATE/DELETE benötigt, auch wenn die Anwendung selbst nicht von allem Gebrauch macht. Alles andere ist zu deaktivieren. Ob das Einrichten verschiedener Datenbanken mit unterschiedlichen Tabellenrechten sinnvoll ist, geht eher aus dem Gesamtkontext hervor und ist sicherheitstechnisch nicht notwendig.

```
        -s 202.54.1.50 --sport 1024:65535 \
        -d 202.54.1.20 --dport 3306 \
        -m state --state NEW,ESTABLISHED -j ACCEPT
    iptables -A OUTPUT -p tcp \
        -s 202.54.1.20 --sport 3306 \
        -d 202.54.1.50 --dport 1024:65535 \
        -m state --state ESTABLISHED -j ACCEPT
```

Geregelt wird ein- und ausgehender Verkehr. Die Regeln sind in einem Konsolenfenster mit root-Rechten zu definieren.

b) Die Kommunkation mit den HTTP-Servern erfolgt SSL-verschlüsselt, so dass Lauschen keinen Erfolg hat (siehe 2.6 SSL/TLS). Die Zertifikate sind in **/etc/mysql/my.cnf** anzugeben. Das Handling entspricht dem bei den HTTP-Servern.

Die Serversoftware muss für den SSL-Betrieb eingerichtet sein. Die Standardpakete sind dies manchmal nicht, so dass spezielle Pakete nachgeladen werden müssen. Außerdem sind Zertifikate zu erzeugen und zu installieren. Hierzu sind mehr oder weniger die gleichen Handgriffe wie beim HTTP-Server durchzuführen, worauf wir im nächsten Kapitel ausführlich eingehen. Details sind im Bedarfsfall in der MySQL-Dokumentation zu ermitteln. Die Prüfung

```
mysql> show variables like '%ssl%';
+---------------+----------------------------+
| Variable_name | Value                      |
+---------------+----------------------------+
| have_openssl  | DISABLED                   |
| have_ssl      | DISABLED                   |
| ssl_ca        | /etc/mysql/ca-cert.pem     |
| ssl_capath    |                            |
| ssl_cert      | /etc/mysql/server-cert.pem |
| ssl_cipher    |                            |
| ssl_key       | /etc/mysql/server-key.pem  |
+---------------+----------------------------+
```

zeigt an, dass in diesem Beispiel SSL für den Server verfügbar, aber (aufgrund noch nicht vorhandener Zertifikate) noch nicht aktiviert ist. Nach Installieren von Zertifikaten und Schlüssel und Neustart des Servers wird SSL als zur Verfügung stehend angezeigt.

Die Verfügbarkeit bedeutet allerdings leider nicht, dass SSL auch verwendet wird. Um auch eine Verwendung von SSL zu erzwingen, ist in den Rechtetabellen der einzelnen Nutzer eine REQUIRE-Option anzugeben.

```
GRANT _privileges_ ON _dbname.*_ TO _user_
    REQUIRE  SSL | X509 …
```

Der Server erlaubt nun für die mit diesen Parametern konfigurierten Nutzer nur noch eine SSL-gesicherte Verbindung, während andere Nutzer weiterhin unverschlüsselt kommunizieren dürfen. Um von der Clientseite eine verschlüsselte Verbindung aufzunehmen, genügt der Aufruf **mysql –ssl-ca=ca-cert.pem**, der es dem Client ermöglicht, die Echtheit des Serverzertifikats zu prüfen. Im Gegenzug können auch Zertifikate für den Client eingerichtet werden, so dass beidseitige Authentifizierung stattfindet. Die Serververbindung ist in diesem Fall durch

```
mysql --ssl-ca=ca-cert.pem \
    --ssl-cert=client-cert.pem \
    --ssl-key=client-key.pem
```

einzurichten. Über den Befehl **show status like 'ssl_cipher'** kann man sich vergewissern, dass die Verbindung SSL-gesichert ist. Da die SSL-Sicherung, wie wir auch im folgenden Kapitel sehen werden, immer mit ein wenig Gefummel verbunden ist, sollte man mit verschiedenen Tests sicherstellen, dass auch bei versehentlicher Fehlbedienung nichts schief geht.

> Das Problem bei vielen Protokollen – und MySQL macht da kein Ausnahme – ist, dass bei einem unverschlüsselten Anmeldeversuch der Name und die angeforderte Datenbank, schlimmstenfalls sogar das Kennwort übertragen werden. Aus Performancegründen ist dies sogar notwendig. Ist der Zugriff für SSL konfiguriert, lehnt der Server zwar die Verbindung ab, aber ein Lauscher hätte wesentliche Informationen bereits erfahren. Es ist deshalb wichtig, im Produktivsystem die Clients korrekt zu konfigurieren: **zuerst** die SSL-Verbindung initiieren, **dann** im zweiten Schritt die Authentifizierung durchführen.

2.6 SSL/TLS

Ohne Verschlüsselung läuft heute nichts mehr, wenn man auf Sicherheit bedacht ist. Ob das heimische WLAN, der öffentliche Access Point oder das Kundennetz im besuchten Betrieb – Sie können nicht sicher sein, ob nicht doch irgendwer lauscht und Zugangsdaten ausspäht.[25]

Bei Servern wird eine Verschlüsselung mit SSL/TLS hergestellt.[26] Das Sicherheitskonzept umfasst nicht nur die Einrichtung einer verschlüsselten Verbindung, sondern auch eine Authentifizierung des Servers dem Clientsystem gegenüber.

---

25 In Medienberichten wird von Zeit zu Zeit praktisch demonstriert, wie wenig Sicherheitsmaßnahmen vielfach vorhanden sind und mit wie wenig Aufwand vitale Daten ausgespäht werden können.

26 SSL ist die ursprünglich von Netscape entwickelte Sicherheitsschicht in der TCP/IP-Protokollfamilie, TLS der später über die RFCs veröffentlichte modifizierte Standard. Im allgemeinen Sprachgebrauch wird SSL verwendet, gleichgültig, was nun wirklich gemeint ist. Wir schließen uns hier dem Sprachgebrauch an und verwenden durchgehend die Bezeichnung SSL.

2.6.1 Das SSL-Sicherheitskonzept

Obwohl viele Server im Netz SSL verwenden, ist die Kenntnis dessen, was sich dort abspielt, wenig verbreitet. Selbst IT-Fachleute wissen nur selten um die genauen Details, und der normale Nutzer ist bis auf die Beachtung einiger Basisregeln meist überfordert.

SSL beruht auf der Verwendung von X.509-Zertifikaten. Hierbei handelt es sich um elektronische Ausweise mit einer überprüfbaren Unterschrift durch eine ausstellende Organisation, die wiederum zur Überprüfung einer Unterschrift oder zur Verschlüsselung von Daten verwendet werden können. Der Unterschriftsmechanismus dient zum Nachweis einer Identität, und wenn man sich den Aufbau und die Verwendung eines Ausweispapiers vorstellt, hat man schon eine sehr genaue Vorstellung davon, was sich elektronisch abspielt.

Die Unterschriften werden mit Hilfe asymmetrischer Verschlüsselungsverfahren geleistet. Diese besitzen je einen geheimen und einen öffentlich bekannten Schlüssel, wobei es unmöglich ist, aus dem öffentlichen den geheimen Schlüssel zu ermitteln:

> ➢ Wird der öffentliche Schlüssel zum Verschlüsseln verwendet, kann nur der Inhaber des Geheimschlüssels die Nachricht wieder entschlüsseln. Jeder ist so in der Lage, eine geheime Nachricht an einen bestimmten Empfänger zu senden.

> ➢ Wird der geheime Schlüssel zum Verschlüsseln verwendet, so kann jeder diese Nachricht entschlüsseln und dabei gleichzeitig sicher sein, dass sie nur vom Inhaber des Geheimschlüssels stammen kann. Die Nachricht ist also unterschrieben.[27]

Ein Zertifikat ist ein Datensatz mit genormtem Aufbau/Inhalt (siehe folgende Abbildungen) und enthält Angaben über den Aussteller, den Inhaber, die Gültigkeit, den öffentlichen Schlüssel, den Zweck und weitere ggf. benötigte Informationen. Die Angaben über Aussteller und Inhaber sind ebenfalls in einer Weise genormt, dass sie bei korrekter Angabe weltweit eindeutig sind. Das Zertifikat ist vom Aussteller unterschrieben, wobei die Unterschrift aus einem Hashwert über den gesamten Datensatz besteht, der mit dem privaten Schlüssel des Ausstellers verschlüsselt ist.[28] Jeder, der in den Besitz einer Kopie des Zertifikates gelangt, kann nun den Hashwert seinerseits berechnen, den verschlüsselten Unterschriftswert entschlüsseln, beide miteinander vergleichen und so sicher sein, dass das Zertifikat nach Ausstellen der Unterschrift nicht verfälscht worden ist.

Ist das Zertifikat korrekt, kommt nun der zweite Teil: kann man darauf vertrauen, dass der Inhaber tatsächlich der ist, der angegeben wird (Authentifizierung des Inhabers)? Dazu muss man den Aussteller kennen und darauf vertrauen, dass dieser sich davon überzeugt hat, für

---

27 Wer sich dafür interessiert, wie dies mathematisch im Detail funktioniert, kann sich beispielsweise in „Gilbert Brands: Verschlüsselung, Signaturen, Angriffsmethoden" informieren. Sie auch die Hinweise am Ende des Buches.

28 Eine Hashfunktion ist eine Einwegverschlüsselung, d.h. man kann leicht eine Nachricht verschlüsseln, aber das verschlüsselte Ergebnis nicht wieder entschlüsseln. Die Verschlüsselung ist relativ kurz – 128-512 Bit – aber eindeutig, d.h. keine zwei zufällig ausgewählten Nachrichten werden je den gleichen Hashwert aufweisen. Man kann sie auch als „Prüfsummenfunktion" bezeichnen.

die angegebene Person ein Zertifikat unterschrieben zu haben (ähnlich wie man ja bei einem Personalausweis darauf vertraut, dass das Meldamt sich nicht geirrt hat).

Verschiedene kommerzielle Organisationen übernehmen die Ausstellung von Zertifikaten, und um dem Anwender die Mühe zu ersparen, sich deren Zertifikate zu besorgen, sind diese bereits in den Browsern als Wurzel- oder Root-Zertifikate installiert.[29] Man findet sie mit ein wenig Suchen in den Einstellungen jedes Browsers:

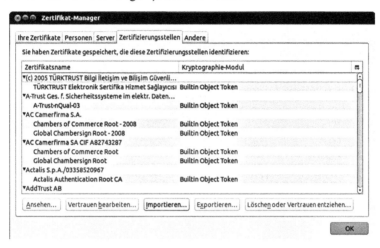

Hier kann man sich auch anschauen, wie ein Zertifikat aufgebaut ist. Markieren Sie eines und gehen Sie anschließend auf „Ansehen". Das spart mir hier eine Seite Text ein. Ein Zertifikat enthält eine Vielzahl von Werten, die genau spezifizieren, wem es gehört und was damit gemacht werden darf (unter „Details" können Sie sich alles genau anschauen. Das vermittelt Ihnen auch einen Eindruck davon, wie die privaten und öffentlichen Schlüssel aussehen).

Die Root-Zertifikate der großen Aussteller (Certificate Authority CA) werden in der Regel vorinstalliert, und Inhaberzertifikate werden meist vom Inhaber selbst präsentiert. Darüber hinaus existieren noch zwei weitere Möglichkeiten, nach Zertifikaten zu suchen und sie ggf. auch zu verifizieren:

---

29 Als Root-Zertifikate bezeichnet man Zertifikate, bei denen Aussteller und Inhaber identisch sind, die Echtheitsüberprüfung somit mit dem eigenen öffentlichen Schlüssel durchgeführt werden kann.

a) Der Name des Inhabers ist genormt, damit weltweit in entsprechend organisierten Datenbanken gesucht werden kann. Weitere Informationen lassen sich unter den Suchbegriffen „Uniform Resource Name URN" und/oder „Lightweight Directory Access Protocol LDAP" finden.

b) Fingerabdrücke sind Hashwerte des Zertifikates und damit ebenfalls einmalig, aber viel kürzer. Neben der Möglichkeit, über Hashwerte nach Zertifikaten in Datenbanken zu suchen, bieten sie auch eine Möglichkeit, im Rahmen der Mensch-zu-Mensch-Kommunikation direkt zu überprüfen, ob ein Zertifikat der angegebenen Person gehört.

Im maschinellen Verkehr werden diese Möglichkeiten allerdings nicht genutzt. Die Software ist so ausgelegt, dass sie die Root-Zertifikate in ihrer eigenen Datenbank erwartet und alle weiteren für eine Prüfung notwendigen präsentiert bekommt.

Zurück zum maschinellen Umgang mit Zertifikaten: nimmt nun ein Client-Browser eine SSL-Verbindung mit einem Server auf, sendet dieser sein Serverzertifikat an den Browser. Dieser Schritt erfolgt noch im Klartext, da die Verschlüsselungsparameter erst später im Verfahren ausgehandelt werden. Der Browser prüft, ob das Ausstellerzertifikat, mit dem das Serverzertifikat unterschrieben ist, in seiner Liste der Zertifizierungsstellen und die Unterschrift korrekt ist, d.h. mit dem öffentlichen Schlüssel des Ausstellerzertifikats verifiziert werden kann. Ist dies der Fall, kann weiter überprüft werden, ob das Serverzertifikat in der Widerrufsliste des Ausstellers vorhanden ist. Die URL, unter der diese Liste zu finden ist, ist Bestandteil der Zertifikate.

Damit hat es folgenden Bewandnis: wird der geheime Schlüssel gestohlen oder geht er verloren, kann der Serverbetreiber dem Aussteller mitteilen, dass das Zertifikat nicht mehr benutzt werden darf, obwohl seine Gültigkeit noch nicht abgelaufen ist. Dieser trägt es in eine „Revocation List" ein und stellt diese zum Abruf bereit. Die Überprüfung erfolgt anhand des Fingerprints des Zertifikats, d.h. des Hashwertes, der ja relativ kurz ist. Machen Sie sich klar, dass keine andere Möglichkeit existiert, ungültig gewordene Zertifikate aus dem Verkehr zu ziehen!

Findet sich das Ausstellerzertifikat nicht in der Liste der Zertifizierungsstellen des Browsers, muss es mit dem Endzertifikat in Form einer Zertifikatkette (Certificate Chain)mitgeliefert werden, wobei es sich um ein so genanntes Zwischenzertifikat handeln muss, das nun seinerseits direkt oder über weitere Zwischenzertifikate von einem der eingetragenen Root-Zertifikate unterschrieben sein sein muss.[30]

Übersteht das Serverzertifikat diese (rekursive) Prüfung und kann der Inhaber durch Ver oder Entschlüsseln einer Nachricht nachweisen, dass er auch im Besitz des geheimen Schlüssels ist, erhält der Anwender ein grünes Signal:

Im Negativfall – das präsentierte Zertifikat lässt sich nicht über eine eingetragene Zertifizierungsstelle verifizieren – erhält man das sicher auch vielen Anwendern bekannte Bild[31]

Wenn man ein solches Zertifikat trotzdem zur Nutzung freigibt, kann es in die Liste „Server" des Browsers eingetragen werden (siehe Bild weiter oben). Bei einem erneutem Aufruf dieser Seite erhält man dann nur noch die rote Kennung im Link, aber nicht mehr den kompletten Warnhinweis.

---

30 Diese Zwischenzertifizierung wird häufig von größeren Unternehmen angewandt, die viele Zertifikate benötigen und mit der Selbstverwaltung flexibler und preisgünstiger wegkommen, als wenn sie jedes Zertifikat einzeln bei einer Organisation bestellen müssten. Diese rekursive Überprüfung ist allerdings optional und wird nicht von jedem Browser unterstützt.

31 Wenn das Zertifikat widerrufen ist, erhält man eine andere Meldung, wenn der private Schlüssel nicht nachgewiesen werden kann, kommt gar keine Verbindung zu Stande.

In der verbleibenden Liste „eigene Zertifikate" kann der Anwender seine eigenen Zertifikate, dieses Mal einschließlich der privaten Schlüssel, eintragen. Wenn ein Server dies unterstützt, kann sich der Anwender beim Server auf die gleiche Art authentifizieren und muss nicht Name und Kennwort wie im üblichen Verfahren verwenden. Außerdem können mit solchen Zertifikaten Emails signiert und damit vor Verfälschung geschützt werden. Der private Schlüssel ist wiederum mit einem Verfahren wie DES oder AES verschlüsselt und man muss das dazu gehörende Kennwort angeben, um das Zertifikat nutzen zu können.

> Bei Emails greifen ähnliche Mechanismen. Will man jemandem eine verschlüsselte Email senden, benötigt man dessen Zertifikat, und auch hier wird geprüft, ob dieses Zertifikat auf ein Root-Zertifikat zurückgeführt werden kann. Signiert man selbst eine Mail mit seinem eigenen Zertifikat, laufen auf der Empfängerseite ebenfalls Prüfungen dieser Art ab. Mit der Signatur wird in der Regel auch das Zertifikat mit übertragen, so dass keine Suche in Datenbanken notwendig ist. Nach Absenden einer signierten Mail kann daher die Antwort bereits verschlüsselt und signiert erfolgen, und im Weiteren kann alles verschlüsselt werden. Siehe dazu auch Kapitel 8.2.3 Signieren in der Webanwendung Seite 167 ff und folgende Kapitel.

So simpel das alles klingt, so sind mit dem Zertifikathandling doch mehrere kritische Punkte verbunden:

✗   Fast jede Zertifizierungsorganisation steht mit mehreren Root-Zertifikaten in der Liste, die völlig unterschiedliche Bedeutungen über die Art der Prüfung des Zertifikatinhabers haben können.[32] Für den privaten Anwender ist dies zwar in der Regel

---

32 Die Bedeutung kann von *„Inhaber behauptet, derjenige zu sein"* bis hin zu *„wir haben uns überzeugt, dass der Inhaber seine Produkte nach DIN-ISO 900x herstellt"* reichen. Dazwischen liegen nicht nur Vertrauenswelten, sondern auch Beträge zwischen 0 und etlichen 10.000 € für ein Zertifikat.

nicht von Bedeutung, aber um im Zweifelsfall wirklich sicher zu gehen, wäre eine Kontrolle der Root-Zertifikatbedeutung notwendig.

✗ Die Browser tragen dem Rechnung, indem sie erlauben, die Nutzungsregeln für das Zertifikat manuell festzulegen.

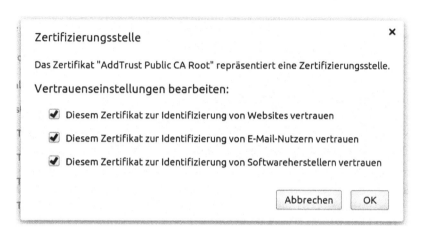

Diese Liste müsste allerdings vom Anwender überarbeitet werden.

✗ Die Überprüfung einer Rückrufliste ist vielfach eine Option, die vom Anwender aktiviert werden muss.

Gleiches gilt für weitere Prüfmechanismen wie das OSCP – Protokoll, das für den privaten Bereich jedoch mehr oder weniger bedeutungslos ist.

✗ Alle Einträge in den Zertifikatlisten sind bei Standardinstallationen ohne Kennwortschutz veränderbar, d.h. es können (teilweise) Zertifikate entfernt werden, so dass eigentlich vertrauenswürdige Server eine rote Kennung erhalten, oder (problemlos) weitere Root-Zertifikate importiert werden, so dass maliziöse Server den Status „sicher" erhalten.[33]

Fassen wir die Maschinenseite der Zertifikatprüfung (Server oder Email) noch einmal zusammen. Eine grüne Meldung erhält man, wenn

1. Die URL-Domain mit dem Common-Name im Zertifikat übereinstimmt bzw. die Emailadresse mit der im Zertifikat angegebenen Emailadresse.

2. Das Zertifikat auf ein eingetragenes Root-Zertifikat einer CA zurückgeführt werden kann und dem Root-Zertifikat für die Identifizierung einer Webseite bzw. einer Email vertraut wird.

3. Das Zertifikat nicht in die Rückrufliste eingetragen ist, deren URL zum Download im Ausstellerzertifikat angegeben wird (wobei ein Aussteller keine Rückrufliste führen muss!).

---

33 Im betrieblichen Umfeld sollten die Root-Zertifikate nebst weiteren Konfigurationsdaten in Verzeichnissen abgelegt werden, für die der Anwender keine Schreibrechte besitzt.

4. Durch Ver- oder Entschlüsseln einer Information der Besitz des Geheimschlüssels nachgewiesen wird.

Auch aus diesem kurzen Überblick geht hervor, dass das Thema Zertifikate recht komplex ist. Selbst IT-Fachleute sind nicht selten mit den Details überfordert. Zur Zeit resultieren daraus für den normalen Anwender nur in seltenen Fällen Probleme, was sich aber ändern kann, wenn zukünftig immer mehr Rechtsverkehr auch im privaten Bereich über Zertifikate ins Internet verlegt wird.

2.6.2   Konfiguration des Servers

Betrachten wir nun den beschriebenen Ablauf von der technischen Seite. Serverseitig muss das Protokoll zunächst aktiviert werden, indem das zugehörende Modul aktiviert und ein Port freigegeben wird (**/etc/apache2/sites-enabled/default-ssl**):[34]

```
<IfModule mod_ssl.c>
<VirtualHost *:443>
    ServerAdmin webmaster@localhost

    DocumentRoot /var/www
    <Directory />
        Options FollowSymLinks
        AllowOverride None
    </Directory>
    SSLEngine on
    ...
</VirtualHost>
```

SSL ist ein schon älteres Protokoll, das historische Entwicklungen widerspiegelt. Da sich sowohl Verschlüsselungsmöglichkeiten als auch behördliche Regelungen im Laufe der Zeit geändert haben, sendet das Clientsystem nach Aufbau einer TCP-Verbindung zunächst eine Liste der von ihm unterstützten Verschlüsselungsmodi an den Server. In seiner Antwort wählt der Server einen davon aus, wobei nach Standardkonvention der erste gemeinsam verfügbare in der Liste gewählt wird.

Nur starke Verschlüsselung zulassen!

Die Einstellung erfolgt in der Konfigurationsdatei des Moduls (**/etc/apache2/mods_enabled/ssl.conf**) im Modulverzeichnis und besteht aus den Zeilen

```
SSLCipherSuite HIGH:MEDIUM:!aNULL:!MD5
SSLProtocol all -SSLv2
```

---

34 Dieser Eintrag ist in einer der Konfigurationsdateien bereits vorhanden und ab Aktivierung des Moduls gültig, so dass nichts geändert werden muss, wenn man den Standard verwenden kann. Falls dem Skript, mit dem SSL-VirtualHost arbeitet, andere Verzeichnisrechte besitzen soll als andere Hosts, denken Sie daran, **open_basedir** zu definieren (siehe 2.3 Das PHP-Modul Seite 32 ff).

in denen man Algorithmen oder Protokolle zulassen oder ausschließen kann. Die recht um-
fangreiche Liste der Möglichkeiten befindet im Handbuch des Apache-Servers. Speziellere
Einstellungen können wir hier nicht diskutieren, da dies tiefere Kenntnisse der Verschlüsse-
lungstechniken voraussetzt; die Standardeinstellungen lassen nur sichere Verfahren zu, und
bei stärkeren Einschränkungen besteht auch wieder die Gefahr, dass sich nicht jeder mit der
Seite verbinden kann.

Außerdem überträgt der Server sein Zertifikat an den Client, das dieser nach der beschrie-
benen Überprüfung nutzt, um den Sitzungsschlüssel für die verschlüsselte Übertragung der
Daten verschlüsselt an den Server zu senden. Der Speicherort des Zertifikats und des
Schlüssels ist in den Konfigurationsdateien anzugeben:

```
SSLCertificateFile    /etc/apache2/ssl/apache.pem
SSLCertificateKeyFile /etc/apache2/ssl/apache.key
```

Wie man an diese Dateien kommt, beschreiben wir im nächsten Kapitel. Wichtig ist hier allerdings die Rechtevergabe. Das Zertifikat darf jeder sehen, aber natürlich nicht verändern,
den privaten Schlüssel darf allerdings nur der Server sehen, aber ebenfalls nicht verändern.
Mit **chown** sind auch die Leserechte des Verzeichnisses mit dem privaten Schlüssel (Standard: **/etc/ssl/private**) sowie für den privaten Schlüssel auf **root** zu beschränken. Der Server wird immer mit **root**-Rechten gestartet, ist also in der Lage, den Schlüssel zu lesen (und
macht das auch), beschränkt sich danach allerdings mit Hilfe der Funktionsaufrufe

```
setgid(www_data_group);
setuid(www_data_user);
```

selbst in seinen Rechten, so dass bei falsch eingestelltem **open_basedir** in den Skriptkonfi-
gurationen kein Zugriff auf die Schlüsseldatei möglich ist (drop root privileges).

Oft wird der Schlüssel unverschlüsselt gespeichert, so dass beim Systemstart oder beim
Neustart des Servers keine weiteren Eingriffe des Administrators notwendig sind. Ein unverschlüsselt hinterlegter Schlüssel ist natürlich angreifbar, wenn man die Maschine mit einem anderen System bootet und einfach am Betriebssystem vorbei die Schlüsseldatei aus-
liest. Durch den Parameter

```
SSLPassPhraseDialog
```

kann man das verhindern und mit verschlüsselten Serverkeys arbeiten. Der Server fragt in
diesem Fall den Schlüssel beim Administrator beim Hochfahren ab. Da der Klartextschlüssel
anschließend nur im RAM vorliegt, ist er gegen Auslesen gesichert,[35] im Gegenzug verlangt
aber jeder Restart des Servers die Anwesenheit eines Administrators, der im Besitz des
Kennwortes ist. Sie sollten diese Option wählen, wenn

> ➤ der Zertifikatverwalter nicht mit dem Systemadministrator identisch ist;

> ➤ das System hochverfügbar ist und Systemabstürze praktisch nicht auftreten;

> ➤ das System hardwaremäßig kompromittiert und die Schlüsseldatei ausgelesen wer-
> den könnte.

---

35 Abgesehen von einer Cold-Boot-Attack.

Optional kann der Server auch vom Clientsystem ein Zertifikat anfordern und damit den Anwender identifizieren. Die Überprüfung des Zertifikats erfolgt auf die gleiche Weise wie auf
dem Clientsystem, d.h. mittels eines dem Server bekannten Root-Zertifikates. Zusätzlich
muss der Client eine mit dem geheimen Schlüssel verschlüsselte Zufallzahl korrekt entschlüsselt zurücksenden, um den Besitz des Privatschlüssels nachzuweisen. Hier sind weitere Konfigurationseinstellungen notwendig:[36]

```
SSLVerifyClient require    (optional/none)
SSLVerifyDepth  10

SSLCACertificatePath /etc/ssl/certs/

SSLCARevocationPath /etc/apache2/ssl.crl/
```

Im zweiten Parameter wird die Rekursionstiefe vorgegeben, in der Zwischenzertifikate überprüft werden. Enden muss diese Kette bei einem der Zertifikate in der Liste der Zertifizierungsstellen (3. Zeile). Normalerweise sind dies die gleichen Zertifikate, die auch von den
Clientbrowsern verwendet werden. Die Liste ist bezüglich der Schreibrechte zu verriegeln,
um ein Hineinschmuggeln gefälschter Rootzertifikate zu verhindern.

Da jeder Inhaber eines von einer der eingetragenen Zertifizierungsstellen verifizierbaren Zertifikates sich erfolgreich mit dem Server verbinden kann, ist die Zertifikatkontrolle eines Clientzertifikats aber nur ein erster Authentifizierungsschritt. Ob der Anwender tatsächlich Zugriffsrechte auf den Server hat, muss von Serveranwendung überprüft werden (siehe 2.6.4
Anwenderauthentifizierung).

Das aufwändige Kontrollverfahren findet während einer Anwendersitzung in der Regel nur
einmal statt. Die Sitzung ist mit einer SSL-Sitzungsnummer versehen, die es erlaubt, innerhalb eines bestimmten Zeitfensters die Sitzung ohne erneuten Austausch der Zertifikate fort-
zusetzen. Die SSL-Session ist unabhängig von einer Anwender-Session, und die Gültigkeitsdauer kann in der Konfigurationsdatei (SSLSessionCacheTimeout) festgelegt werden.

> Bei der Anwendungsprogrammierung ist auf die richtige Verlinkung zu achten. Die Aktivie-
> rung von SSL ist sicher zustellen.

Wenn mit SSL gearbeitet wird, sollte dies entweder bereits in der Anwendungsentwicklung
der Fall sein oder im Produktivsystem ausschließlich mit SSL-Verschlüsselung gearbeitet werden. Dies lässt sich auf Konfigurationsebene durchsetzen. Der Server muss mehr oder weniger zwangsweise einen HTTP-Port besitzen, da die Anwender in der Regel nur die URL angeben, nicht aber HTTPS. Ohne HTTP kommt dadurch keine Verbindung zum Server zu Stande. Durch die Option

```
SSLRequireSSL
```

in den **directory**-Optionen oder in einer **.htaccess**-Datei leitet der Server jede eingehende
HTTP-Verbindung automatisch in eine HTTPS-Verbindung um.

---

36 Wir geben hier nur einen Teil an. Weitere Konfigurationsmöglichkeiten, die aber nur unter sehr
    speziellen Einsatzszenarien benötigt werden, entnehme man dem apache-ssl-Modulhandbuch

Wird eine Seite gemischt aufgebaut, ist auch im Entwicklungssystem mit SSL-Verschlüsselung zu arbeiten, weil eine Umstellung erst während der Tests die Gefahr mit sich bringt, dass der eine oder andere Link hierbei vergessen wird. Beispielsweise ist für die Zusammenstellung eines Warenkorbes nicht unbedingt eine Verschlüsselung notwendig, für ein Kundenlogin oder die Bestellung nebst Eingabe vertraulicher Kundendaten aber ein Muss. Sofern verschlüsselte und unverschlüsselte Links auf verschiedene Verzeichnisse dirigiert werden können, ist via **SSLRequireSSL** die Verschlüsselung auch zu erzwingen.

MVC-Frameworks (Kapitel 4.1 Server: PHP Framework auf Seite 75 ff.) besitzen nur einen zentralen Einstiegspunkt, so dass **SSLRequireSSL** in die Leere läuft. Die Option

```
SSLRequire _logical_regular_expression_
```

ermöglicht ein Erzwingen von SSL aufgrund eines spezifischen URL-Aufbaus. Wird das zu kompliziert oder ist selbst das kein hinreichendes Kriterium, muss die SSL-Verwendung auf Anwendungsebene kontrolliert werden. Wir gehen in Kapitel 2.6.5 Erzwingen von SSL auf Seite 66 ff. und in Kapitel 5.2.4 Short-Login und Signalisierung auf Seite 113 ff. drauf ein.

> Machen Sie sich aber folgendes klar: das Erzwingen von SSL nützt überhaupt nichts, wenn die wesentlichen Informationen bereits beim ersten unverschlüsselten HTTP-Versuch übertragen wurden. Die Informationen gelangen zwar erst auf verschlüsseltem Weg in die Serveranwendung, sind dem Lauscher aber dann bereits ebenfalls bekannt. Softwaretechnisch ist daher darauf zu achten, dass ein Erzwingen einer SSL-Verbindung **vor** der Anforderung der kritischen Daten erfolgt.

> Die (Zwangs-)Umschaltung zwischen verschlüsselten und unverschlüsselten Bereichen erfolgt im Rahmen eines GET-Befehls, nicht aber durch einen POST-Befehl. Eine Seite ist entweder komplett oder gar nicht verschlüsselt, d.h. eine Umschaltung bei Ajax-Sequenzen ist unzulässig.

BESONDERHEITEN BEIM WEBHOSTING

Die SSL/TLS-Schicht ist transparent zwischen die TCP- und die HTTP-Protokollschicht eingeschoben, was sie nahezu universell verwendbar macht, aber auch zu einem Problem führt: in der TCP-Schicht wird nur die IP/Port-Kombination übertragen, die aufgerufene Webseite jedoch erst in der HTTP-Schicht. Die Serverzertifikate sind jedoch an die Webseite gebunden, d.h. beim Handshake der SSL-Schicht weiß der Server noch gar nicht, welches Zertifikat er übertragen muss, wenn mehrere Seiten gehostet sind. Dieser Logik folgend ist der Apache zunächst so eingerichtet, dass er pro Serversocket nur ein Zertifikat unterstützt. Bei Webhostern wirkt sich das so aus, dass für den privaten Bereich angebotene gehostete Seiten ohne SSL angeboten werden.

Um mehrere verschiedene Seiten mit SSL-Authentifizierung auf einem Server anbieten zu können, bestehen mehrere Möglichkeiten:

- ◆ Den unterschiedlichen Webseiten werden unterschiedliche IP-Adressen zugeordnet. Für jede IP-Adresse wird ein eigener virtueller Host eingerichtet. Jedem virtuellen Host können eigene Zertifikatdateien zugewiesen werden.

Diese Lösung ist die sauberste, widerspricht jedoch dem Gedanken, über virtuelles Hosting dem beschränkten IP-Adressraum Herr zu werden.

♦ Den unterschiedlichen Webseiten werden unter der gleichen IP-Adresse unterschiedliche Portnummer zugewiesen, was zu den gleichen Konfigurationsmöglichkeiten wie zuvor führt.

Die Server sind nun allerdings nicht mehr unter der Standardportnummer für SSL erreichbar, was aber relativ leicht zu umgehen ist: die Verbindung mit dem Server wird zunächst mit HTTP aufgebaut, wodurch der Server die gewünschte Webseite aus dem GET-Befehl entnehmen kann. Statt der Seiteninformation erfolgt nun ein **redirect** auf den passenden virtuellen SSL-Host.

Dies ist ebenfalls ein saubere Lösung, erfordert jedoch ein Mitspielen

✔ vom Anwender, der den SSL-Server nur unter einer ungewöhlichen Portnummer direkt oder über den normalen HTTP-Port erreichen kann (vermutlich ein kleineres Problem),

✔ von Softwareverwaltern, die Fremdangebote mit Zertifikaten verbinden, um Fälschungen einzuschränken (möglicherweise das größere Problem, aber nur in bestimmten Anwendungsfällen).

♦ Die TLS-Erweiterung **mod_gnutls** erlaubt es, die Webseite des HTTP-Befehls bereits bei der Übertragung der unterstützten Verschlüsselungsmodi zu übertragen, so dass der Server das richtige Zertifikat auswählen kann. Die Konfiguration erfolgt im TLS-Modul:

```
<VirtualHost *:443>
ServerName www.domain.de
DocumentRoot "/var/www/projekt_titel/web/"
GnuTLSEnable on
GnuTLSCertificateFile /CA/www.domain.de/www.domain.de.crt
GnuTLSKeyFile /CA/www.domain.de/www.domain.de.dec.key
GnuTLSPriorities SECURE:!MD5
</VirtualHost>
```

Dieses Modell wird inzwischen von vielen Browsern und Servern unterstützt, funktioniert aber nur mit TLS, das diese „Server Name Identification SNI" auf der unteren Schicht unterstützt.[37]

Da beim Webhosting die Zertifikate von den Kunden angeliefert werden, ist ein Arbeiten mit verschlüsselten Privatschlüsseln nicht möglich.

---

37 Das Modul unterstützt aber bei der Anwenderauthentifizierung anders als das normale SSL-Modul keine implizit en Zertifikatketten, d.h. das Nachladen von Zwischenzertifikaten. Werden Zertifikate mit Zwischenzertifikaten verwendet, ist die komplette Kette bei der Anforderung des Zertifikats zu übertragen (siehe folgendes Kapitel).

2.6.3   SSL-Serverzertifikate

Wenn man einen Server mit SSL-Unterstützung installiert, wird in der Regel dabei ein selbstsigniertes Serverzertifikat automatisch erzeugt, so dass man in der Lage ist, das System zu testen. Das Zertifikat ist allerdings für den Betrieb nicht brauchbar, da es vom Empfänger weder mit einem Root-Zertifikat überprüft werden kann noch für die URL ausgestellt ist und folglich zu Warnungen führt. Nur wenige Nutzergruppen dürften mit diesem Modell klar kommen.

Man muss sich daher ein sinnvolles Zertifikat besorgen, das den Server eindeutig charakterisiert. Dafür gibt es mehrere Möglichkeiten:

a) Man lässt sich von einer der Zertifizierungsorganisationen ein Zertifikat nebst privatem Schlüssel ausstellen und installiert dies auf dem Server (siehe oben).

Diese Lösung ist mit (jährlichen) Gebühren verbunden,[38] das Zertifikat wird aber von jedem Browser akzeptiert.

b) Man wird Mitglied von CACert, einer freien Organisation zur kostenlosen Erstellung von Zertifikaten. Als Neumitglied kann man zunächst nur Clientzertifikate mit begrenztem Nutzungsumfang erhalten: die Zertifikate sind zwar zentral signiert und auf ein der Emailadressen des Mitglieds ausgestellt, erhalten jedoch noch nicht den vollen Namen.

Um volle Namenszertifikate und Serverzertifikate erstellen zu können, ist ein Ansammeln von „Bonuspunkten" notwendig. Diese kann man von Inhabern vieler Bonuspunkte erhalten, wenn man ihnen nachweist, dass man es ehrlich meint. Nicht selten ist dazu sogar ein persönliches Treffen angesagt, d.h. der persönliche Aufwand ist u.U. nicht unerheblich. Im Prinzip wird damit auf ein ähnliches Schema wie bei PGP-Zertifikaten zurück gegriffen, indem eine dezentrale Vertrauensbasis durch gegenseitige Beglaubigung aufgebaut wird.[39]

Bislang ist das CACert-Root-Zertifikat allerdings in den Browser noch nicht vorinstalliert, so dass die üblichen Warnungen erscheinen. Man arbeitet allerdings daran, das zu ändern. Probleme kann es auch beim Herunterladen der Clientzertifikate geben, da diese zwischenzertifiziert sind und manche Browser dies nicht unterstützen. Mittel- und längerfristig kann diese Lösung für kleinere Serverbetreiber recht interessant sein.

---

38 Bei Verisign liegen die Gebühren zum Zeitpunkt der Erstellung dieses Buches zwischen 350,- und 1.300,- €/a.

39 Die Sicherheitsmechanismen erreichen nicht die der gewerblichen Zertifikatagenturen mit Identitätsprüfungen. Ob das Restrisiko allerdings von Bedeutung ist, darf man angesichts der ohnehin unvollständigen Kenntnis der Mechanismen bezweifeln.

Punkte ◆	Status	Voraussetzung	Bedeutung
0-49	not assured	Verifikation der E-Mail-Adresse	Anonyme Client- und Server-Zertifikate (6 Monate gültig) können ausgestellt werden.
50-99	assured	"	Der Name des Anwenders wird ins Zertifikat aufgenommen, Client- und Server-Zertifikate sind 24 Monate gültig, PGP-Schlüssel können signiert werden.
100	Prospective Assurer	"	Maximale Punktanzahl von anderen Assurern
100-109	Assurer	Bestandene Assurerprüfung	Dritte können verifiziert werden, maximal 10 Punkte vergebbar, für jede Assurance gibt es 2 Punkte, Erstellung von Code-Signing-Zertifikaten (12 Monate gültig) nach manueller Beantragung möglich
110-119	Assurer	5 Mitglieder Assured	15 Punkte können vergeben werden
120-129	Assurer	10 Mitglieder Assured	20 Punkte können vergeben werden
130-139	Assurer	15 Mitglieder Assured	25 Punkte können vergeben werden
140-149	Assurer	20 Mitglieder Assured	30 Punkte können vergeben werden
150	Assurer	25 Mitglieder Assured	35 Punkte können vergeben werden, maximale Punktezahl als Assurer

c) Bei einem größeren Bedarf an Zertifikaten (mehrere Server + zusätzlich viele Client-zertifikate) werden Einzelzertifikate von Agenturen sehr teuer. Unternehmen mit einem hohen Bedarf richten daher oft eine eigene Zertifizierungsstelle mit einem offi-ziellen Zwischenzeritifkat einer Zertifizierungsorganisation ein. Diese sind zwar recht teuer, rechnen sich aber bei einem entsprechenden Zertifikatbedarf. Solche Zertifikate werden wieder allgemein akzeptiert.

d) Wenn viele Zertifikate benötigt werden, aber weder b) noch c) realisiert werden sol-len, kann man eine eigene Zertifizierungsstelle mit eigenen Root-Zertifikaten ein-richten. Für ein Akzeptieren der Zertifikate muss man die Nutzer allerdings davon überzeugen, dass sie das Root-Zertifikat auf ihren Maschinen installieren.

Es empfiehlt sich, den Umgang mit Zertifikaten auf dem Entwicklungssystem ausgiebig zu üben. Wir beschreiben hier den Umgang mit eigenen Root-Zertifikaten. Die Erzeugung der Zertifikate erfolgt mit OpenSSL, das mit der Serverinstallation ebenfalls installiert worden ist. Die Zertifikate kann man

➢ in einem Terminalfenster manuell erzeugen und direkt im Verzeichnissystem des Be-triebssystems verwalten. „Kochvorschriften", wie hierbei vorzugehen ist, sind in großer Zahl im Internet zu finden, so dass wir nicht näher darauf eingehen. Wenn man viele Zertifikate verwaltet ist dies allerdings die unübersichtlichste Lösung.

➢ mit einem Programme mit grafischer Oberfläche wie XCA erzeugen. Für Übungs-zwecke und wenige Zertifikate ist dies sicher die komfortabelste Lösung, da auf alles übersichtlich zugegriffen werden kann.

➢ bei einem höheren Bedarf mit einer Serverlösungen mit PHP und einer SQL-Daten-bank erzeugen und verwalten.

Wir werden für die weitere Diskussion XCA verwenden, weil durch die Menüsteuerung die Einstellung der Parameter deutlich einfacher wird.

Zu Beginn ist zu überlegen überlegen, welche Sorten von Zertifikaten später benötigt werden. Wenn die Tests alle Möglichkeiten umfassen sollen, erhält man folgende Liste:

a) Root-Zertifikat. Wenn später Option c) verfolgt werden soll, also mittels eigener Zwischenzertifikate die Endzertifikate signiert werden, beginnt man zweckmäßigerweise mit einem Root-Zertifikat, das in den Verzeichnissen für die Certificate-Authorities installiert wird.

b) Zwischenzertifikat zur Signatur von Endzertifikaten. Dieses wird im Test mit dem eigenen Root-Zertifikat signiert, für die Produktivphase lässt man sich das Zertifikat von einer CA signieren. Eine weitere Aufgabe dieses Zertifikats ist das Signieren der Rückruflisten.

c) Serverzertifikate werden mit dem Zwischenzertifikat signiert. Sie beglaubigen die Domain des Servers.

d) Anwenderzertifikate werden ebenfalls mit dem Zwischenzertifkat signiert und sind für Emailverwendung zu konfigurieren.

Wenn es sich später im Betrieb als sinnvoll erweisen sollte, können weitere Zertifikate mit verschiedenen Aufgaben hinzu kommen. Die Übung sollte sich aber zunächst auf folgende Punkte beschränken:

a) Erstellung und Installation eines direkt mit dem Root-Zertifikat signierten Serverzertifikats. Je nach Aufwand (siehe Fußnote auf Seite 66) darf der Browser sich nicht darüber beschweren, dass das Zertifikat nicht verifizierbar ist. Dies entspricht dem Fall eines direkt von einer Zertifizierungsorganisation erhaltenen Endzertifikats.

b) Erstellung eines Serverzertifikats über ein Zwischenzertifikat und Installation mit Zertifikatkette. Das Browserverhalten sollte wie im vorhergehenden Versuch sein, wobei am Besten mit mehreren verschiedenen Browsern getestet wird.

c) Erstellen eine Clientzertifikats und konfigurieren des Servers für eine Zertifikatprüfung. Auch hier kann wie in a) und b) in zwei Schritten vorgegangen werden. Der Server muss das Zertifikat erkennen, die weitere Prüfung wird im nächsten Teilkapitel beschrieben.

d) Prüfen Sie, wie sich das System bei einem noch nicht/nicht mehr gültigen Zertifikat verhält.

e) Stellen Sie abschließend eine Rückrufliste zur Verfügung und tragen Sie die Zertifikate in die Liste ein. Reagieren die Systemkomponenten wie vorgesehen?[40]

f) Erweiterung der Zertifikatnutzung für Emailverkehr. Auf diesen Punkt gehen wir in Kapitel 8.2.3 Signieren in der Webanwendung auf Seite 167 im Detail ein, so dass Sie dies noch nicht in Ihre Übungen aufzunehmen brauchen.

---

40 Die Rückrufliste kann direkt bei den ersten Zertifikaten angegeben werden, was aber möglicherweise zu Fehlern führt, wenn die Systeme keine oder keine gültigen Listen finden. In diesem Fall muss man die Reihenfolge der Tests etwas anpassen.

XCA erfordert beim Starten zunächst das Öffnen oder die Erzeugung einer Datenbank, danach kann ein Root-Zertifikat erzeugt oder mitsamt privatem Schlüssel importiert werden, anschließend werden weitere Zertifikate erzeugt. Sämtliche Parameter können während des Erzeugungsvorgangs eingegeben werden, es empfiehlt sich jedoch, statt dessen erst einmal Vorlagen für die verschiedenen Zertifikate zu erzeugen. Auch in den Server- und den Client-zertifikaten bleiben nämlich nur wenige Felder übrig, die für jedes Zertifikat individuell eingestellt werden müssen. Der Rest ist konstant und auch bei den verschiedenen Zertifikattypen weitgehend identisch. Die Vorlagen erlauben einen guten Abgleich und ein sorgfältiges kontrollieren, welche Bedeutung ein Parameter hat.

Gehen Sie die Formulare sorgfältig durch und lassen Sie nur die Einträge frei, die später individuell vergeben werden müssen (alternativ können Sie die zu editierenden Felder auch textlich markieren, um sie sicher wieder zu finden). Das Nachschlagen der Bedeutung der meisten Felder sei Ihnen überlassen; hier nur einige Hinweise:

> **common name**. Bei Serverzertifikaten ist hier die Server-Domain anzugeben. Sie wird vom Browser auf Übereinstimmung mit der aktuellen URL geprüft. Wenn die Prüfung keine Übereinstimmung ergibt, erhalten Sie Fehlermeldungen des Browsers.

> Schauen Sie sich dazu Serverzertifikate beispielsweise Ihrer Bank oder anderer „guter" HTTPS-Verbindungen auf Ihrem Browser an. Machen Sie ggf. mehrere Versuche, um die korrekte Form heraus zu finden.[41]

> Bei anderen Zertifikaten können hier beliebige Bezeichnungen stehen. Das Feld sollte aber nicht leer bleiben.

---

41 Im Test kann das etwas schwierig sein, weil man Domainnamen benötigt. Sie können dazu in **/etc/host** bestimmten IP-Adressen Domainbezeichnungen zuweisen. Siehe auch Kapitel 8.1.3 DNS/DHCP auf Seite 159 ff.

➤ **EmailAdress.** Bei Zwischen- und Server-Zertifikaten steht hier die Emailadresse des Administrators, Client-Zertifikaten ist hier die Emailadresse des Inhabers anzugeben. Die Mailprogramme prüfen Emailsignaturen anhand dieser Angabe und erzeugen Fehlermeldungen, wenn Emailadresse und Zertifikatemailadresse nicht übereinstimmen. Prüfen Sie auch dies in verschiedenen Versionen.

➤ **Basic Constraints, KeyUsage:** neben der Angabe, ob ein Zertifikat für Zwischenzertifizierung verwendet werden darf, können hier Angaben zur Verwendung gemacht werden. Aus der Namensgebung der Parameter wird meist schon deutlich, was sie bedeuten. Im Einzelfall kann man hier Positiv- und Negativversuche machen, d.h. Prüfen, ob die Zertifikate bestimmte Funktionen erfüllen (Positivprüfung) oder sich Einsatzfällen verweigern, in denen sie auch nicht eingesetzt werden sollen (Negativprüfung).

➤ **PathLength.** Wenn spezifiziert, kann hier angegeben werden, ob nur Endzertifikate (pathLength=0) oder auch Zwischenzertifikate signiert werden dürfen. Dies ist für die Erzeugung von Zwischenzertifikaten mit dem Root-Zertifikat von Bedeutung.

➤ **CRL distribution point.** Die Rückrufliste wird im einfachsten Fall in einem Verzeichnis zum Download bereit gestellt:

```
URI: http://www.mydomain.com/CRL/revocation.crl
```

Beachten Sie: Zertifikate können nur mit dem Zertifikat widerrufen werden, mit dem sie signiert wurden! Wenn Sie mit einem Zwischenzertifikat arbeiten, muss dieses auch die CRL signieren. Root-Zertifikate können nur ihre Zwischenzertifikate zurückrufen, nicht aber die Endzertifikate, die mit diesen signiert sind.

Ein Überprüfung kann nur stattfinden, wenn Browser und Server wissen, wo sie die Liste abrufen können. Ohne Eintrag in dieser Zeile also auch keine CRL-Prüfung.

Die Bedeutung der weiteren Parameterbedeutungen dürfte aus der Namensgebung bereits klar sein; prüfen Sie aber sicherheitshalber trotzdem nach, ob Sie mit Ihrer Vermutung richtig liegen.

Zertifikate können nach mehreren Methoden erzeugt werden. In der Langform wird

a) Zunächst ein Schlüsselpaar erzeugt. Meistens wird das RSA-Schema verwendet. Alternativ ist das DH-Schema oder das EC-Schema möglich; so lange Sie die Unterschiede nicht kennen, sollten Sie beim RSA-Schema bleiben. Zu empfehlen ist eine Schlüssellänge von 2.048 Bit oder größer bei Root-Zertifikaten und 1.024 Bit oder größer bei den anderen Zertifikaten.

b) Im zweiten Schritt wird ein Certificate-Request erzeugt, d.h. ein vollständiges, aber noch nicht unterschriebenes Zertifikat. Der Schritt a) kann hierbei integriert werden.

Diesen Schritt benötigen Sie zum Erzeugen eines Zwischenzertifikats, das von einer CA unterschrieben werden soll. Der Request wird nach Erzeugen exportiert und an die CA geschickt, die ihn signiert und zurück sendet. Das fertige Zertifikat kann schließend wieder importiert und dann zum Signieren der Endzertifikate verwendet werden.

Der private Schlüssel verbleibt bei dieser Aktion in der Datenbank und wird der CA nicht bekannt gemacht.

c) Im dritten Schritt wird ein Zertifikat signiert. a) und b) können hierbei integriert werden.

Wir wählen hier die kürzeste Methode c), bei der im Menü der Zunge „Zertifikate" der Button „Neues Zertifikat" ausgewählt wird. Als erstes entsteht das selbstsignierte Root-Zertifikat, dessen Datenrahmen aus der Vorlage übernommen werden kann.

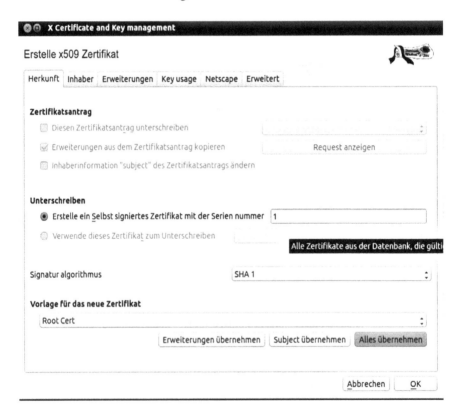

Wichtig ist, auf der zweiten Seite das Schlüsselpaar erzeugen zu lassen. Nach Kontrolle der restlichen Datenfelder erzeugt das Programm das Zertifikat und speichert es ab. Auf die gleiche Weise werden die Zwischen-, Server- und Anwenderzertifikate erzeugt, wobei man nun durch das Root- oder das Zwischen-Zertifikat signieren lässt.

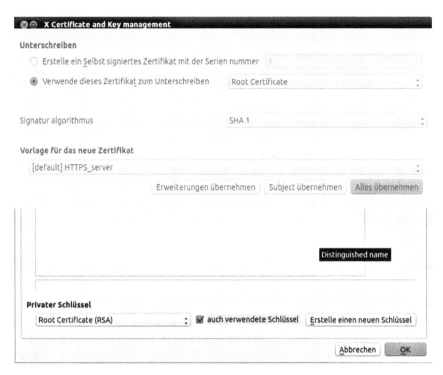

Auch hier die Schlüsselerzeugung nicht vergessen. In der Zertifikatliste sind schließlich die fertigen Zertifikate zu finden, die Schlüsselliste sieht nahezu gleich aus.

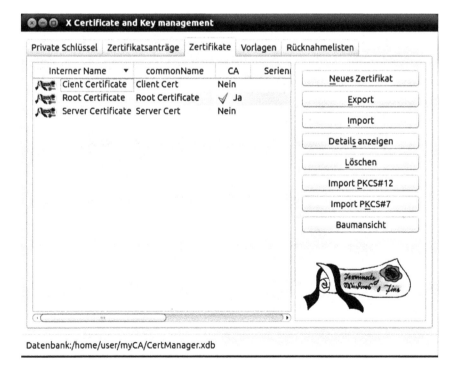

Die Zertifikate werden anschließend exportiert und in den Browsern bzw. den Serververzeichnissen installiert. In der Exportliste sind mehrere Exportformate aufgelistet, die in der Regel von den Systemen auch alle verstanden werden. Als „Faustregel" gilt:

> ➢ Die Root-Zertifikate werden in der „pem"-Form exportiert. Exportiert wird nur das Zertifikat, nicht der private Schlüssel. Zu installieren ist dieses Zertifikat im Verzeichnis der CAs (**/etc/ssl/certs**) sowie in den CA-Zertifikatlisten der Browser und Mailagenten. Vergessen Sie nicht, das Zertifikat als „vertrauenswürdig" zu markieren, sonst gibt es nur eingeschränkte Zustimmung zu den Endzertifikaten.
>
> Wenn Sie alle Zertifikate, die Sie mit dem Root-Zertifikat signieren wollen (Zwischenzertifikate + einige Endzertifikate), erzeugt haben, exportieren Sie das Zertifikat und den Schlüssel und löschen Sie anschließend das Zertifikat in XCA (sollten Sie das Zertifikat nochmals benötigen, können Sie es wieder importieren).

> ➢ Serverzertifikate werden ebenfalls in dieser Form exportiert, allerdings mit Zertifikatkette. Die Empfänger müssen die Zertifikate prüfen können, besitzen aber nur die Root-Zertifikate. Die Zwischenzertifikate müssen mit dem Endzertifikat mitgeliefert werden, damit die Prüfung stattfinden kann. Hierbei ist wichtig, dass das Root-Zertifikat _nicht_ mitgeliefert wird, sondern aus der CA-Liste genommen wird. Andernfalls stößt die Prüfung auf ein selbstsigniertes Zertifikat und führt zu der Meldung „nicht vertrauenswürdig". Damit diese Bedingungen erfüllt sind, muss das Root-Zertifikat vor dem Export aus XCA entfernt werden!
>
> Der private Schlüssel wird separat exportiert und installiert.
>
> Sollten bei den Prüfungen Probleme auftreten, wechseln Sie zur PKCS#7-Form.

> ➢ Clientzertifikate werden in der PKCS#12-Form exportiert, bei der der private Schlüssel mit exportiert wird. Auch hier ist wieder mit Zertifikatkette zu exportieren. Importieren Sie diese Zertifikate im Browser und im Mailagenten unter der Rubrik „eigene Zertifikate".

Möglicherweise wird Ihnen in XCA bereits angezeigt, dass die Rücknahmeliste ungültig ist. Wenn ein CRL distribution point definiert ist, muss auch eine Rückrufliste installiert werden. Wenn noch keine zurück genommenen Zertifikate vorliegen, ist diese leer. Überlegen

Sie, wie lange eine solche Liste gültig sein soll, bis die nächste erzeugt wird! Ein zu langer Zeitraum führt u.U. dazu, dass zurückgezogene Zertifikate erst sehr spät erkannt werden, ein zu kurzer bedeutet regelmäßige Arbeit für den Administrator.[42]

Der Rückruf von Zertifikaten mit XCA erfolgt in zwei Schritten:

1. Durch (rechts) Anklicken des (Client- oder Server-)Zertifikats können Sie das Zertifikat über das erscheinende Menue nebst Grund zurückziehen.

2. Durch Anklicken des Root-Zertifikats können Sie unter „CA->CRL erstellen" eine Rückrufliste generieren und anschließend exportieren. Nach Verschieben auf die in den Zertifikaten angegebene URL (und ggf. Konvertierung in eine andere Form) steht die Liste für Clients und Server zur Prüfung bereit.

2.6.4   Anwenderauthentifizierung

Mit den neuen Ausweisen wird mittel- und langfristig die Zahl der Nutzer zunehmen, die selbst über eigene Zertifikate verfügen. Da der Geschäftsverkehr nicht nur auf Serverkon-

---

42 In eine Serveranwendung zur Zertifikatverwaltung werden meist relativ kurze Intervalle gewählt, da die Listenerstellung und Installation automatisiert werden kann. Die Möglichkeit haben Sie bei Verwendung von XCA natürlich nicht.

takte beschränkt ist, sondern auch Emails umfasst, ist hier ein Hebel, auch diese Schiene ab-zusichern. Genaueres hierzu finden Sie im Kapitel 8 Sichere Netzwerke und Emails auf Seite 149 ff.

Alternativ zum herkömmlichen Login mit Name und Kennwort kann mit Anwenderzertifika-ten die Authentifizierung direkt beim Aufbau der SSL-Verbindung durchgeführt werden. Dazu wird in **sites-available/default-ssl** die Zeile

```
SSLVerifyClient optional
```

aktiviert, und die SSL-Schicht fragt das Clientsystem nach einem Zertifikat und wertet dieses aus, sofern es übersandt wird. Ist auf dem Clientsystem kein Zertifikat installiert oder lehnt der Anwender die Benutzung des Zertifikats im Browser ab, bemerkt der Anwender nichts davon.[43]

Wenn statt **optional** der Parameter **require** gesetzt wird, ist ein Anwenderzertifikat zwin-gend erforderlich; Nutzer ohne Zertifikat werden abgewiesen. Diese Möglichkeit wird daher nur in speziellen Fällen zum Einsatz kommen.

Die Authentifizierung auf der SSL-Protokollschicht umfasst aber nur den Besitz des Zertifi-kats und des privaten Schlüssels, aber noch nicht irgendwelche Aussagen darüber, welche Rechte der Anwender auf dem Server besitzt. Dies auszuwerten ist Aufgabe der PHP-Anwen-dung, die ohne Zertifikat die übliche Identifizierung per Name/Kennwort-Kombination durchführt. Mit Zertifikat ist das nicht notwendig. Zur Auswertung der Zertifikatdaten aus PHP heraus ist in **sites-available/default-ssl** die Zeile

```
SSLOptions ExportCertData
```

einzufügen, die dafür sorgt, dass die Zertifikatdaten in der globalen PHP-Variablen **$_SER-VER** zur Verfügung stehen (siehe Tabelle). Die Auswertung kann beispielsweise in der Rei-henfolge

```
if( isset($_SERVER['HTTPS']) and    // HTTPS ist aktiv
    $_SERVER["SSL_CLIENT_VERIFY"]=="SUCCESS" ) ... // SSL-Login
```

erfolgen. Anschließend kann überprüft werden, ob das Zertifikat im Datensatz des Kunden in der Anwendungsdatenbank vorhanden ist. Wenn nicht, ist ein normales Login mittels Name/Kennwort durchzuführen.

Variable Name:	Value Type:	Description:
HTTPS	flag	HTTPS is being used.
SSL_PROTOCOL	string	The SSL protocol version (SSLv2, SSLv3, TLSv1, TLSv1.1, TLSv1.2)
SSL_SESSION_ID	string	The hex-encoded SSL session id
SSL_CIPHER	string	The cipher specification name
SSL_CIPHER_EXPORT	string	true if cipher is an export cipher
SSL_CIPHER_USEKEYSIZE	number	Number of cipher bits (actually used)
SSL_CIPHER_ALGKEYSIZE	number	Number of cipher bits (possible)

---

43 Ein Versuch mit einem ungültigen oder nicht überprüfbaren Zertifikat endet allerdings mit einer Zurückweisung der Verbindung durch den Server.

SSL_COMPRESS_METHOD	string	SSL compression method negotiated
SSL_VERSION_INTERFACE	string	The mod_ssl program version
SSL_VERSION_LIBRARY	string	The OpenSSL program version
SSL_CLIENT_M_VERSION	string	The version of the client certificate
SSL_CLIENT_M_SERIAL	string	The serial of the client certificate
SSL_CLIENT_S_DN	string	Subject DN in client's certificate
SSL_CLIENT_S_DN_x509	string	Component of client's Subject DN
SSL_CLIENT_I_DN	string	Issuer DN of client's certificate
SSL_CLIENT_I_DN_x509	string	Component of client's Issuer DN
SSL_CLIENT_V_START	string	Validity of client's certificate (start time)
SSL_CLIENT_V_END	string	Validity of client's certificate (end time)
SSL_CLIENT_V_REMAIN	string	Number of days until client's certificate expires
SSL_CLIENT_A_SIG	string	Algorithm used for the signature of client's certificate
SSL_CLIENT_A_KEY	string	Algorithm used for the public key of client's certificate
SSL_CLIENT_CERT	string	PEM-encoded client certificate
SSL_CLIENT_CERT_CHAIN_n	string	PEM-encoded certificates in client certificate chain
SSL_CLIENT_VERIFY	string	NONE, SUCCESS, GENEROUS or FAILED:reason
SSL_SERVER_M_VERSION	string	The version of the server certificate
SSL_SERVER_M_SERIAL	string	The serial of the server certificate
SSL_SERVER_S_DN	string	Subject DN in server's certificate
SSL_SERVER_S_DN_x509	string	Component of server's Subject DN
SSL_SERVER_I_DN	string	Issuer DN of server's certificate
SSL_SERVER_I_DN_x509	string	Component of server's Issuer DN
SSL_SERVER_V_START	string	Validity of server's certificate (start time)
SSL_SERVER_V_END	string	Validity of server's certificate (end time)
SSL_SERVER_A_SIG	string	Algorithm used for the signature of server's certificate
SSL_SERVER_A_KEY	string	Algorithm used for the public key of server's certificate
SSL_SERVER_CERT	string	PEM-encoded server certificate
SSL_TLS_SNI	string	Contents of the SNI TLS extension (if supplied with ClientHello)

Als Erweiterung kann man dem Kunden anbieten, das Zertifikat gleich für spätere Anmeldungen in der Datenbank zu speichern. Die Registrierung per Serveranmeldung sollte allerdings aus Sicherheitsgründen die einzige Möglichkeit bleiben, ein Zertifikat in die Kundendaten zu übernehmen. Clientzertifikate werden mit Geheimschlüssel ausgeliefert, die bei einem manuellen Hochladen mit hoher Wahrscheinlichkeit ebenfalls hochgeladen werden, und Clientzertifikate, die man per Email erhält, müssten auch erst bestätigt werden, bevor man sie nutzen kann. Zusätzlich sind in der Kundendatenverwaltung weitere Bedienfelder notwendig, um Zertifikate Löschen oder Deaktivieren zu können.

Ein widerrufenes Zertifikat führt bei **SSL_CLIENT_VERIFY** zur Nachricht **FAILED:....**

2.6.5 Erzwingen von SSL

Das Kapitel greift das weiter oben bereits diskutiertes Thema nochmals auf. Jede Seite benötigt einen HTTP-Einstiegspunkt, auch wenn die Seite ansonsten komplett verschlüsselt wird.
Die **index.html**-Datei

```
<html>
  <head>
    <meta http-equiv="Refresh"
          content="0;URL=https://mysite.de/redirect.html">
  </head>
  <body>
  </body>
</html>
```

im Startverzeichnis oder die **.htaccess**-Datei

```
Redirect permanent  https://mysite.de/index.php
```

leiten den HTTP-Request um, wozu die Zugriffspfade für HTTP- und HTTPS-Seiten ver-
schieden sein müssen. Innerhalb des PHP-Skripts wird – auch im verschlüsselten Bereich –
geprüft, ob der Client sich an die SSL-Verschlüsselung hält:[44]

```
if (!isset($_SERVER['HTTPS']) {
    header('Status-Code: 301');
    header('Location: https://'.$_SERVER["HTTP_HOST"].
                              $_SERVER['REQUEST_URI']);
    exit();
}
```

Die Prüfung muss erfolgen, <u>bevor</u> das erste Zeichen in den Ausgabepuffer geschrieben wird,
damit noch Zugriff auf die Headerzeilen des Protokolls bestehen. Denken Sie aber daran: die
Verschlüsslung nützt vermutlich nicht mehr viel, wenn bei dem Fehlversuch bereits wichtige
Informationen im Klartext übertragen wurden.

---

44 Beispielsweise könnte ein Angreifer versuchen, HTTPS-Verkehr wieder auf HTTP zu reduzieren,
   um mitlesen zu können.

3   Angriffe auf das System

Durch fehlerhafte Konfiguration oder Programmierung kann man Angreifern Möglichkeiten geben, in Systeme einzudringen und verschiedene Schäden zu verursachen. Systeme muss man allerdings so nehmen, wie sie geliefert werden, denn auch bei OpenSource-Software wird wohl kaum jemand, der das nicht als Hobby nebenbei betreibt, tatsächlich auf die Idee kommen, den Quellcode nach Schwachstellen zu untersuchen. Auf was ist hier zu achten?

3.1   Systemupdates

Die Systemsoftware muss man als Serverbetreiber so akzeptieren, wie sie geliefert wird. Auch die Zugänglichkeit von Quellen ändert wenig daran, denn kaum jemand wird in der Lage sein, mit diesen Quellen zu arbeiten.

Bei erkannten Fehlern werden von den Distributoren relativ schnell Updates oder Patches angeboten, die die Lücken beseitigen. Teilweise handelt es sich um Reaktionen auf tatsächlich aufgetretene Fehler, teilweise aber auch um vorbeugende Beseitigung möglicher Schwachstellen, die von den Entwicklern selbst erkannt worden sind.

Es stellt sich nun die Frage, wie schnell ein Administrator auf Updates reagieren soll. Statistische Untersuchungen zeigen, dass nur ca. die Hälfte der Administratoren zeitnah auf Upates reagieren und diese aufspielen, der Rest jedoch relativ langsam hinter läuft. Das ist insofern gerechtfertigt, als die Wahrscheinlichkeit, dass ein Hacker versucht, die Einbruchsmethode zu nutzen, um so kleiner ist, je weniger Systeme er identifizieren kann, auf denen sich das lohnt.[45]

Ein Grund für die Verzögerung ist sicher der Zeitaufwand, den ein Administrator für ein Update benötigt. Die Installation ist zwar in den meisten Fällen unproblematisch - man muss sie nur freigeben - jedoch

* kann der (seltene) Fall eintreten, dass wichtige Systemteile nach dem Update nicht mehr oder anders funktionieren, oder

* mit dem Update Sicherheitsänderungen des Administrators überschrieben wurden und das System nun andere Lücken aufweist.

Hinweise für den Hacker resultieren aus der Geschwätzigkeit der Protokolle, die dem Kommunikationspartner das Betriebssystem und die Anwendungsprogramme nebst Versionsnummer mitteilen. Soweit möglich (einige Anwendungen erlauben dies, einige Firewalls er-

---

45 Auch für den Hacker bedeutet eine Lücke in der Regel, dass er zum Teil recht aufwändige Software schrieben muss, um sie nutzen zu können.

lauben weitere Siebung) sollten solche Informationen zunächst aus den Protokolldaten entfernt werden. Der apache-Server erlaubt dies durch **ServerSignature Off** in der Datei **security**.

Sinnvoll scheint folgende Vorgehensweise:

a) Einspielen des Updates im Entwicklungssystem.

b) Einspielen im Testsystem. Zuvor sind die Konfigurationsdateien zu sichern, anschließend ist zu prüfen, ob die Konfigurationsdateien geändert wurden, ob ggf. weitere vorliegen usw. Programme wie **kompare** und **unison** sind dabei recht hilfreich. Ggf. sind die gesicherten Konfigurationsdateien wieder aufzuspielen und bestimmte Tests durchzuführen.

c) Einspielen des Updates auf den produktiven Servern unter Beachtung der Regeln für die Wiederherstellung der Konfiguration, die man am Testsystem gewonnen hat. Sind mehrere Servermaschinen im Einsatz, kann man diese sukzessive umsetzen, um die durchgehende Erreichbarkeit der Server zu gewährleisten.

3.2 DoS und DDoS

Einige Angriffe kümmern sich wenig um die Art der Server und der Anwendungen, sondern richten sich gegen die Ressourcen der Serverbetreiber. Durch gezielte Belastung der Infrastruktur wird versucht, die Serverfunktion einzuschränken bis hin zum zeitweisen Ausfall einer Webseiten. Angriffe dieser Art heißen „denial of service"-Angriffe, sind mehrere Angriffsrechner beteiligt, auch „distributed denial of service".

3.2.1 DNS Amplification Attack

Diese Angriffsmethode richtet sich gegen das Netzwerk des Serverbetreibers und wird indirekt durchgeführt. In der Regel verringert sich die Netzwerkbandbreite beim Übergang von Serviceprovider zum Servernetzwerk beträchtlich, und der Angreifer kann versuchen, das Servernetz mit Datagrammen zu fluten und damit zu blockieren.

Der Angriff besteht aus einer Vielzahl von DNS-Anfragen, bei denen der Angreifer als IP-Adresse die des Serverbetreibers als Rücksendeadresse angibt. Die von den Nameservern produzierten Antworten sind nicht selten um den Faktor 50 länger als die Anfragen. Bei begrenztem eigenen Aufwand kann der Angreifer so eine hohe Netzwerklast beim Zielsystem erreichen. Die zusätzliche Belastung der Rechner des Zielsystem ist allerdings begrenzt: sofern IP-Fragmentierung vorliegt, entsteht zwar ein zusätzlicher Aufwand, doch hat der Angreifer hierauf keinen Einfluss, da er die Datagramme nicht selbst erzeugt.

Das Verfahren funktioniert nur bei DNS-Servern, die jede Anfrage beantworten und das Übertragungsprotokoll UDP verwenden. Bei TCP-Datagrammen ist eine Umleitung nicht möglich. Durch Anpassung der DNS-Betriebsrichtlinien hat man inzwischen die Angriffsmöglichkeiten etwas eingeschränkt. Da der Angriff indirekt erfolgt, besteht für den Betroffenen allerdings keinerlei Möglichkeit, den Verursacher ausfindig zu machen.

3.2.2   Packet Flood Attack

Handelt es sich bei den äußeren Firewalls um Paketfilter, können keine Zusammenhänge zwischen verschiedenen Pakten analysieren werden. Abgewiesen werden von solchen Firewalls nur TCP-SYN-Pakete auf unzulässigen Serverports oder entsprechende UDP-Pakete. IP-Pakete mit anderen Headern oder Fragmente ohne TCP- oder UDP-Headerbestandteile werden durchgelassen, da sie mangels empfangsbereiten Stellen im Inneren des Netzwerks keinen Unfug anrichten können.

Ein Angreifer kann versuchen, das innere Netzwerk ähnlich wie bei der DNS Amplification Attack so mit Datagrammen zu fluten, dass es blockiert wird. Im Gegensatz zur DNS-Attacke muss er den kompletten Tansfer selbst erzeugen, was aber mit größeren Bot-Netzen kein Problem ist. Da die Nachrichten beliebig konstruiert werden können, ist eine Abmilderung im Prinzip nur durch eine hohe Bandbreite des betroffenen Netzwerkbereiches möglich.

Die in Kapitel 8.1.1 auf Seite 150 vorgestellte Firewall IPCop ist eine NAT-Firewall, so dass diese Problem im Unternehmensnetz nicht besteht. Betroffen ist aber möglicherweise die Strecke zwischen Provideranschluss und IPCop.

3.2.3   TCP-Stack Angriffe

TCP-SYN-Pakete an zugelassene Ports werden von der äußeren Firewall durchgelassen und öffnen beim Betriebssystem des Servers eine TCP-Verbindung, die jedoch erst mit den beiden folgenden Paketen (TCP-SYN/ACK zum Client und TCP-ACK vom Client) komplett eingerichtet ist. Angreifer können eine Vielzahl von TCP-SYN-Nachrichten senden, ohne die TCP-SYN/ACK-Antwort wiederum zu beantworten. Da der Server die von den Internetprotokollen vorgesehene Wartezeit verstreichen lassen muss, bis er den Socket wieder löschen darf, werden so Systemressourcen verbraucht, die schließlich zum Blockieren der TCP-Systemeinheit führen kann. Da der Angreifer bei dieser Methode die IP-Adressen der Clients beliebig konfigurieren kann, ist eine Abwehr beispielsweise durch Begrenzung der Verbindungen von einem Clientsystem kaum möglich. Auf professioneller Ebene wird dem mit speziell konfigurierten Systemkomponenten begegnet, die im nächsten Teilkapitel vorgestellt werden.

3.2.4   Angriffe auf den Serverprozess

Serverprozesse sind für einen Nutzer zuständig. Bei einigen Servertypen wie FTP deckt sich die Lebensdauer des Prozesses mit der Länge der Anwendersitzung, andere Server wie

HTTP sind nur sehr kurzlebig und erledigen eine Anfrage des Clientsystems mit einer Antwort, bevor sie sich wieder abschalten.[46]

Eine Strategie, insbesondere kurzlebige Servertypen schnell genug reagieren lassen zu können, besteht im Laden eines kompletten Mutterprozess in den RAM (siehe 2.2.1 Servereinrichtung auf Seite 23 ff). Dieser hat die Aufgabe, auf eingehende Anwenderanfragen zu warten und sich bei jeder Verbindung im RAM zu klonen, in dem er sich vom Betriebssystem an eine andere RAM-Position kopieren lässt und diesem Kindprozess die Bearbeitung der Anfrage überlässt. Der Kindprozess schaltet sich nach Bearbeitung der Anfrage ab, so dass Platz für andere Anwender entsteht.

Auf einem Rechner hat aufgrund dieses Arbeitsweise nur eine bestimmte Anzahl von Serverprozessen Platz, was in der Konfiguration dadurch berücksichtigt wird, dass nur eine begrenzte Anzahl von TCP-Verbindungen zugelassen werden. Kommen weitere Verbindungswünsche an, werden diese bereits von der TCP-Schicht abgewiesen, um die höheren Schichten zu entlasten.

Um dies auszunutzen, stellt der Angreifer nun komplette TCP-Verbindungen her, die zur Einrichtung eines Serverprozesses führen. Er kann dies ergänzen durch Senden eines langen Anfragedatagramms, das jedoch nicht komplettiert wird, d.h. einige IP-Fragmente fehlen absichtlich. Da der Server nun wieder warten muss, bis die Verbindung als gestört identifiziert ist, sind seine Ressourcen bei entsprechend vielen Anfragen nach einiger Zeit ausgeschöpft.

Die Verwendung anderer Strategien der Ressourcenzuteilung auf der Servermaschine führt zwar zu einem späteren Einsetzen der Überlast, beseitigt das Problem aber nicht grundlegend.

Im professionellen Bereich reagiert man auf solche Angriffe mit einer Vervielfachung der Ressourcen:

a) Die Datagramme gelangen von der Firewall zunächst an einen so genannten Load-Balancer, dessen Aufgabe darin besteht, erst fertige Anfragen an einen Server weiter zu leiten.

Der Load-Balancer kann durch spezielle Softwaremaßnahmen den Ressourcenverbrauch durch TCP-SYN-Angriffe so klein halten, dass sie vom Angreifer nicht komplett verbraucht werden können. Bei kompletten TCP-Verbindungen kann die Anzahl der Verbindungen zu einer Quell-IP begrenzt werden, d.h. es sind sehr große Bot-Netze notwendig, um hinreichenden Ressourcenverbrauch zu erzielen. Auch nicht komplette Anfragen brauchen noch nicht an einen eigentlichen Server durchgestellt zu werden.

b) Die Server werden mit Vielkernprozessoren und sehr viel RAM ausgestattet, so dass viele komplette Anfragen bearbeitet werden können. Die Arbeit wird von mehreren Servermaschinen erledigt, auf die der Load-Balancer die Arbeit verteilt.

---

46 Das daraus resultieren Problem, die Anwendersitzung zu kontrollieren, diskutieren wir weiter unten.

c) Der/die Datenbankserver werden oftmals ebenfalls weiter ausgelagert, so dass die Datenbanken auch bei blockierten Primärservern noch zugänglich sind.

Auch wenn solche Strategien greifen, reagieren die angegriffenen Serverdienste oft nur noch relativ langsam. Das in den Medien berichtete spektakuläre Lahmlegen von Kreditkarten- und anderen Servern zeigt, dass gegen DDoS-Angriffe auch mit massivem Mitteleinsatz nur schwer etwas zu unternehmen ist, wenn der Angreifer es ernst meint.[47]

3.3 Bei Angriffen richtig reagieren.

Die meisten Angriffe verlaufen unspektakulär, d.h. sie werden von der Öffentlichkeit nicht bemerkt, und sind mit Erpressungsversuchen verbunden. Oft handelt es sich dabei um erstaunlich geringe Summen, was auf Amateurversuche hinweist.[48] Bei der Geldübergabe bestehen noch die besten Aussichten, die Angreifer zu enttarnen und der Justiz zuzuführen. Der damit verbundenen Aufwand führt aber häufig dazu, dass Unternehmen einfach die Summe zahlen und als Verlust abbuchen, so lange derartige Versuche in einem „erträglichen" Rahmen bleiben.

Will man das nicht, gilt es, schnell zu sein und sofort die Polizei einzuschalten. Die Erpressungsversuche erfolgen in der Regel per Email, und handelt es sich um eine nationale Email-domain oder kommt die Nachricht von einer nationalen IP-Adresse, so ist unmittelbar am gleichen Tag der dortige Administrator zu unterrichten, damit die Verbindungsdaten gesichert werden. Obwohl die Gesetze auch ohne Vorratsdatenspeicherung eine Sicherung der Verbindungsdaten vorschreiben, kümmert sich kaum ein Provider darum und kann IP-Adressen nur bis zum nächsten DHCP-Update einem Nutzer zuordnen. Innerhalb dieser Zeit informiert werden Sicherheitskopien gezogen und können anschließend von der Polizei ausgewertet werden.

Die weiteren Verhandlungen mit den Erpressern sollte man der Polizei überlassen, die über Techniken und Strategien verfügt, die Bösewichte ausfindig zu machen und dadurch bessere Chancen hat als das betroffene Unternehmen im Alleingang. Oft wird der Angreifer bei der Geldübergabe erwischt.

---

47 Nebenbemerkung: solche Methoden sind auch Bestandteil der CyberWar-Szenarien. Man muss nicht unbedingt die Maschinen kontrollieren, es genügt, die Infrastruktur lahm zulegen. Die Argumente werden ebenfalls benutzt, um jeglicher Form einer echten Internetdemokratie, also der Abstimmung vom heimischen Computer aus, eine Abfuhr zu erteilen.

48 Tatsächlich ist die Zahl solcher Angriffe durch technisch wenig qualifizierte Jugendliche recht hoch. Unsichere Betriebssystem wie Windows lassen sich leicht mit Würmern u.ä. infizieren und vom Eigentümer unbemerkt zu DDoS-Angriffen zweckentfremden. Einige kriminelle Organisationen sollen bis zu 1,9 Millionen Rechner auf diese Weise kontrollieren, die sie an Interessierte vermieten. Hat also der Kleinkriminelle seine Erpressung durchgeführt und wird erwischt, haben die eigentlichen technischen Drahtzieher längst kassiert und bleiben unerkannt. Im Prinzip ist die Situation ähnlich wie im Drogenbereich: die Junkieszene kann man versuchen, auszutrocken, während die großen Dealer im Hintergund kräftig verdienen.

Im Falle eines Angriffs sind die Log-Daten wichtig, um Beteiligte zu identifizieren. Hier ist es allerdings oft umgekehrt als bei den Verhandlungen: die einzelne Polizeidienststelle ist mit einigen 100 MB Logdaten oft schlicht überfordert. Bei der Verdichtung auf das Wesentliche sollte das betroffene Unternehmen besser die Federführung übernehmen.

Eine sinnvolle präventive Maßnahme kann auch darin bestehen, sich vorab bei der Polizei zu informieren, welche Daten benötigt werden, um eine positive Aussicht auf einen Fahndungserfolg zu haben, um sicherzustellen, dass genau diese Daten auch aufgezeichnet und lange genug gesichert werden.

3.4 Interne Angriffe

Bei Angriffen auf Rechnernetze impliziert der Leser meist externe Hacker, die in das System einzudringen versuchen. Die weitaus meisten Angriffe erfolgen jedoch nicht von Außen, sondern finden im Inneren des Netzwerkes selbst statt. Spektakuläre Enthüllungen auf wikileaks oder Peinlichkeiten über Papst Benedikt XVI. waren nicht das Ergebnis emsiger Versuche, Daten auszuspähen, sondern Mitarbeiter haben die Daten schlicht verraten, wobei die Gründe vielfältig sein können: falsche oder echte Moralvorstellungen und Loyalität, Mobbing im Unternehmen, die/der schließlich doch nicht geheiratete, sondern kaltgestellte Geliebte, Erpressung oder Bedrohung, Bestechung, ...

Die Möglichkeiten des Exports vertraulicher Daten sind vielfältig, wobei die gesetzliche Lage der Untreue häufig Vorschub leistet.[49] Daten lassen sich schnell und in größeren Mengen auf CDs brennen oder auf USB-Sticks kopieren. Da diese Geräte auch das Einfallstor für Schadprogramme sind, die absichtlich oder unabsichtlich auf das System kopiert werden, besitzen die Arbeitsstationen in vielen Betrieben heute keine zugänglichen CD-Lauwerke und USB-Anschlüsse mehr. Dem Export per Email wird mit zentralen Mail-Gateways begegnet (siehe Kapitel 8.3.2 Email-Gateway), die zunehmend auch im innerbetrieblichen Datenverkehr eine Kontrollfunktion übernehmen, um zu verhindern, dass Dokumente an Abteilungen weitergeleitet werden, die keine Befugnis zur Einsicht besitzen.

Durch diese und weitere Maßnahmen lassen sich vorzugsweise unbeabsichtigten oder fahrlässigen Vertrauensbrüchen vorbeugen. Wer es ernst meint, dem bleiben natürlich weitere Möglichkeiten. Ich will hier nur ein kleines Beispiel vorstellen, wie ein Serveradministrator völlig unbemerkt Daten exportieren könnte.

Der Trick beginnt mit einer „Sicherheitsmaßnahme". In einer Datenbank wird eine Tabelle mit Sicherheitsmerkmalen eingeführt

---

49 Wenn bestimmte vertrauliche Informationen in einer bestimmten Zeitung erscheinen, ist die Korrelation der Personen mit Zugriff auf die Informationen mit ihren Telefonaten mit Mitarbeitern genau dieser Zeitung natürlich schon ein Indiz, wer es war. Wenn sich ein Unternehmen allerdings durch solch einfachen Datenabgleich zu schützen versucht, steht der Vorstand bereits mit einem Bein im Gefängnis – wegen Ausspähens privater Daten. Die Liste ließe sich beliebig fortsetzen. Die Gesetze dienen heute oft nicht nur auf diesem Gebiet mehr dem Täterschutz als den Opfern.

```
CREATE TABLE IF NOT EXISTS `Security` (
  `flag` varchar(200) NOT NULL,
  ...
) ENGINE=InnoDB DEFAULT CHARSET=latin1;
```

Die Tabelle kann weitere Spalten enthalten, wesentlich ist hier nur die Spalte `flag`. Ganz offiziell wird in einem Formular auf den Webseiten das `flag` in einem hidden-input-Feld eingesetzt:

```
<form . . . >
  . . .
  <input type="hidden" name="security"
         value="<?=$query->flag;?>" />
  . . .
```

Begründet wird dies als zusätzliche Sicherheitsprüfung, damit beispielsweise niemand das Formular in einer Replay-Attacke nutzen kann. In der Regel sind „security", „flag" und „replay attack" zusammen mit „Sicherheitsprüfung" genügend Stich- und Fremdworte, um unbedarfte Frager zum Schweigen und zu stiller Bewunderung des Programmierers zu bringen.

Um diese Sicherheitstabelle herum können nun beliebige weitere „Sicherheitsmaßnahmen" programmiert werden. Der Trick besteht darin, dass der Programmierer sich einen Zugang zu dieser Tabelle offen hält (was sicherheitstechnisch wieder einfach begründet werden kann). Er kann nun beliebig Daten eintragen (verschlüsselt, um nicht aufzufallen), die von einem Komplizen durch simples Aufrufen der Seite wieder ausgelesen werden können. Beinhaltet die Programmlogik ein automatisches Auffüllen der Tabelle, müssen nur bestimmte Zeitfenster eingehalten werden, um den Datentransport problemlos zu bewerkstelligen.

In dieser einfachen Form ist der Datenexport zwar auf geringe Datenmengen beschränkt, fällt dafür aber auch nicht auf. Die Beteiligten können sich völlig unauffällig verhalten, Kontakt ist nicht notwendig.

4 Softwarewerkzeuge

In diesem Kapitel werden die für die Anwendungsentwicklung empfohlenen Werkzeuge diskutiert. Die Diskussion kann natürlich nicht sehr weit in die Tiefe gehen: wie man nun genau mit PHP oder JavaScript programmiert (falls Sie diese Werkzeuge hinterher wirklich nutzen) und wo die Feinheiten von HTML und CSS liegen ist Gegenstand vieler dicker Bücher und Ergebnis ausführlicher eigener Versuche. Wir können dem hier jeweils nur wenige Seiten gönnen, was aber trotzdem Sinn macht: der Verfasser hat es schon häufig erlebt, dass Einsteiger in die Webprogrammierung kaum Kenntnis von der Existenz bestimmter Werkzeuge und Vorgehensweisen besitzen, aber durch Programmieren anderer Anwendungen bereits so „vorbelastet" sind, das selbst diese kurzen Hinweise schon genügen, ihnen innerhalb kürzester Zeit zu ersten Erfolgen zu verhelfen.

Darüber hinaus werde ich die eine oder andere sicherheitstechnische Anmerkung einfließen lassen, so dass auch Leser, die sich mit der Materie bereits auskennen, den Text zumindest kurz überfliegen sollten.

4.1 Server: PHP Framework

Für die Serverprogrammierung existieren eine ganze Reihe von Werkzeugen, und der einzige Grund, weshalb hier PHP diskutiert wird, liegt darin, dass der Autor eben mit dieser Programmiersprache über hinreichende eigene praktische Erfahrungen verfügt, um sich schriftlich darüber auszulassen.

URLs, deren Interpretation durch den HTTP-Server bei einer Datei mit der Endung **.php** landen, oder bei einem Verzeichnis, das eine Datei mit Namen **index.php** enthält, führen zum Aufruf des PHP-Interpreters.[50] Der Dateiinhalt kann folgendermaßen aussehen:

```
<html>
<head></head>
<body>
    <?php echo 'Hello World'; ?>
</body></html>
```

Er besteht aus einem direkt übertragbaren HTML-Teil und einem durch **<?...?>** gerahmten PHP-Programmteil, der meist weitere druckbare Texte produziert, die anstelle der Programmsequenz eingeschoben werden. Das Clientsystem bekommt diese Teile der Datei niemals zu sehen, sondern immer nur das fertige HTML-Layout.

---

50 Es darf aber keine Datei **index.html** als Konkurrentin im Verzeichnis stehen, denn die würde bevorzugt.

Die HTML-Teile werden an den Ausgabepuffer des HTTP-Servers überstellt, so dass dieser vor dem Eintrag zunächst die Kopfzeilen des Protokolls erzeugen muss. Sollen im PHP-Programm einige dieser Kopfzeilen beeinflusst werden (z.B. das Cookie), darf vorher noch kein Zeichen an den Ausgabepuffer gesandt worden sein. PHP-Dateien haben daher meist den Aufbau

```
<?php ….......
```

mit dem Interpreteraufruf als erster Zeichensequenz, die vielfach auch am Ende nicht mehr geschlossen wird, um unabsichtliches Füllen des Ausgabepuffers mit irgendwelchen Zeichen zu vermeiden. Sollte doch etwas gesendet worden sein und dann der Versuch erfolgen, die Kopfzeilen zu ändern, gibt es eine Fehlermeldung des Servers.

Fehlermeldungen erscheinen in Log-Dateien und **auf dem Client**.[51] Letzteres hat den Hintergrund, dass der Entwickler das Ergebnis seiner Programmierung ebenfalls mit einem Browser beobachtet und die Fehlerrückmeldung an dieser Stelle sehr sinnvoll ist.

> Fehlermeldungen im Betrieb können einem Angreifer Informationen zum Hacken der Seite liefern und sind nach Entwicklungsabschluss zu unterdrücken.[52]

Das Abschalten der Fehlermeldungen erfolgt über die **php.ini**-Datei oder im Code durch

```
error_reporting(OFF);
ini_set("display_errors", "off");
ini_set("display_startip_errors", "off");
```

aber das nur noch einmal als Wiederholung.

Während früher PHP-Code und HTML-Code wild gemischt wurden, was meist zu einem kaum noch durchschaubaren und fehleranfälligen Spaghetti-Code führte, werden heute so genannte MVC-Frameworks eingesetzt. Ein MVC-Framework (Model-View-Controller) ist gewissermaßen ein objektorientiertes Betriebssystem mit aufgesetztem Anwendungsklassenmodell für die Abwicklung eines GET/POST-Aufrufes.

Ein sehr schlankes MVC-Framework ist der CodeIgniter, der eine gute Performanz liefert und schnell zu einsetzbaren Ergebnissen führt.[53] Detaildarstellungen in den folgenden Ausführungen beziehen sich auf dieses Framework, gelten aber weitgehend auch für andere.

---

51 Siehe 2.3 Das PHP-Modul auf Seite 32 ff.

52 Die Erkenntnis ist eigentlich ziemlich trivial, aber in der Praxis trifft man häufig auf Seiten, die bereitwillig anzeigen, dass in der Datei xxx.php der SQL-Aufruf 'select ___' einen Fehler besitzt. Einstiegspunkt für einen Hacker, es hier oder in einer späteren Version, in der der Fehler behoben ist, mit einer SQL-Injection zu versuchen.

53 Das Framework wirbt unter anderem mit dem Slogan „Einen Blog in 20 Minuten erstellen" für sich, was tatsächlich funktioniert und dem Experimentator dabei genügend Verständnis vermittelt, sofort mit komplexeren Anwendungen weiter zu machen. Nach den gleichen Prinzipien arbeiten auch weitere Frameworks wie CakePHP oder Zend, die mit wesentlich mehr Paketteilen aufwarten, zum Teil auch kommerziellen. Ein wenig Analysearbeit, welches Paket zusammen mit weiteren Hilfsmitteln am Besten zu den eigenen Aufgaben passt, ist sicher sinnvoll.

Ein MVC-Framework besitzt einen einzigen Startpunkt, nämlich die Datei **index.php**. Ein typischer Funktionsaufruf hat die Form

```
http://localhost/index.php/welcome/login
```

Wenn der Server im Wurzelverzeichnis die Datei **index.php** entdeckt, ruft er den PHP-Interpreter auf und überlässt die Auswertung von **welcome/index** der Anwendung, statt nach einem Verzeichnissystem dieses Namens zu suchen.

Fehlt die Angabe **index.php** in der URL, versucht der Server eine Datei im angegebenen Verzeichnissystem ausfindig zu machen (weshalb ja schon die Verlagerung weiterer Code-verzeichnisse empfohlen wurde). Die Zugriffsmöglichkeiten auf das Verzeichnissystem können auch durch Aktivierung des *rewrite*-Moduls des HTTP-Servers und Verwendung einer **.htaccess**-Datei eingeschränkt werden. Der Code

```
RewriteEngine on
RewriteCond $1 !^(index\.php|images|robots\.txt)
RewriteRule ^(.*)$ /index.php/$1 [L]
```

leitet alles aus Zugriffen in das Verzeichnis **images** oder die Datei **robots.txt** auf **index.php** um.

Aus der **index.php** werden weitere Codekomponenten geladen:

1. Der Kernel (Verzeichnisbereich „system"), den man als Entwickler in der Regel nicht anfassen muss (und das auch nicht tun sollte), wertet den URL-Rest aus, stellt die Datenbankverbindungen her, lädt die Sitzungsdaten und verzweigt dann, wenn alles seine Richtigkeit hat, in den

2. Anwendungsbereich (Verzeichnisbereich „application"), in dem der Anwendungs-code funktions- und objektorientiert organisiert ist.

Bleiben wir zunächst bei der Sicherheit. In der **index.php** findet man drei einstellbare Parameter:

```
define('ENVIRONMENT', 'development');
$system_path = '../CodeIgniter/system';
$application_folder = 'application';
```

Die erste Einstellung erledigt das oben angesprochene Problem der Fehlermeldungen, die beiden anderen Einstellungen führen zu den Frameworkbereichen. Sind auf einem Server mehrere verschiedene Anwendungen vorhanden, kann man ohne weiteres einen einzigen Kernel verwenden. Jede Anwendung wartet mit einer eigenen **index.php** sowie einem An-wendungsverzeichnis auf.

Es sei noch einmal daran erinnert, dass beide Skriptbereiche aus Sicherheitsgründen nicht in den dem HTTP-Server im Bereich **sites-available** bekannt gemachten Verzeichnisbäu-men liegen sollten, d.h. ein direktet Zugriff vom Internet aus nicht möglich ist (Kapitel 2.2.2 Zugriffsrechte und Pfade auf dem System auf Seite 26 ff). Aufgrund der Umgebungs-parameter ist folgende Vereinbarung sinnvoll:

> Die Übertragung der Anwendung auf den Produktivserver beschränkt sich auf das System-
> verzeichnis bei Systemupgrades und des Anwendungsverzeichnisses bei Upgrades der An-
> wendungen. Der Einsprungpunkt **index.php** wird nicht kopiert.

Die Verzeichniskonvention ist aber nur ein Glied der Sicherheitskette. Weitere Sicherheitsmaßnahmen, die bei einem Verstoß gegen die Konvention die Sicherheit gewährleisten, sind:

> Um Kompromittierungen durch fehlerhafte HTTP-Servereinstellungen zu vermeiden, ver-
> fügt jedes Verzeichnis über eine Datei **index.html** (Verzeichnisinhalt wird nicht darge-
> stellt) mit einer Fehlermeldung sowie einem Eintrag
>
> ```
> if(!defined('BASEPATH')) exit('No direct script access allowed');
> ```
>
> um die Ausführung direkt aufgerufener PHP-Dateien zu unterdrücken.[54]

In einer Anwendersitzung wird der Kontext zwischen den verschiedenen Skriptaufrufen
durch Sitzungsdaten hergestellt, die beim Schließen eines Skriptes gesichert und beim nächsten Skriptaufruf wieder geladen werden. Welche Möglichkeiten der Sitzungskontrolle existieren, werden wir uns in Kapitel 5.2.1 Allgemeines zum Sitzungsmanagement auf Seite 100 ff.
und im speziellen Teil 5.2.3 Erweitertes Sicht-Management auf Seite 107 ff ansehen. PHP
bietet zwar Funktionen für ein Sitzungsmanagement an, die jedoch oft nicht hinreichend
sind, so dass die Frameworks mit eigenen Modellen arbeiten.

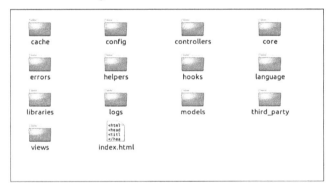

Kommen wir zur Auswertung der URL. Der Kernel versucht, im Unterverzeichnis **controllers** des Anwendungsbereiches mit dem oben angegeben Aufruf die Datei **welcome.php** ausfindig zu machen und zu laden. Controller enthalten den Code für die funktionale Abwicklung eines Seitenaufrufes, d.h. sie analysieren die vom Clientsystem übermittelten Informationen, kontrollieren die Vereinbarkeit mit den Sitzungsdaten, lassen die dynamischen Daten
zusammenstellen und laden schließlich die Webseite, die an den Client zurückgesandt wird.
Der Kernel erwartet in der Datei eine Klasse **Welcome**, die von der Kernelbasisklasse erbt
und in der die Methode **login()** definiert ist.

---

54 Der Zugriff kann auch über die HTTP-Konfiguration und/oder .htaccess unterbunden werden
(siehe 2.2 Apache-HTTP-Server, Seite 23 ff). Wie immer bei redundanten Möglichkeiten sollte
man sich aber nicht darauf verlassen, die Lücke an anderer Stelle geschlossen zu haben, sondern
konsequent alle Parallelen gleich behandeln

```
class Welcome extends CI_Controller {

  public function login()     {
    $this->load->model('kartei');
    $data=array("fullkey" => $this->session->userdata("fullkey"),
               "kartei" => $this->kartei->read_item("partkey"));
    $this->load->view('editor_view',$data);
  } }
```

Außer der Controllerklasse darf auch weiterer Code in der Datei stehen, der mit Laden der
Controllerdatei ausgeführt wird oder für Funktionsaufrufe oder Objektinstanziierungen zur
Verfügung steht. Der Kernel erzeugt ein Objekt der Controllerklasse und übergibt die weite-
re Ausführung an die genannte Methode. Clientdaten können per POST in den Controller
gelangen, alternativ kann hinter dem Methodennamen die URL noch fortgesetzt werden.
Beispielsweise wird

```
. . . /myfunct/Meier/Hamburg
```

so ausgewertet, dass die beiden zusätzlichen „Verzeichnisse" als Werte in den Übergabepara-
temetern

```
function myfunct($name='',$stadt='')
```

an die Funktion übergeben werden.

Der Beispielcode eines Controllers weist bereits einige der weiteren Beteiligten aus. Der
vom Controller verwaltete funktionelle Ablauf wird durch das Attribut **session** unterstützt,
mit dem die Sitzungsdaten der Anwendersitzung verwaltet werden. Die oft recht komplexen
Datenbankoperationen werden durch **models** verwaltet, die nach dem gleichen Prinzip wie
die Controller konstruiert sind (Dateien im Verzeichnis **models** mit Klassen entsprechender Namensgebung). Das Laden einer Modellklasse erfolgt aus dem Controller durch

```
$this->load->model('mymodel');
```

Ebenso dazugeladen werden die Dateien der „Views", wobei die dynamischen Daten in
Form eines Array beim Laden mit übergeben werden:

```
$this->load->view('sammlung_view',
                   array("input_fields" => $this->allow_edit));
```

In der Viewdatei befindet sich jedoch keine Klasse, sondern HTML- und PHP-Code in alt-
hergebrachter Spaghettimanier. Da die komplizierten PHP-Programmabläufe aber außerhalb der Datei durchgeführt werden und hier mehr oder weniger nur die dynamischen Aus-
gabedaten als einzelnen Variable übergeben werden, kann der Programmierer sich auf den
HTML-Code konzentrieren. Die Indizes des beim Laden übergebenen Feldes sind in der
View als Variablennamen verwendbar. Im folgenden Beispiel werden Teile des HTML-
Codes durch HTML-Kommentare ausgeblendet:

```
<? if($input_fields!==TRUE) echo "<!--"; ?>
...
<? if($input_fields!==TRUE) echo "-->"; ?>
```

Als letzte Aktion der Frameworks wird die erzeugte HTML-Seite an den Ausgabepuffer über-geben, wobei zuvor weitere Einstellungen wie Cookies und HTTP-Header vorgenommen werden.

> Man kann das Beispiel, in dem in der echten Anwendung Formularteile durch Auskom-mentierung unsichtbar gemacht werden, natürlich als sicherheitstechnisch bedenkliche Strategie ansehen, denn die ausgeblendeten Seitenbestandteile bleiben ja im HTML-Code stehen und könnten von einem Angreifer für einen Angriff genutzt werden. Die Überlegung ist zwar korrekt, aber man muss davon ausgehen, dass ein Angreifer ohnehin Kenntnis von dem ausgeblendeten Code besitzt und auch ohne diese „Hilfe" Formular-daten absenden kann. Die eigentliche Abwehrmaßnahme gegen einen Angriff **muss** auf dem Server erfolgen, d.h. dieser muss kontrollieren, ob er Formulardaten akzeptieren darf oder nicht. Im Interesse einer besseren Übersicht des Programmcodes können sol-che Lösungen daher trotz der Bedenken akzeptabel sein.

Ergänzt wird das Framework durch eine Vielzahl von Dienstklassen für Verschlüsselung, Da-tei-Up- und -Download, HTTP-Headerkonfiguration, Spracheinstellungen, Browserspeziali-täten usw. und Hilfsfunktionen für Formulare, URL-Generierung, usw., die durch eigene Pro-grammteile ergänzt werden können:

Als Beispiel sei die Spracheinstellung genannt: der Browser teilt via HTTP-Header bei einem Aufruf dem Server seine Wünsche mit:

```
Accept: text/html,application/xhtml+xml,application/xml
Accept-Charset: ISO-8859-1,utf-8;q=0.7,*;q=0.3
Accept-Encoding:gzip,deflate,sdch
Accept-Language:de-DE,de;q=0.8,en-US;q=0.6,en;q=0.4
```

CodeIgniter stellt die Bibliotheksklasse **UserAgent** zur Verfügung, aus der Controller sol-che Informationen entnehmen kann. Die Textbausteine werden unter bestimmten Schlüssel-begriffen in kleinen länderspezifischen Datenbanken (Textdateien oder Datenbanktabellen) gesammelt und mit Hilfe der Klasse **Language** und einigen Hilfsfunktionen in der vom Browser vorgegebenen Sprache in die ausgelieferte Seite eingefügt.

Die Konfiguration einer Anwendung erfolgt zentral in den Dateien des Verzeichnisses **config**. Die Konfigurationsmöglichkeiten des Frameworks sind vielfältig und auf mehrere Dateien verteilt, um dem Anwendungsprogrammierer eine bessere Übersicht zu verschaffen. Eigene Konfigurationsdaten können beliebig hinzugefügt werden. Die Migration einer Anwendung vom Entwicklungs- zum Produktivsystem ist daher recht einfach.

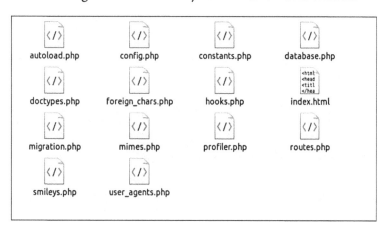

Die Einstellungen, aber auch die Programmierung beeinflussen entscheidend die Sicherheit einer Webanwendung. Auf was im Einzelnen zu achten ist, wird in Kapitel 5. Problemzonen auf Seite 91 ff. diskutiert.

> Die hier vorgestellten Details entstammen dem Framework CodeIgniter, das sehr schlank ist und den Vorteil des sehr leichten Einstiegs besitzt und dem Einsteiger in die Webprogrammierung daher empfohlen sei. Durch die hier genannten Informationen dürfte auch der Neuling hinreichend „auf die Schiene" gesetzt sein, so dass weiteres dem Studium der beim Download mitgelieferten Dokumentation und eigenen Übungen, ggf. unterstützt durch Tutorials, überlassen bleiben kann. Entwerfen Sie beispielsweise einige ganz simple Formulare, deren Daten in einer Datenbank gespeichert werden und gezielt wieder abgerufen werden können, um sich in das System einzuarbeiten. Was aus sicherheitstechnischer Sicht zu beachten ist, diskutieren wir später.

> Einige Stimmen aus der Web-Programmierwelt halten CodeIgniter für zu einfach gestrickt und mit unzureichenden Bibliotheksfunktionen versehen. In gewisser Weise stimmt das natürlich. CodeIgniter belegt einschließlich der online-Dokumentation gerade einmal 4,3 MB auf der Festplatte, während das Zend-Framework mit über 80 MB Code (darunter allein 20 MB JavaScript-Code) und einem Handbuch von 1.500 Seiten aufwartet. Gerade wegen dieses immensen Unterschiedes sei aber für die Einarbeitung der CodeIgniter empfohlen, der in vielen Anwendungsfällen auch durchaus die große Konkurrenz nicht zu fürchten braucht.

4.2 Client: Javascript, HTML, CSS

HTML-Seiten liefern (bislang) mehr oder weniger statische Seiten. Dialoge, die mit dem Anwender geführt werden, bestehen aus dem Ausfüllen von Formulardaten und einem anschließenden HTTP-POST-Aufruf des Servers, der eine neue Seite ausliefert. Kontrollen der Anwendereingaben werden bei dieser Gelegenheit auf dem Server durchgeführt, und bei Fehlern sind Eingaben zu wiederholen. Diese Vorgehensweise macht nicht nur die Bedienung äußerst unkomfortabel:

- Der Anwender erfährt erst nach kompletten Ausfüllen eines Formulars, was alles anders ausgefüllt worden ist, als der Anwendungsprogrammierer es erwartet, und muss u.U. komplexere Formulare erneut kontrollieren und ausfüllen.

- Dem Programmierer entsteht erheblicher Aufwand, will er auf alle Fehlermöglichkeiten ein möglichst anwenderfreundliches Antwortbild liefern, in dem zumindest die korrekten Angaben wieder eingefügt sind.

Durch eine zusätzliche Programmierung des Clientsystems lassen sich die Probleme weitgehend beheben. Die Programmierung erfolgt in der Regel in der Skriptsprache JavaScript. JavaScript ist noch offener als PHP. Einfach Abläufe und Algorithmen kann man zunächst in aus anderen Programmiersprachen bekannter Manier programmieren, die Definition einer Klasse mit einigen Attributen und die Instanziierung eines Objekt mittels eines Konstruktors und der Zugriff auf ein Attribut haben jedoch folgendes Aussehen:

```
function Zustand() {
    this.is_folder = true;
    this.partkey = "";
    this.edit = "";
    this.node_key = 0;
}

var zustand = new Zustand();
. . .
zustand.edit = "auto";
. . .
zustand["node_key"] = 15;
```

Funktionen sind Objekte, und auf Attribute kann über eine Objektnotation oder über eine Notation als assoziatives Feld zugegriffen werden. Funktionen können wiederum beliebig geschachtelt werden, wie ein Beispiel weiter unten zeigt. Wer von PHP noch nicht genügend verwirrt war, darf das nun bei JavaScript nachholen. Leider kann ich auch hier nicht mehr machen, also zu versuchen, einen Einstieg zu geben. Den Rest müssen Sie selbst erledigen.

Hilfreich hierbei ist, dass für alle Browser Javascript-Debugger zur Verfügung stehen. Nahezu jede Webseite verwendet heute JavaScript, und mit ein wenig Suchen findet man sicher auch eine Seite, deren Codeumfang noch überschaubar ist. Anhand der weiteren Diskussion in diesem Kapitel findet man sicher auch Bereiche, in denen man einen Breakpoint setzen kann, an dem das JavaScript-Programm nach Auslösen eines bestimmten Ereignisses anhält. Auf diese Weise kann man sich so weit in die Materie einarbeiten, dass auch eigene Versuche mit JavaScript-Code funktionieren.

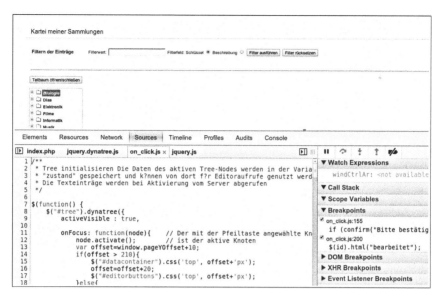

Basis für die Clientprogrammierung in JavaScript ist das Document Object Model (DOM), mit dem HTML-Text durch die Browser in darstellbare Objekte umgesetzt werden. Grob gesprochen definiert der HTML-Tag

```
<html> . . . </html>
```

ein Objekt der Klasse HTML, das als Unterobjekte mindestens die durch die Tags

```
<head> . . . </head>
<body> . . . </body>
```

definierten Attribute der Klassen HEAD und BODY enthält. Jedes dieser Attribute erhält durch die enthaltenen Tags weitere Unterobjekte sowie durch

```
<. . . color="#ffffff">
```

einfache Wertattribute. Durch

```
class = "class"  id = "id"
```

kann jedes Elemente einer Klasse zugewiesen werden oder eine eindeutige Identifikation erhalten.[55] Die meisten Objekte besitzen einen Darstellungsrahmen, und jedes Unterobjekt vermag sich im von den Elternobjekten gesetzten Rahmen darzustellen, wodurch schließlich das sichtbare Browserbild entsteht. Aus einem HTML-Dokument wird auf diese Weise im Browser ein Objektbaum aus JavaScript-Objekten, die man mit Hilfe von Programmen in der gleichen Sprache dynamisch verändern kann.

Die Programm können ähnlich dem PHP-Code in den HTML-Code eingefügt werden. Sinnvoller ist aber auch hier die Auftrennung von Code und Dokumentstrukur in verschiedene Dateien. Die JS-Dateien werden zusätzlich zum HTML-Dokument durch eine Ladebefehl geladen:

---

55 **id** sollte im Dokument eindeutig sein, jedoch wird das nicht vom Browser kontrolliert.

```
<script type="text/javascript">
    var site_url = "<?php echo site_url() ?>/sammlung/";
</script>

<script src="jquery.js" type="text/javascript"></script>
```

Wenn eine JS-Datei Syntaxfehler enthält, wird sie nach dem Laden verworfen und findet sich nicht in der Dateiliste im Debugger wieder. Enthält ein Skript während der Ausführung Fehler, wird es an der Fehlerstelle abgebrochen. Beides ist bei der Fehlersuche zu beachten. JS kennt aber Exceptions, was manchmal auch bei der Fehlersuche eingesetzt werden kann.

Um nicht nur die Programmierung vom Dokument, sonder auch dessen Struktur von Darstellungsdetails zu trennen, können die Darstellungsanweisungen in CSS-Dateien ausgelagert werden. Um einem Element ein bestimmtes Aussehen zuzuordnen, kann auf das Tag, die Klasse oder die ID zugegriffen werden:

```
<div class="td1">
    <p id="txt1"></p>
</div>

---

    div.td1 { display:table-cell;
              border-color: #f0f0f0 ;
              padding: 10px 10px 10px 10px;}
```

CSS-Spezifikationen wirken sich auf angegebene Tags, alle Tags einer Klasse, nur auf das Objekt mit der angegebenen ID usw. aus.

Leider müssen wir es auch bei diesem Thema bei dieser Einführung belassen und weiteres Ihren Versuchen überlassen. Die sind oft etwas mühselig, weil ein CSS-Parameter, der ein Tag-Objekt in den gewünschten Zustand bringt, bei einem anderen Tag-Objekt u.U. überhaupt keine Wirkung zeigt, obwohl man dies intuitiv erwarten würde. Ein Übriges tun die verschiedenen Browser, die mit dem gleichen Parameter unterschiedliche Bilder erzeugen können.

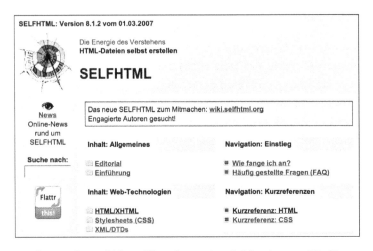

Glücklicherweise steht mit http://de.selfhtml.org eine Webseite zur Verfügung, auf dem man für alle drei Themen nach Details, Erklärungen und Beispielen suchen kann.

Da hierdurch das Arbeiten mit reinem JavaScript im DOM sehr mühsam ist, greift man auch hier zu Frameworks, die Zugriffe einfacher und einheitlicher gestalten sowie Bibliotheken oder zumindest Bibliotheksfunktionen besitzen, die dem Programmentwickler das eine oder andere abnehmen, wie beispielsweise die Erzeugung einer geschachtelten Verzeichnisliste:

Beispiele für solche Frameworks sind prototype und jquery, die für sich alleine genommen recht schlank sind, sowie dojo, das mit einer riesigen Bibliothek an Funktionen aufwartet (siehe Zend-Framework im letzten Kapitel). Für prototype und jquery existieren ebenfalls Bibliotheksbausteine, die jedoch von verschiedenen Programmierern beigesteuert werden, so dass man oft etwas suchen muss. Die Beispiele hier verwenden jquery, weil CodeIgniter dieses Framework unterstützt.

> Bei größeren Projekten empfiehlt es sich, zunächst eine Liste der gewünschten JS-Funktionalitäten aufzustellen und dann zu untersuchen, welches Framework den Absichten am nächsten kommt. Wenn man sich einmal festgelegt hat, ist es leider sehr schwer, noch einmal zu wechseln, da sich jeweils notwendige Client-Server-Kommunikation auch im PHP-Code widerspiegelt.

Bei der Einbindung von Bibliotheken ist auf folgendes zu achten:

- Einige Bibliothekspakete sind recht groß, was zu längeren Ladezeiten auf dem Client führen kann, wenn die Dateilisten nicht auf das Notwendige ausgedünnt werden.

- Einige Bibliotheken enthalten ihre eigene Version des Basisframeworks und nutzen dann nicht die Version, die man selbst vorgesehen und ggf. konfiguriert hat. Auch da sollte auf eine einheitliche Versionierung geachtet werden.

- Das alles ist sicherheitstechnisch noch nicht kritisch, aber in manchen Bibliotheken stößt man auch auf PHP-Code, d.h. es sind auch Serverfunktionen vorhanden, und das ist kritisch:

Genauer nachgeschaut hat dieser Bibliotheksteil, der für Uploads zuständig ist, eine eigene Serverschnittstelle (die hier obendrein noch mit CodeIgniter realisiert ist). Die Funktion kann natürlich anders als durch eine Kommunikation mit dem Server nicht realisiert werden, aber die Serverschnittstelle darf natürlich aus Sicherheitsgründen nicht neben der eigenen Serverprogrammierung herlaufen, zumal wenn es um kritische Vorgänge wie Up- und Downloads geht.

> Bei solchen Bibliotheksfunktionen ist natürlich eine Konfiguration notwendig, damit man überhaupt ein Ergebnis erhält. Als Programmierer merkt man dabei sehr schnell, dass hier auch Client-Server-Kommunikation stattfindet. Die eigenen Verzeichnis- und Verschlüsselungskonventionen werden von dem Bibliothekscode aber nicht unbedingt gewährleistet, und bei redundantem Code ist die Gefahr groß, dass bei Updates etwas vergessen wird. Die Verlagerung in die eigene Anwendungsprogrammierung mag zwar etwas aufwändig sein, da vermutlich auch JavaScript-Teile betroffen sind, ist jedoch unbedingt zu empfehlen.

Die in der Praxis vermutlich wichtigste Funktionalität von JavaScript ist Ajax, ein Mechanismus, der es erlaubt, Daten mit dem Server auszutauschen, ohne dass auf dem Browser das aktive Dokument ausgewechselt werden muss. JavaScript-Programme werden großenteils ereignisorientiert ausgeführt. Bei Bewegen der Maus oder Klicken mit der Maustaste prüft die Browsersoftware, welchem Objekt im Dokument dies zugeordnet werden kann und ob beim Objekt eine Skriptfunktion angegeben ist, die ausgeführt werden soll.:

```
<input type="button" value="Filter rücksetzen"
       onchange="send_notice()" />
```

In diesem Beispiel ist eine Ereignisfunktion angegeben, die vom Browser beim Eingeben von Buchstaben in das Textfeld aufgerufen werden soll, um die Zeichenfolge noch während der Eingabe zu überprüfen oder, und nun kommen wir zu der Ajax-Funktionalität, per POST-Befehl Nachrichten an den Server zu übermitteln und die Antwort des Servers beispielsweise als Vorschlag, wie das begonnene Wort fortgesetzt werden könnte, auf dem Bildschirm darstellen.

Eine solche Client-Server-Verbindung ist formal eine gewöhnliche HTTP-Session, wobei die Antwort des Servers an genau die JavaScript-Objektinstanz, die die Verbindung initiiert haben, zurück übermittelt werden muss. Das Dokument selbst bleibt unverändert. Für den Server ist diese Kommunikation innerhalb einer Seite völlig transparent: für ihn ist ein kompletter Seitenaufruf nicht von einem Ajax-Aufruf zu unterscheiden. In jquery sieht eine solche Ajax-Anfrage in Form eines HTTP-POST beispielsweise folgendermaßen aus:

```
function send_notice()
{
    $.post(site_url+'send',
    {
        'edit_mode': edit_mode,
        'fullkey': fullkey
    }),
    function(data) {
        var item = $("#tree").getNodeByKey(data);
        item.select(true);
        ...
    })...
}
```

Der POST-Funktion werden die URL und die POST-Parameter nebst Daten als Parameter übergeben. Die Antwort des Servers wird in **funcion(data)** in die bestehende Seite eingearbeitet. **$.post** ist eine jquery-Funktion, die die Abfage durchführt, und die Befehlszeilenverkettung mit "," sorgt dafür, dass der nächste Befehl erst ausgeführt wird, wenn die Antwort eingetroffen ist.[56]

Auch damit lasse ich Sie nun alleine weitermachen, denn auch hierfür gibt es ausführlich Anleitungen im Internet, beispielsweis die jquery-Seite selbst oder http://w3schools.com.

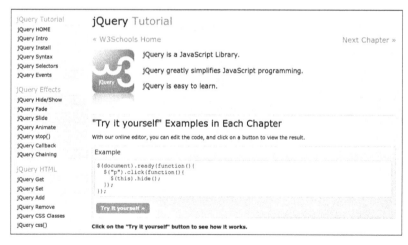

Abgesehen von gelegentlichen PHP-Skripten in JS-Bibliotheken ist die Clientseite sicherheitstechnisch relativ uninteressant:

> Die Sicherheit einer Anwendung hängt ausschließlich von der Serverprogrammierung ab.
> Die Clientprogrammierung betrifft nur die Nutzerfreundlichkeit einer Anwendung.

---

56 Die JavaScript-Frameworks kapseln die native Ajax-Syntax, die sich von Browser zu Browser auch etwas unterscheiden kann, sehr komfortabel.

Alles, was auf dem Client erscheint – HTML, CSS, JavaScript, ... – ist für den Anwender vollständig sichtbar und durch einen Angreifer auch beliebig veränderbar. Sie können daher sicherheitstechnisch hier nichts bewirken, sondern müssen auf dem Server verhindern, dass Daten oder Methoden nur authorisierten Nutzern zugänglich sind. Anders ausgedrückt: Sie können sich bei der reinen Clientprogrammierung ungehindert so lange austoben, bis die Darstellung Ihren Vorstellungen entspricht, ohne an etwas anderes Denken zu müssen. Andererseits steigen bei eleganten Anwendungen auch die Interaktionen zwischen Server und Client, und bei der Serverprogrammierung müssen Sie dann wieder einen Sicherheitribut entrichten:

> Bei jedem Browseraufruf (auch Ajax-Aufrufen) ist eine vollständige Authorisierungsprüfung durchzuführen.

Sie dürfen nämlich nicht davon ausgehen, dass ein Ajax-Aufruf tatsächlich von Ihrem Code ausgeführt wurde! Ein Angreifer kann die komplette Clientprogrammierung analysieren und alle Aufrufe, also auch die ohne spezielle Rechte eigentlich nicht ausführbaren, jederzeit simulieren. Kontrollen auf dem Server sind daher unabdingbar.

4.3 Testen in der Entwicklung

Hier nur einige Tipps, wie Sie während der Programmentwicklung vorgehen können. Leser, die bereits über eigene Erfahrungen verfügen und sich andere Arbeitsmodelle erarbeitet haben, können großzügig über das Folgende hinweglesen.

PHP-ENTWICKLUNGSUMGEBUNG

PHP-, HTML- und CSS-Dateien sollten, wie auch in anderen Programmierumgebungen üblich, strukturiert erstellt werden. Es sich einige Entwicklungsumgebungen verfügbar, die strukturiertes Programmieren in PHP hervorragend unterstützen (z.B. die Universalumgebung „eclipse", für die man entsprechende Sprachplugins laden und aktivieren kann); bei HTML-Code werden Strukturierungswerkzeuge aber schon weniger. Es ist aber schon empfehlenswert, mit Umgebungen zu arbeiten, die auto-Vervollständigen im Funktionsumfang besitzen und zu PHP-Funktionen, CSS-Parametern und HTML-Tags die passenden Angebote machen.

Ob die Syntax stimmt, merkt man spätestens bei Aufruf einer Seite. Im Debug-Modus erzeugt der Server eine mehr oder weniger ausführliche Fehlermeldung, wo er welchen Fehler gefunden hat. Das Beseitigen kann so schnell und zielgerichtet erfolgen,[57] wenn aber die Syntax stimmt und trotzdem nicht das Gewünschte erscheint, wird die Angelegenheit schon schwieriger.

Viele Programmierer arbeiten in solchen Fällen gerne mit Debuggern, jedoch sind diese für PHP ausgesprochene Mangelware (der Zendserver, der einen eclipse-Clon als IDE verwen-

---

57 Der Debug-Modus ist im produktiven System aufgrund seiner Geschwätzigkeit unbedingt auszuschalten!

det, leistet das, ist aber nicht Freeware). Die an die Clientsysteme gesandten HTML-Seiten sind außer in einfachen Fällen auch wenig geeignet, um Fehlerdiagnosen durchzuführen. Dem Entwickler bleibt vielfach nur ein Tracing, d.h. Ausgabe relevanter Daten an verschiedenen Programmstellen in eine Log-Datei oder in das Browserfenster und Vergleich der Einträge mit den Erwartungswerten. Die Frameworks stellen hierzu in der Regel Funktionen zur Verfügung, wobei die Ausgabe in die Log-Datei in den Konfigurationsdaten nach Bedarf ein- und ausgeschaltet werden kann. Wenn die Skripte fehlerfrei laufen, sollten die Tracebefehle allerdings wieder entfernt werden, um nicht später auf dem Produktivsystem bei einer Fehlkonfiguration lange Ausführungszeiten und das Füllen der Platte mit unnötigen Datengräbern zu verursachen.

DATENBANKZUGRIFFE

Bei komplexeren Anwendungen können die SQL-Befehle recht umfangreich werden. Für Tests gilt es zunächst, eine Datenbank mit geeigneten Testdatensätzen zu erzeugen, was ebenfalls schon ein umfangreiches Unterfangen werden kann. Die Datenbank sollte neben Datensätzen, die von der Logik erfasst werden, auch solche umfassen, die nicht durch den SQL-Befehl ausgewählt werden sollen. Umfasst die Operation verändernde Zugriffe auf die Datenbank, ist vor den Versuchen eine Sicherungskopie anzulegen. Sinnvoll ist eine sukzessive Erweiterung der Testdatenbank im Laufe der Entwicklung, so dass auch bereits getestete Fälle mit erweiterten Sätzen nochmals getestet werden können. Da Datenbanksysteme recht geduldig sind, kann man für diese Testläufe auch zusätzliche Spalten mit Informationen anlegen, die die Analyse erleichtern. In der produktiven Version werden die Spalten wieder gelöscht.

Die Datenbanksysteme sind bezüglich der von ihnen gelieferten Syntaxfehlermeldungen oft nicht sehr hilfreich, außerdem hat man auch bei der Entwicklung nicht selten Probleme, Informationen so auf dem Client darzustellen, dass eine Analyse möglich ist, ohne dass die restliche Programmlogik darunter stark leidet. Bewährt hat sich daher folgende Vorgehensweise:

> Die SQL-Befehle werden in der Anwendung (Model) implementiert. Meist sind bestimmte Parameter aus der Anwendung einzufügen. Durch Trace-Befehle kann man sich zunächst davon überzeugen, dass die Befehlszeilen korrekt montiert werden.

> Werden die Befehle nicht ausgeführt oder liefern sie fehlerhafte Rückgaben, arbeitet man mit einer Datenbankschnittstelle, z.B. PHPMyAdmin, weiter, bis die gewünschte Ausgabe geliefert wird.[58]

> Steht die korrekte Syntax fest, folgt der Rücktransfer in die Anwendung (Model), wobei nun auch wieder die Parameter variabel eingesetzt werden. Controller und View liefern das in der Anwendung vorgesehene HTML-Bild (jedoch kein spezielles Testbild), das nun die erwarteten Inhalt aufweisen sollte.

---

58 Neben dem Datenbankwerkzeug ist ein Texteditor ebenfalls hilfreich, in dem die verschiedenen Versionen des SQL-Befehls gesichert werden. Wer mehr Komfort wünscht, kann sich natürlich auch eine spezielle Testanwendung in PHP erzeugen, die die Verwaltung der SQL-Befehlsversionen unterstützt.

JAVASCRIPT

Für das Arbeiten mit JavaScript-Code besorge sich der Programmierer die für jeden der gebräuchlichen Browser erhältlichen JavaScript-Debugger und Netzwerkbeobachter (wir haben oben schon darauf hingewiesen). Der Browser beendet die Bearbeitung von JavaScript mit Erkennen des ersten Fehlers. Findet man beispielsweise in der JavaScript-Methodenliste den Code einer Datei nicht wieder, obwohl der Netzwerkbeobachter das korrekte Herunterladen der Datei vom Server anzeigt, ist die Ursache entweder ein Syntaxfehler im geladenen Code (das kann auch ein fehlendes ; in einer noch gar nicht ausgeführten Funktion betreffen) oder ein Laufzeitfehler im bereits ausgeführten Code. Nicht alle Browser teilen dem Programmierer über die Debug-Hilfsmittel mit, an welcher Stelle der Abbruch erfolgte, so dass die Suche etwas mühselig werden kann.

Noch mehr Hineindenken in die Funktionalität verlangen dynamische Reaktionen einer Seite, die nicht im gewünschten Umfang ablaufen. Durch geeignet gesetzte Breakpoints ist zunächst zu ermitteln, bis zu welchem Punkt das Skript überhaupt bearbeitet wird, Objektinterna sind umzuleiten, da das mit den Debuggern mögliche Hinabtauchen in die DOM- oder die Framework-Details meist wenig hilfreich ist, und über die Netzwerkbeobachtung ist festzustellen, ob die Fehlfunktion durch das Clientskript erzeugt wird oder schlicht der Server nicht die gewünschte Antwort geliefert hat. Auch auf diese Aspekte können wir hier aber nicht weiter eingehen.

5 Problemzonen

Dieses Kapitel enthält einige Aspekte, auf die man bei der Anwendungsprogrammierung achten sollte, sowie einige Anregungen, die in eigenen Anwendungen realisiert werden können. Der Themenrahmen ist hier etwas weiter gesteckt: außer der Absicherung gegen Eindringen in Ihr Serversystem soll Ihre Webseite auch nicht dazu benutzt werden können, bedenkliche Parolen zu verbreiten, die Sie als Betreiber mit dem Gesetz in Konflikt bringen können, oder gar andere Nutzer anzugreifen. Anwendungsprogrammierung ist darüber hinaus eine sehr individuelle Angelegenheit, so dass ich hier mehr Ideen als feste Regeln liefern kann. Ob diese in Ihre Anwendung passen und Sie ihnen folgen, müssen Sie selbst entscheiden. Wichtig dabei:

> Das Befolgen von Regeln und Empfehlungen entbindet Sie nicht von weiteren Überlegungen bezüglich der Sicherheit Ihrer Anwendung.

Empfehlungen und Vorschläge wirken immer nur punktuell und können durch Unachtsamkeiten in anderen Anwendungsteilen auch wieder ausgehebelt werden. Denken Sie zwischendurch auch immer wieder einmal wie ein Angreifer und fragen Sie sich, ob (und wie) Sie eine Funktion zum Eindringen in das System nutzen können.

5.1 Nutzerauthentifizierung

5.1.1 Administratoren

BASIC-METHODE

Wenn nur eine gut definierte stabile Gruppe weniger Nutzer auf eine Seite zugreifen soll, kann man für die Authentifizierung auch auf HTTP-Mechanismen zurückgreifen und sich ein aufwändiges Kontrollsystem in der Anwendungsprogrammierung sparen. Dazu ist das Modul **auth_basic** oder **auth_digest** des Apache-Servers zu aktivieren und in der **directory**-Konfiguration oder einer **.htaccess**-Datei im zu schützenden Verzeichnis die Authentifizierungsabfrage der Nutzer zu konfigurieren. Wir beginnen mit dem meist verwendeten Basic-Modus, der korrekt eingesetzt auch hinreichend ist:

```
AuthType Basic
AuthName "Restricted Files"
# (Following line optional)
AuthBasicProvider file
AuthUserFile /usr/local/apache/passwd/passwords
Require user rbowen,ich
```

In diesem Beispiel werden die Kontrolldaten in der Kennwortdatei **passwords** in der Form

```
ich:7aDKz.hGFny52
...
```

erwartet, d.h. pro Zeile der Username im Klartext und das Kennwort einwegverschlüsselt, auf Linux-Systemen in der Form (in PHP-Code)

```
$pwd=crypt($pwd,base_64_encode($pwd));
```

Die Kennwortdatei sollte mit einem Standort angegeben werden, auf den über die URL oder Skripte nicht zugegriffen werden kann. Fehlt ein Eintrag, sucht das System nach **.htpasswd** im gleichen Verzeichnis. Beachten Sie: die Kennwortdatei hat nichts mit der Datei **/etc/passwd** zu tun, die für das Systemlogin verwendet wird! Sie ist nur für die Authentifizierung im Serversystem zuständig.

> Der Apache-Server liefert dazu das Hilfsprogramm **htpasswd**, mit dem die Einträge erzeugt und verwaltet werden können.

Die Authentifizierungskonfiguration führt zu den den meisten Lesern wohl bekannten grauen Eingabefenstern für die Eingabe von Name und Kennwort, bevor Zugriff auf den weiteren Inhalt gewährt wird. Dies erfolgt aufgrund einer 401-Antwort des Servers auf einen versuchten Seitenabruf automatisch durch den Browser. Die Anwenderkennung und das Kennwort werden nach Eingabe base64-kodiert in einer HTTP-Headerzeile übertragen

```
Authorization: Basic YWRtaW46MTVzMldqWndppQW9JT0M=
```

und der Server gewährt den Zugang, wenn die Daten erfolgreich kontrolliert worden sind. In dieser Variante wird das Kennwort im Klartext übertragen und verschlüsselt auf dem Server gespeichert.

> Der Authorisierungscode wird bei jedem Serveraufruf mitgesendet und kann auch von einem Lauscher genutzt werden, sich Zugriff auf den Server zu verschaffen.

Die Serverauthentifizierung leistet aber noch mehr: mit **require user** in der o.g. Konfiguration kann der Zugang zu dem Verzeichnisbereich in einer Art „Feintuning" auf bestimmte Anwender beschränkt werden. Darüber hinaus kann auch der Zugang auf bestimmten Client-IP-Adressen sowie der Zugriff auf Dateien auf ihre Eigentümer beschränkt werden. Anstelle der Datei **.htpassword** kann auch eine SQL-Datenbank oder ein LDAP-Server für die Anwenderverwaltung genutzt werden, was die Angelegenheit deutlich flexibler macht.

DIGEST-METHODE

Der Nachteil dieser Methode ist der konstante Authentifizierungscode in den HTTP-Headern. Außer dieser einfachen Methode wurde daher noch eine komplexere entworfen, bei der das nicht der Fall ist. Der Server sendet in einer Headerzeile eine Zufallzahl, die zur Verschlüsselung des Kennwortes auf dem Übertragungsweg dient:

```
WWW-Authenticate: Digest realm="testrealm@host.com",
                  qop="auth,auth-int",
```

```
nonce="dcd98b7102dd2f0e8b11d0f600bfb0c093",
opaque="5ccc069c403ebaf9f0171e9517f40e41"
```

In die Antwort wird eine laufende Nummer vom Client eingearbeitet, die bei jedem Datagramm erhöht wird:

```
Authorization: Digest username="Mufasa",
               realm="testrealm@host.com",
nonce="dcd98b7102dd2f0e8b11d0f600bfb0c093",
               uri="/dir/index.html",
               qop=auth,
               nc=00000001,
               cnonce="0a4f113b",
response="6629fae49393a05397450978507c4ef1",
               opaque="5ccc069c403ebaf9f0171e9517f40e41"
```

Der variable Teil wird durch eine Reihe von Hashoperationen generiert:

```
HA1 = MD5( "Mufasa:testrealm@host.com:Circle Of Life" )
    = 939e7578ed9e3c518a452acee763bce9

HA2 = MD5( "GET:/dir/index.html" )
    = 39aff3a2bab6126f332b942af96d3366

Response = MD5( "939e7578ed9e3c518a452acee763bce9:\
                dcd98b7102dd2f0e8b11d0f600bfb0c093:\
                00000001:0a4f113b:auth:\
                39aff3a2bab6126f332b942af96d3366" )
         = 6629fae49393a05397450978507c4ef1
```

Auch hier muss bei jedem Datagramm der Authentifizierungscode mitgesendet werden, der aufgrund der Zufallzahl des Servers, die bei Generierung der 401-Antwort erzeugt wird, und der fortlaufenden Zählung bei jedem Aufruf, in jedem Datagramm anders ist und ein Replay unmöglich macht. Im Gegenzug ermöglicht ein Auslesen der Kennwortdatei auf dem Server einem Angreifer allerdings einen unbeschränkten Zugang zu allen Bereichen, während bei der Basic-Methode eine ausgelesene Password-Datei erst noch entschlüsselt werden müsste.

EINSATZBEREICH

In den einfachsten Varianten eignet sich diese Methode nur für die Authentifizierung eines kleineren und stabilen Nutzerkreises mit einheitlichen Rechten, da die Konfiguration immer von einem Administrator durchgeführt werden muss. Sie entlastet aber die Anwendung von einigen aufwändigen Kontrollen. Wer bis in ein Anwendermenü gelangt, hat auch das Recht dazu. Durch die Nutzung von SQL-Datenbanken oder LDAP-Diensten lässt sich der Nutzerkreis zwar wesentlich erweitern und die Verwaltung deutlich vereinfachen, aber da alles durch den Server abgewickelt wird, hat die Anwendung nur eine indirekte Kontrolle darüber, wer da etwas macht. Zudem wird die Kommunikation mit dem Anwender über die eingebauten Browserfunktionen abgewickelt, d.h. weitere Gestaltungs- oder Eingabemöglichkeiten bestehen nicht. Aufgrund dieser Einschränkungen liegt der Einsatzbereich dieser Authentifizierungsmethode vorzugsweise im Administratorenbereich.

Ein Anwendungsskript kann durch Abfrage der HTTP-Header feststellen, wer einen GET oder POST initiiert. Im Basic-Mode ist das aufgrund der konstanten Authentifizierungsinformation sogar besonders einfach. Wird in der Serveranwendung eine SQL-Datenbank für die Kennwortverwaltung verwendet, ließe sich in der Praxis schon eine sehr weitreichende Kontrolle der Nutzeraktionen realisieren, wobei man die verschiedenen Zugriffseinschränkungen durch den Server selbst als zusätzliches Sicherheitskriterium betrachten kann. Die Abwicklungsfunktionalität entspricht jedoch in den meisten Fällen nicht dem, was man sich als „Nutzerfreundlichkeit" einer Webseite vorstellt, weshalb die Authentifizierungsmethode sehr eingeschränkt zum Einsatz kommt.

Wenn man den Nutzungsrahmen der Authentifizierungsmethode berücksichtigt, kommt man zu folgender Einsatzregel:[59]

Der HTTP-Authentication Mode ist ausschließlich mit SSL-verschlüsselten Verbindungen zulässig. Bei einer SSL-Verschlüsselung genügt der Basic-Mode.

Die SSL-Verschlüsselung muss über die Host-Konfiguration erzwungen werden. Das gesicherte Verzeichnis darf über eine unverschlüsselte HTTP-Verbindung nicht zugänglich sein, da sonst auch über diese Verbindung die Authentifizierung erfolgen kann.[60]

Das Kennwort muss eine hohe Sicherheit besitzen (ca. 80 Bit rechnerisch).

Die Kennwortabfrage ist durch keinerlei weitere Mechanismen begrenzt, d.h. ein Angreifer kann eine Brute-Force-Angriff in der Geschwindigkeit des Netzwerkes durchführen. Die rechnerische Sicherheit eines Kennwortes ergibt sich bei zufälliger Auswahl der Zeichen aus dem Vorrat ('0'-'9','A'-'Z','a'-'z') = 62 Zeichen und 10 Zeichen Länge zu 62^{10} = $8,4*10^{17}$ verschiedenen Kennworten. Zum Vergleich: DES besitzt $7,2*10^{16}$ Schlüssel, AES $4,3*10^{38}$, die empfohlenen 80 Bit $1,2*10^{24}$. Die Sicherheit lässt sich durch mehr Zeichen oder durch Hinzunahme von Sonderzeichen erhöhen.

5.1.2 Blogs und Foren

In diesem Kapitel geht es weniger um die Sicherheit der Serverplattform als um den Schutz des Serverbetreibers vor bösen Überraschungen, die weniger etwas mit der Technik als vielmehr der rechtlichen Seite zu tun haben.

Blogs und Foren dienen der Verbreitung von Informationen und der Diskussion. Möglichst viele Nutzer sind vom Betreiber in der Regel erwünscht. Selbst Nachrichtenmedien unterhal-

---

59 Die Digest-Methode, die sinngemäß auch im weit verbreiteten RADIUS-Server für die Netzwerkauthentifizierung zu finden ist, wird relativ selten eingesetzt, obwohl sie inzwischen von allen Browsern unterstützt wird. Wenn man auf Verschlüsselung verzichten kann oder muss, ist ihr allerdings der Vorzug zu geben.

60 Beachten Sie: dem Verzeichnisschutz ist es egal, ob HTTP oder HTTPS auf das Verzeichnis zugreifen. Wenn beide es können, erfolgt zuerst die 401-Meldung. Durch ein **redirect** aus der Anwendung heraus können Sie SSL erst erzwingen, wenn das Kind bereits in den Brunnen gefallen ist und ein unverschlüsselter HTTP-Header mit den Authentifizierungsdaten versandt wurde.

ten für ihre online-Berichte inzwischen Kommentarfunktionen, die die Meinung des Publikums widerspiegeln und den Betreibern Hinweise für ihre weitere Arbeit liefert.

Allerdings tut man in der Regel gut daran, die lesbaren Beiträge oder den Zugang zu kontrollieren, wenn man verhindern will, dass die Seite mit Werbung zugemüllt wird oder plötzlich der Staatsanwalt auftaucht, weil jemand lautstark „Heil Hitler!" in einem Kommentar gebrüllt hat.

Werbespam wird häufig mit Captcha-Filtern unterdrückt, d.h. Bildern, die einen mit normalen Softwaretechniken nicht oder nur sehr schlecht identifizierbaren Text enthalten, der zusätzlich zum eigentlichen Kommentar vom Nutzer einzugeben ist.[61] Maschinelle Zugriffe, die innerhalb kurzer Zeit tausende von Kommentaren des Typs „nur unser Bier schmeckt wirklich lecker" hinterlassen und die Seite außer Funktion setzen, werden so verhindert. Darüber hinaus gilt dennoch:

> Ohne Kontrolle der Nutzer ist jeder Eintrag individuell zu moderieren.

Neue Beiträge werden erst dann für die Allgemeinheit sichtbar geschaltet, wenn ein Redakteur sie kontrolliert hat. Erfolgt die Moderation zeitnah, so dass juristisch bedenkliche Auswüchse auch schnell wieder verschwinden, ist auch eine sofortige Sichtbarkeit mit nachträglicher Kontrolle tolerierbar. Die Moderation kann jedoch extrem aufwändig werden, wenn die Seite gut besucht ist. Ein solches Modell - nur Kontrolle des Textes, aber nicht des Nutzers - ist daher oft nur für eine Testphase geeignet. Der freie Zugang ermutigt zwar den einen oder anderen Nutzer, der sich sonst nicht beteiligen würde, zu einem Beitrag, aber der Webseitenbetreiber muss sich natürlich fragen, ob das den Aufwand rechtfertigt.

> Eine Lockerung der Moderation bei wiederholter Nutzung ist durch automatische Registrierung möglich.

In dieser erweiterten Stufe muss der Nutzer außer seinem Beitrag auch seinen Namen (oder einen Alias-Namen) und eine Emailadresse hinterlassen, die in einer separaten Datenbanktabelle registriert werden. Die zulässigen Emailadressen können dabei eingeschränkt werden, d.h. reine Fantasie-Adressen oder Trashmail-Adressen werden ausgesondert. Beiträge neuer Nutzer werden moderiert, jedoch kann die Moderation unterbleiben, wenn der Betreiber Vertrauen zum Nutzer gewonnen hat, nur seriöse Beiträge abzuliefern. Die Moderation unterbleibt beispielsweise nach 1-3 korrekten Beiträgen, d.h. die nächsten werden sofort freigeschaltet und der Aufwand für den Moderator sinkt.[62]

---

61 Auch hier ist ein Wettbewerb zu Gange. Die Erkennungssoftware ist inzwischen so weit ausgereift, dass die Captchas selbst für Menschen nur noch schwer lesbar sind. Vielfach sind bei 5 Versuchen 1-2 Wiederholungen notwendig, da die Zeichenfolge auch vom Nutzer nicht mehr richtig identifiziert werden konnte.

62 Eine nachträgliche Kontrolle sollte natürlich trotzdem erfolgen. Man kann eine generelle Kontrolle dadurch einschränken, dass andere Nutzer einen Beitrag als Verstoß gegen die Regeln markieren können, und der Moderator zunächst solche gemeldeten Beiträge kontrolliert und sich sonst auf Stichproben beschränkt, wenn der Aufwand zu groß wird.

Die Datenbanktabelle könnte hier für folgendermaßen aufgebaut werden:

```
CREATE TABLE IF NOT EXISTS `user` (
  `nickname` varchar(30) NOT NULL,
  `email` varchar(50) NOT NULL,
  `goodcount` int(11) NOT NULL,
  `badcount` int(11) NOT NULL,
  `goodnotify` int(11) NOT NULL,
  `badnotify` int(11) NOT NULL,
) ENGINE=InnoDB DEFAULT CHARSET=utf8;
```

Die Moderation unterbleibt, wenn mit frei gewählte Konstanten

$$goodcount \geq K_1 * badcount + K_2$$

erfüllt ist, der Nutzer wird automatisch gesperrt, wenn **badcount** einen vorgegebenen Grenzwert überschreitet.

Problematisch kann hierbei werden:

a)   Der Störenfried meldet sich laufend mit neuen Kennungen an und verursacht hierdurch einen hohen Administrationsaufwand. Gegen einen solchen DoS-Angriff lässt sich ohne Änderung des Betriebsmodells wenig unternehmen.

b)   Mit gestohlener Identität „guter" Nutzer werden böswillige Inhalte erzeugt und unmoderiert eingestellt. Dem wird in der Praxis dadurch begegnet, dass nur der **nickname** öffentlich ist, nicht aber die Emailadresse. Beteiligt sich der Nutzer jedoch in vielen anderen Foren mit der gleichen Kennung, besteht durchaus die Möglichkeit für einen Hacker, die Information heraus zu bekommen und derartige Angriffe durchzuführen.[63] Auch hier ist eine Abhilfe ohne Wechsel des Betriebsmodells nicht möglich.

c)   Die letzten beiden Felder erlauben auch eine Kontrolle der in der Fußnote auf S. 95 angegebenen Meldungen von Verstößen durch andere Nutzer. Auch diese Daten können zur Bewertung der Nutzerqualität herangezogen werden, etwa das Vertrauen stärken, wenn Verstöße korrekt gemeldet werden, oder zum Ausschluss führen, wenn der Nutzer die Meldemöglichkeit missbraucht.

Diese Form der lockeren Registrierung - der Nutzer muss sich jeweils mit Name und Email-Adresse identifizieren - ist eine der verbreitetsten Methoden und wird oft mit permanenten Cookies verknüpft, so dass der Nutzer wiedererkannt wird, wenn er das gleiche Clientsystem nutzt. Allerdings:

> Die Registrierung von Nutzern liefert nur begrenzte Sicherheit.

Eine bessere Kontrolle über die Nutzer einer Seite erhält man, wenn sich diese registrieren und später zum Hinterlassen einer Nachricht mit Name und Kennwort anmelden müssen (auch dies oft mit einem langfristigen Cookie verbunden, um die Anmeldung zu vereinfa-

---

63   Hack einer anderen Webseite, Beteiligung des Nutzers auf einer Webseite des Hackers, Handel mit Registrierungen.

chen). Gelegenheitsbesucher werden durch die Anmeldeprozedur, die ihnen erst mit Verzögerung das Hinterlassen einer Nachricht erlaubt, abgeschreckt.

Standardverfahren ist die Eintragung von Nutzerdaten und die Versendung eines Kennwortes zum Login an die angegebene Emailadresse. Dies stellt sicher, dass eine gültige Emailadresse angegeben wurde. Der Gewinn für den Seitenbetreiber ist allerdings meist begrenzt:

> Nur bei Emaildomains, die mit weiteren kostenpflichtigen Dienstleistungen wie Telefonanschlüssen gekoppelt sind, kann man davon ausgehen, dass die Identität des Nutzers korrekt ist. Bei den meisten Anbietern kostenloser Emailkonten muss man zwar persönliche Angaben bei der Einrichtung des Kontos machen, aber niemand kontrolliert hier etwas.[64] Auf Auslandskonten hat man in der Regel ohnehin keinerlei Zugriff.

> Trashmailanbieter erlauben die Einrichtung eines temporären Kontos, das gerade lange genug existiert, um die Loginmail zu empfangen und danach wieder gelöscht wird. Der Nutzer selbst bleibt völlig anonym.

Es empfiehlt sich, bei der Registrierung Trashmaildomains auszuschließen. Im Internet lassen sich freie Listen solcher Domains finden, die 100 oder mehr solche Anbieter enthalten. Allerdings dürfte das nur ein Tropfen auf den heißen Stein sein, und kostenpflichtige Blacklisten dürften für die meisten Bloganbieter finanziell uninteressant sein.

Eine Hilfsmöglichkeit wäre das Versenden von Kontrollemails in zufälligen Zeitabständen: das Nutzerkonto wird vorübergehend blockiert und erst durch den Link in der Kontrollemail wieder freigeschaltet. Nicht mehr bestehende Trashmailkonten erledigen sich so von selbst.[65]

> Kennwort-Emailkontrolle ist sinnvoll, aber hinsichtlich der echten Identität des Nutzers von begrenztem Nutzen.

Ein anderes Problem mit Registrierungen ist deren Menge: ein normaler Webnutzer hat schnell 20 oder mehr Konten bei irgendwelchen Anbietern. Um die Kontrolle zu behalten, werden nicht selten die gleichen Anmeldekennungen verwendet: gleicher Alias, gleiches Emailkonto, gleiches und oft einfaches Kennwort. Browser bieten zwar Kennwortverwaltungen an, helfen aber nicht über das Grundproblem hinweg. Gleiche Kenndaten werden von Anwendern auch deshalb verwendet, um sich auch von Fremdrechnern aus einloggen zu können, auf denen die Zugangsdaten nicht gespeichert sind.

Die Folge: ist ein Konto geknackt worden, ist die Wahrscheinlichkeit, die Nutzerindentität zu stehlen und in andere Konten einzudringen, recht hoch. Ist der Kontenknacker mit dem Betreiber einer Webseite identisch, kann er mit Hilfe automatisierter Programme das Netz abgrasen und nach gültigen Logins Ausschau halten. Der Aufwand dürfte sich für Blogs nicht lohnen, aber bei Einkaufskonten interessant sein.

---

64 Dies ist im Zusammenhang mit Haftungsfragen wichtig. Bei den meisten Emailkonten lässt sich die Verantwortung nicht auf eine dingfest zu machende Person abschieben.

65 Mir ist allerdings nicht bekannt, ob diese Methode irgendwo angewandt wird.

> Handverlesenes Publikum ist sicher, aber aufwändig.

Eine weitgehend Absicherung gegen unliebsame Überraschungen bietet die individuelle Zulassung von Nutzern durch den Administrator. Nutzeranfragen, die aus verschiedenen Gründen dubios sind (keine Klartextnamen, verdächtige Emaildomains, falsche Kontrollangaben, usw.), können durch Emailrückfragen geklärt werden. Ein solches Verfahren ist natürlich aufwändig und eignet sich vorzugsweise dann, wenn die Themen sehr speziell sind und/oder die Nutzergruppe schon weitgehend geschlossen ist und relativ wenig Neuzugänge aufweist.

> Die Aktivierung langfristiger Cookies für den einfacheren Zugang ist von den Nutzern zu bestätigen.

Cookies sind zwar für den Anwender bequem, aber auch eine Sicherheitslücke, wenn

- andere Nutzer den gleichen Rechner verwenden,
- ein anderer Rechner verwendet wurde und ein Cookie gespeichert hat.

Werden langfristig gültige Cookies angeboten, muss der Nutzer auf die Gefahren hingewiesen werden und per Auswahlfeld ausdrücklich bestätigen, dass er ein Cookie erhalten möchte.

Das sind nur einige Ideen zu diesem Thema. Wer eine Blog- oder Forenwebseite betreiben will, wird in den meisten Fällen auf vorhandene Pakete wie „wordpress" oder „simple machines forum" zurückgreifen, in denen solche Ideen umgesetzt sind und im Einsatz konfiguriert werden können. Wer selbst etwas programmiert, kann sich natürlich frei austoben, und im Laufe der Zeit wird sich immer wieder die Notwendigkeit der Anpassung ergeben, um das geeignete Verhältnis von Seitennutzung, Sicherheit und eigenem Arbeitseinsatz als Administrator zu finden.

5.1.3   Internetshops

Nun geht es wieder vorzugsweise um Systemsicherheit, da es um Geld geht. Der normale Geschäftsablauf eines Internetshops sieht meist vor, dass der Kunde nach der Auswahl der Produkte seine Versand- und Rechnungsdaten angeben und die Ware bezahlen muss, bevor sie versandt wird. Das hat zunächst nichts mit sicheren Webservern zu tun, sondern mit der kaufmännischen Sicherung des Geschäftes.

> Die ist ein sehr weites Thema. Shops mit Versand auf Rechnung machen dies auf eigene Gefahr, denn der Besteller ist anonym und kann in den Versand- und Rechnungsdaten angeben, was er will. Das Notieren der IP-Adresse nützt in der Regel gar nichts, da sie nicht zurück verfolgt werden kann, und selbst wenn das der Fall ist, ist damit juristisch immer noch nichts geklärt. Die Bezahlung per Kreditkarte oder Abbuchung ist mehr oder weniger eine Lachnummer, wenn man es genau betrachtet, und allein der Schaden beim Kreditkartenbetrug, den die Kreditkartengesellschaften nicht abwälzen können, sondern selbst begleichen müssen, macht 1/3 oder mehr ihres Gewinns aus. Selbst PayPal ist dank des unvorsichtigen Umgangs mancher Leute mit ihrem Kennwort oder gewissen anderen Nebenbedingungen längst nicht so sicher, wie behauptet, und der

Kundenschutz existiert bei geschickt eingefädeltem Betrug auch nur auf dem Papier. Für den Shop ist genau betrachtet die Vorkasse durch den Kunden oder die Direktüberweisung die problemlose und sicherste Lösung. Der Kunde muss dann allerdings auch darauf vertrauen, die Ware in einwandfreiem Zustand geliefert zu bekommen. Je höher der Betrag wird, desto vorsichtiger wird der Kunde bei den ersten Geschäften sein. Viele Shops bieten Kunden daher inzwischen eine unabhängige Versicherung zur Absicherung der Vorkasse an. Referenzen auf unabhängigen Bewertungsportalen können die Akzeptanz ebenfalls steigern.

Da die Eingabe der Daten recht aufwändig ist, bieten Shops ihren Kunden eine Registrierung an, um künftige Geschäfte zu vereinfachen. Die Kunden können dann Warenkörbe zwischenspeichern und erledigen einen Kauf mit wenigen Klicks, die Bezahlung oft eingeschlossen.

> Die Sitzungen mit registrierten Kunden sollten grundsätzlich verschlüsselt abgewickelt werden.

Oft wird die Verschlüsselung erst aktiviert, wenn es um den Abschluss des Geschäftes geht, was bei Laufkunden auch in Ordnung ist. Sitzungen mit registrierten Kunden sollten allerdings komplett verschlüsselt stattfinden. Der Serverbetreiber weiß nicht, von welchem Ort der Kunde sich eingeloggt hat. Es ist daher nicht auszuschließen, dass er in einer Umgebung arbeitet, in der Lauschangriffe möglich sind. Das (theoretische) Sicherheitsproblem besteht darin, dass in Sitzungen mit registrierten Kunden Nachrichten ausgetauscht werden könnten, die einem Lauscher ein Eindringen in das Konto erlauben. Es ist nur bedingt sinnvoll, nur die Nachrichten zu verschlüsseln, in denen der Serverbetreiber Möglichkeiten für ein Eindringen sieht, denn

> ➢ er hat möglicherweise etwas nicht erkannt, das ein Hacker gesehen oder bei einem anderen Server schon erfolgreich ausprobiert hat, oder

> ➢ eine Änderung der Shopsoftware schafft nachträglich eine Lücke, ohne dass diese durch Erweiterung der Verschlüsselungsbereiche verdeckt wird.[66]

Um einen Kunden wieder zu erkennen, werden Cookies eingesetzt, d.h. kleine Textbausteinen, die auf dem Clientsystem gespeichert und bei jedem Seitenaufruf, ggf. auch nach Schließen und erneutem Öffnen des Browsers an den Server übertragen werden.

> Es sollten sichere Cookies verwendet werden, die an IP-Adresse und Browser gebunden sind und mit Schließen des Browserfensters gelöscht werden oder spätestens aber nach einigen Stunden ihre Gültigkeit verlieren.

Bei einem erneuten Öffnen des Browsers ist der Anwender durch ein Cookie mit längerer Lebensdauer noch eingeloggt. Da der Serverbetreiber auch hier nicht weiß, unter welchen Bedingungen sein Kunde die Verbindung aufgebaut hat, kann er nicht sicher sein, tatsäch-

---

66 Beispielsweise könnte eine Änderung zur Steigerung der Nutzerfreundlichkeit dazu führen, dass vertrauliche Daten verwendet werden, die zuvor geschützt waren, aber nun unabsichtlich im ungeschützten Bereich übertragen werden.

lich noch seinen Kunden vor sich zu haben: das Cookie oder der Rechner könnten gestohlen sein oder schlicht jemand anderes an dem Computer arbeiten, der nun die Chance nutzt. Die Gefahr steigt mit der Lebensdauer des Cookies, die unter Abwägung des Verhältnisses „bequemen Anwenderzugangs/Datenschutz und Sicherheit" auf beispielsweise einen Tag beschränkt werden sollte.[67]

Auch innerhalb einer Sitzung ist ein Cookie nur begrenzt vertrauenswürdig. Vielleicht ist Anwender nur kurz zur Toilette gegangen und hat seinen Rechner unbeaufsichtigt gelassen, und ein Dritter nutzt dies aus. Auch wenn ein Anwender formal noch mit einem gültigen Cookie angemeldet ist und daher die meisten Seitenfunktionen nutzen kann, sollten

> der Geschäftsabschluss oder die Änderung wichtiger Daten nur durch (nochmalige) Eingabe des Kennwortes möglich sein sollte.

Das „Cookie", das wir im nächsten Kapitel etwas genauer untersuchen werden, existiert nur auf dem Clientsystem, auf dem alles manipuliert werden kann. Zwar lassen sich Cookies gegen Manipulation sichern, eine Gegenkontrolle durch den Server, der sich merken muss, welche Cookies er ausgestellt hat und wann sie letztmalig für welchen Zweck sie verwendet wurden, ist aber in den meisten Fällen erforderlich. Weitere Einzelheiten diskutieren wir im folgenden Kapitel.

5.2   Sitzungsmanagement

5.2.1   Allgemeines zum Sitzungsmanagement

Bei einfachen Webanwendungen kommt es lediglich darauf an, einen Aufruf einem bestimmten Client zuordnen zu können. Die dazu notwendigen Informationen können auf mehrere Arten verwaltet werden:

1. Die Sitzungsinformationen werden in Cookies gespeichert, kleinen Datenblöcke, die im HTTP-Header von Clientaufrufen und Serverantworten übertragen werden, einer URL fest zugeordnet sind und beliebige Informationen tragen können.

    Cookies hängen in der Regel nicht von der Aktivierung eines neuen Aufrufs aus einer Serie parallel geöffneter Fenster ab.

2. Die Sitzungsinformationen werden in der URL gespeichert. Sie werden als Ergänzungen der Links für die Folgeseiten in einer generierten Seite erzeugt und besitzen daher meist individuelle Informationen, die vom Fenster abhängen, von dem die neue Anfrage erzeugt wird.

    Durch das Anhängen an Links können je nach Folgeaufruf verschiedene Informationen an den Server übertragen werden.

---

67 Die Bindung des Cookies an die IP-Adresse und den Browser schützt zumindest vor einem Diebstahl des Cookies und Fortsetzen einer Sitzung auf einer anderen Maschine.

3. Die Sitzungsinformationen werden in verdeckten HTML-INPUT-Feldern gespeichert. Wie 2. hängen diese Informationen von der Elternseite ab und werden nur im Rahmen eines HTTP-POST-Aufrufs übertragen.

    Auch hier können je nach Formular unterschiedliche Informationen, diesmal aber zusammen mit dynamischen, d.h. vom Anwender erzeugten Informationen übertragen werden.

COOKIES

Cookies werden im HTTP-Header von Client und Server durch

```
"Set-Cookie:" Bezeichner "=" Wert" (;" Bezeichner "=" Wert)
"Cookie:" Bezeichner "=" Wert` (;" Bezeichner "=" Wert)
```

gesetzt und nehmen eine Textzeile ein, d.h. die enthaltenen Daten dürfen keinen Zeilenvorschub enthalten.[68] Standardinhalte sind

```
expires=Tue, 29-Mar-2005 19:30:42 GMT;
Max-Age=2592000;
discard;
domain=example.com;
Path=/my;
name=CookieName;
Version="1"
```

Darüber hinaus können weitere Daten im Cookie enthalten sein, deren Bedeutung nur der Ersteller kennt. Die Browser erlauben einen Zugriff auf die gespeicherten Cookies, so dass man sich leicht einen Eindruck davon verschaffen kann.

Cookies unterscheiden sich durch unterschiedliche **name**-, **domain**- oder **path**-Einträge. Vom den Browsern werden sie in Textdatenbanken gespeichert, wobei vorhandene Zeilen überschrieben werden, wenn die drei Schlüsseleinträge übereinstimmen. Es besteht so die Möglichkeit, mehrere Cookies pro Sitzung zu definieren, um unterschiedliche Informationen zu verwalten.[69]

Über das korrekte Setzen von obligatorischen und optionalen Inhalten muss man sich als Programmierer in der Regel keine Gedanken machen, da dies von den Systemen übernommen wird. Wichtig sind aber Vorgaben für die Gültigkeitsdauer eines Cookies. Über langlebige Cookies kann man auch nach Tagen oder Wochen einen Client wieder identifizieren und eine Kommunikation fortsetzen. Wenn es erwünscht ist, das Cookie unmittelbar nach Verlassen des Browsers zu Löschen, ist **discard** anzugeben.

---

68 Ggf. ist eine Konvertierung von Daten mittels base64 vorzunehmen.

69 Siehe beispielsweise die Regeln für Webshops im letzten Kapitel: Warenkorb, Kundendaten, Bestellvorgänge usw. lassen sich durch verschiedene Namensgebung unterschiedlichen Cookies zuordnen.

> Gültigkeitsdauern von Cookies sind „freiwillig", d.h. die Clientsysteme müssen sich nicht daran halten.

Der Anwender kann die vom Server gesetzten Regeln in seinem Browser überschreiben. In der Regel lassen Browser aber nur die Verringerung der Lebensdauer zu.

Domain und **Path** erlauben eine grobe Steuerung, welche Cookies übertragen werden. Eine URL besitzt die allgemeine Form

```
http://my.example.com/my/path/page.php
```

Ein Cookie wird dann vom Client an den Browser übertragen, wenn seine **domain**- und **path**-Bezeichnung ein Teilstring der Aufruf-URL ist. Gibt es mehrere Cookies, die zu einer URL passen, werden alle übertragen, z.B. das oben angegebene Cookie an die Aufruf-URLs **example.com** und **my.example.com**. Der Serverprogrammierer kann somit grundsätzlich verschiedenen Seiten auf der eigenen Domain unterschiedliche Cookies zuordnen, muss dazu jedoch unterschiedliche Subdomains und Pfade verwenden; in der Regel wird nur ein Cookie pro Domain verwendet, da eine individuelle Steuerung schnell unübersichtlich wird.

> Cookies können nur für den aktuellen Server gesetzt werden, es können keine Fremdcookies ausgelesen werden.

Die Cookiedaten unterschiedlicher Server sind auch auf den Clientsystemen gegeneinander verriegelt, d.h. es ist nicht möglich, per JavaScript Cookies eines anderen Servers, die auf dem Client gespeichert sind, auszulesen. Cookieinhalte sind allerdings für den Anwender lesbar, und Hacker können sich dies zunutze machen, langfristig gültige Cookies von einem Client zu stehlen und zu missbrauchen.

Anmerkungen. Arbeitet ein Serverbetreiber mit mehreren Domainen, so kann er Sitzungsinformationen von einer Domain zu einer anderen über URL-Ladebefehle übertragen:

```
<img src="http://other.domain/scan-x433.png~session-data">
```

Die Sitzungsinformationen müssen hier von einem Server in den Aufrufinformationen für die Bilddatei verpackt werden.

Ähnlich arbeiten die Tracking-Systeme, die Nutzungbewegungen im Netz verfolgen. Alle beteiligten Seiten beinhalten solche Ladebefehle für Informationen von Trackingseiten, die nun ihrerseits im Rahmen des Ladebefehls eigene Cookies einschleusen können. Dies ist der Grund dafür, dass Sie auf Ihrem Browser auch Cookies von Seiten finden, die Sie bewusst nie besucht haben.

Im **secure**-Flag des Cookies kann festgelegt werden, dass das Cookie nur über HTTPS versandt wird, nicht aber über eine HTTP-Verbindung. In der Regel wird man die Cookie-Inhalte im Griff haben, aber sicherheitshalber ist bei dem ohnehin kritischen Mischmodell zu fordern:

> Bei gemischter Verwendung von HTTP und HTTPS sollten HTTPS-Cookies mit dem **secure**-Flag geschützt werden.

Die Größe eines Cookies ist auf ca. 4 kB beschränkt, und außer den Pflichteinträgen kann der Programmierer beliebige weitere Inhalte unterbringen. Um den Cookieinhalt zu schützen und eine einfache Bearbeitung durch das PHP-Skript zu gewährleisten, kann eine Verschlüsselung durchgeführt werden:

```
$data = array( "ip"      => "192.168.1.1",
               "browser" => "Chrome",
               "kunde"   => "Manfred Mustermann",
               . . . );
$js = json_encode($data);
$msg= json_encode(array('obj' => $js,
                  'md'  => md5($js)));
$mydata=$this->encrypt->encode($msg);

$cookie = array(
    'name'   => 'The Cookie Name',
    'value'  => 'The Value',
    'expire' => '86500',
    'domain' => '.some-domain.com',
    'path'   => '/',
    'prefix' => 'myprefix_',
    'secure' => TRUE.
    'mydata' => $mydata
);

$this->input->set_cookie($cookie);
```

Die Daten sind JSON-kodiert, d.h. sie lassen sich von einem String in ein Objekt überführen und umgekehrt, werden durch einen Hashwert gegen Verfälschung gesichert (die Sicherung muss meist auch Teile der Standardparameter umfassen, die Sie im Code passend ergänzen müssen) und anschließend verschlüsselt. Bei Erhalt eines solchen Cookies kann das

PHP-Skript nach Entschlüsselung und Kontrolle des Hashwertes prüfen, ob noch alles im grünen Bereich liegt.

URL-DATEN

Wie im letzten Beispiel schon angedeutet, kann eine URL mit Sitzungsdaten fortgesetzt werden:

```
http://ex.com/index.php?name=rudi;ort=hier
```

Wie die Daten nach dem **?** aussehen, ist dem Serverprogrammierer überlassen. Das System kann **name=wert** intern trennen und gezielt in der Anwendung zur Verfügung stellen, ist aber auch nicht böse, wenn völlig unleserliche Daten übertragen werden.

> URL-Daten sind seitenspezifisch, Cookies sitzungsspezifisch.

URL-Daten werden bei der Erzeugung einer Seite in die URLs für den folgenden Aufruf integriert. Man kann daher jeden Link auf einer Seite mit individuellen URL-Daten versehen und je nach Aktion des Anwenders unterschiedliche Reaktionen des Servers auslösen. Wir werden diese Möglichkeit für ein erweitertes Sitzungsmodell ausnutzen.

URL-Daten sind allerdings wesentlich leichter manipulierbar als Cookie-Daten. Jeder Nutzer kann die Daten in der URL-Zeile des Browsers verändern. Außerdem ist zu beachten:

> Da URL-Daten nur bei der Erzeugung einer Seite gesetzt werden können, werden u.U. veraltete Daten übertragen, wenn der Anwender in der Seitenhistorie blättert und aus einer alten Seite einen erneuten Aufruf startet.

Cookie-Daten sind dagegen in der Regel aktuell.

Die Übertragung von Sitzungsdaten in URLs hat weitere Folgen, die hinsichtlich der Sicherheit unbedingt zu beachten sind:

→ Die URLs sind auf dem Clientsystem meistens sichtbar! Ein Hacker hat beispielsweise die Möglichkeit, unbemerkt den Bildschirm eines Anwenders zu fotografieren und so auch komplizierte URLs in Echtzeit zu missbrauchen.

→ URLs können leicht aus den Quelltexten der Seiten herauskopiert und in veränderter Form in einem neuen Browserfenster aufgerufen werden. Diese Manipulation verlangt nahezu keinerlei Spezialkenntnisse.

→ Die URL-Informationen sind verloren, sobald der Anwender die Seite auf dem Browser schließt, während Cookies mit einer langen, von einer einzelnen Sitzung unabhängigen Lebensdauer ausgestattet werden können.

Anmerkung 1. Bei der Übertragung sind die URLs bei eingeschaltetem SSL geschützt, so dass die Daten nicht durch Lauschen kompromittiert werden können. Eine Ausnahme stellt möglicherweise die Einrichtung einer SSL-Verbindung dar, wenn aufgrund mehrere virtueller Hosts die TLS-Erweiterung zur Vorabübertragung der URL, die für die Auswahl des Serverzertifikats notwendig ist, aktiviert wurde.

Anmerkung 2. Die Ausführungen sind nun nicht so zu verstehen, dass Cookies gegenüber URL-Daten bevorzugt werden sollten. Es kommt vielmehr auf den Einsatzzweck an. Suchvorgänge auf Suchmaschinen wie google sind beispielsweise seitenaktuelle Vorgänge. Wenn ein Feld angeklickt wird, will der Nutzer etwas auswählen, weiterblättern oder zurückblättern. Unter Umständen benutzt er dazu sogar die Blätterfunktion des Browsers anstelle der Links auf der Webseite. Die korrekte Ausführung des Anwenderwunsches lässt sich unter diesen Randbedingungen nur durch URL-Parameter realisieren.

Die Datenmenge, die maximal in einer URL untergebracht werden kann, liegt in der Größenordnung von ca. 2 kB. Die Daten können wie bei den Cookies empfohlen verschlüsselt werden, um ein Ausspähen oder eine Manipulation zu verhindern.

VERDECKTE EINGABEFELDER

HTML-Formulare bieten die Möglichkeit, verdeckte Eingabefelder anzulegen:

```
<input type="hidden" name="geheim" value="Nachricht" />
```

Der Nachrichteninhalt kann auf dem Client mittels JavaScript verändert werden, so dass dynamische Inhalte möglich sind. Die Felder sind über den Seitenquelltext leicht auslesbar und können von halbwegs geschickten Anwendern auch manipuliert werden (öffnen im Texteditor, Veränderung der betreffenden Einträge, Wiederöffnen im Browser und Absenden des Formulars).

Daten in versteckten Feldern gelangen nur mit dem Senden des Formulars, in dem das verdeckte Feld angelegt ist, zum Server. Sind in einem Dokument mehrere Formulare vorhanden, können unterschiedliche Informationen hinterlegt werden. Wird allerdings nicht der Sendebutton, sondern ein Link angeklickt, sind diese Informationen verloren.[70] Halten wir als dritte Kategorie daher fest:

> Hidden Fields sind formularspezifisch, URL-Felder seitenspezfisch, Cookies sitzungsspezifisch.

Verdeckte Eingabefelder werden trotz der Manipulationsgefahr in vielen Sicherheitsanwendungen benötigt, um interne Verwaltungsdaten von den dem Anwender sichtbaren Daten zu trennen. Der Serverprogrammierer muss sich allerdings der Manipulationsmöglichkeiten bewusst sein.

Die Datenmenge unterliegt kaum irgendwelchen Beschränkungen. Auch hier kann natürlich ein Auslesen oder eine Manipulation durch eine Verschlüsselung verhindert werden.

---

70 Es sei denn, hinter dem Link liegt eine JavaScript-Funktion, die den Link in einen POST umwertet.

5.2.2   Einfaches Sitzungsmanagement

Bei einem einfachen Sitzungsmanagement genügt eine einzelne Kennung, um die laufenden Sitzungsdaten zu identifizieren. Zwischen verschiedenen Fenstern der Sitzung muss nicht unterschieden werden. Die Kennung wird zu Beginn einer Sitzung zugewiesen und kann in einem Cookie oder in der URL aller Seiten untergebracht werden. PHP stellt ein einfaches Sitzungsmanagement auf dieser Basis zur Verfügung.

Da MVC-Frameworks die URL für weitere Steuerungszwecke einsetzen, wird in der Regel ein Cookie verwendet. Außerdem überlassen MVC-Frameworks die Aufgabe nicht dem PHP-System, sondern implementieren ein eigenes Sitzungsmanagement, um gezielter mit den Sitzungsdaten umgehen zu können. Dabei gilt in der Regel

> Pro Anwendersitzung wird ein Cookie erzeugt, das eine Sitzungsnummer beinhaltet. Die Sitzungsdaten werden auf dem Server mit Hilfe einer Datenbank verwaltet.

> Das Arbeiten mit mehreren Cookies ist möglich, jedoch müssen diese vom Anwendungsprogrammierer selbst bedient werden (siehe Beispiel am Ende des Abschnitts über Cookies). Lediglich das Session-Cookie wird vom Framework automatisch ausgewertet.

Die Verwaltung auf dem Server erfolgt zweckmäßigerweise mit einer SQL-Datenbank, die eine einfache Kontrolle und die Speicherung auch größerer Mengen von Sitzungsdaten erlaubt. Die Tabelle der Serverdatenbank im CodeIgniter, die die Sitzungen verwalten, besitzt die Struktur

```
CREATE TABLE IF NOT EXISTS `ci_sessions` (
    `session_id` varchar(40) NOT NULL,
    `ip_address` varchar(16) NOT NULL,
    `user_agent` varchar(50) NOT NULL,
    `last_activity` int(10) unsigned NOT NULL,
    `user_data` text NOT NULL,
    PRIMARY KEY (`session_id`)
) ENGINE=InnoDB DEFAULT CHARSET=utf8;
```

Wenn ein Aufruf mit einer gültigen (= in der Datenbank vorhandenen) Sitzungskennung erfolgt, ist die Serversoftware in der Lage,

- ✗ veraltete Kennungen zu identifizieren oder

- ✗ einen IP- oder einen Browser-Wechsel festzustellen.

Beides könnte auf einen Diebstahl des Cookies hinweisen, und die Sitzung wird bei entsprechender Konfiguration des Sitzungsmanagements abgelehnt. Im letzten Feld werden die laufenden Sitzungsdaten gespeichert.

> Anmerkung. Eine IP-Kontrolle hat zur Folge, dass neu zugewiesene IP-Adressen, wie sie beim DHCP-Refresh auftreten können, oder mobile Computer wie Notebooks, die in einem anderen LAN eingesetzt werden, nicht erkannt werden und die Nutzer sich neu anmelden müssen. Aus Sicherheitsgründen kann diese Einschränkung durchaus sinnvoll sein. Ähnliches gilt für die Kontrolle des verwendeten Browsers oder weitere spezifische Daten, die ein Rechner in den HTTP-Headern übertragen kann.

Im Datenbankmodus ist nur die Sitzungs-ID im Cookie notwendig. Oft werden die Kontrolldaten aber ebenfalls verpackt und gesichert, um Missbrauch noch weiter einzuschränken. CodeIgniter bietet auch die Möglichkeit, ohne Datenbank zu arbeiten und das Cookie einschließlich der Nutzerdaten nach einem ähnlichen Mechanismus, wie wir ihn oben angegeben haben, zu verschlüsseln. Von dieser Option sollte aber nur Gebrauch gemacht werden, wenn die Sitzungstabelle der einzige Grund für eine Datenbank ist.[71]

5.2.3   Erweitertes Sicht-Management

In komplexeren Anwendungen kann der Anwendungsfall auftreten, dass durch einen Controller mehrere Fenster auf dem Clientsystem geöffnet werden können, zu denen jeweils eigene Sichtdaten, d.h. Sitzungsdaten, die sich speziell auf dieses Fenster beziehen, zu verwalten sind.

Als Beispiel denke man an eine Artikelliste, in der für jeden Artikel über einen Link eine Detailseite geöffnet werden kann, wofür ein Controller zuständig ist. Werden aus diesen Fenstern weitere Fenster geöffnet, muss natürlich klar sein, auf welches der Einzelfenster sich die neue Aktion bezieht. Will man nicht die gesamte Information jeweils mit übertragen (und damit dem Anwender zugänglich machen) oder Fälschungen vermeiden, können Lösungen ziemlich aufwändig und individuell werden.

Einfacher ist eine Kombination von globalem Sitzungsmanagement mittels Cookies und lokalem Sitzungsmanagement auf Fensterebene durch Sub-Session-Informationen in der URL (im weiteren View- oder Sichtinfomationen genannt). Die Aufruf-URL wird dazu erweitert:

```
domain/index.php/controller/methode  =>
    domain/index.php/view_id/controller/methode
```

Dazu sind einige Änderungen im MVC-Kernel notwendig, worauf die Frameworks aber in der Regel auch vorbereitet sind.

Das Sitzungsmanagement auf URL-Ebene weist allerdings einige Tücken auf:

> ➢ Die URLs mit den individuellen Sitzungsinformationen sind bereits bei der Erstellung der Elternseite zu generieren. Zu jedem dieser zunächst virtuellen Links,[72] der ohne dieses erweitere Management keine weitere Ressourcen verbrauchen würde, ist ein Datenbankeintrag auf dem Server zu erstellen, obwohl die Seiten noch gar nicht geöffnet sind (und die meisten vermutlich auch nicht geöffnet werden).

---

71   Die Erneuerung der Cookiedaten ist in den Frameworks oft zeitgesteuert. Wenn die laufenden Sitzungsdaten im Cookie und nicht in einer Datenbank gespeichert werden, ist die Erneuerungszeit auf das Minimum zu reduzieren, um die Sitzungsdaten synchron mit dem Arbeitsfortschritt zu halten.

72   Es muss nicht zwangsweise jeder Link eine eigenen Sichtkennung bekommen. Mehrere Links können auch mit einer Sichtkennung auskommen, wenn die Anwendungslogik dies ermöglicht. Vergleiche dazu auch die weiter unten beschriebenen Abhängigkeiten von Eltern und Kindern.

➤ Wenn ein Link auf der Elternseite angeklickt wird, ist der Datenbankeintrag der bislang nicht sichtbaren virtuellen Seite in einen Eintrag für eine physikalisch existierende zu kopieren (in der Regel werden viele spezifische Sichtdaten auch erst zu diesem Zeitpunkt generiert, was die Angelegenheit etwas entschärft; wieso eine Kopie der Datenbankzeile erstellt werden muss und nicht einfach ein Update möglich ist, erschließt sich aus der weiteren Diskussion).

➤ Wird die Elternseite geschlossen, sind die nicht sichtbaren Einträge nicht mehr aktivierbar und können aus der Datenbank gelöscht werden. Bereits sichtbare Kinder bleiben aber möglicherweise weiterhin sichtbar.

Das Problem, nicht mehr benötigte virtuelle Links zu entsorgen, lässt sich relativ einfach auf Datenbankebene lösen, indem die Sichtkennungen der Kinder mit der der Eltern über eine Fremdschlüsseldefinition (foreign key constraint) verkettet werden. Wird die Elternsicht aus der Tabelle gelöscht, werden rekursiv sämtliche abhängigen Kinder ebenfalls gelöscht, also sämtliche zu noch geschlossenen Fenstern gehörende Datenbankzeilen sowie ausgewählte zu offenen Seiten.

Zwischen geöffneten Eltern- und Kindfenstern lassen sich sehr viele Relationen definieren, wobei wir uns auf folgende Möglichkeiten beschränken:

a) **Unabhängige Kindfenster.** Kindfenster werden in einem eigenen Browserfenster, Browser-Tab oder Popup-Fenster geöffnet werden, während das Elternfenster ebenfalls geöffnet bleibt.

Die Lebensdauer der Kindfenster ist unabhängig von der Lebensdauer des Elternfensters. Der Anwender kann aus dem Elternfenster oder dem Kindfenster heraus weitere Fenster öffnen (darunter auch eine weitere Version des bereits geöffneten Kindfensters).

Die oben angesprochene Kopie eines virtuellen Fensters zum Erstellen eines physikalischen Fensters wird anhand dieser Beschreibung verständlich: würde das virtuelle Fenster nur in ein physikalisches umgewandelt, kommt es zu Problemen beim Öffnen einer zweiten Version des Kindfenster.

b) **Abhängige Kindfenster.** Verhalten wie in a), jedoch verlieren die geöffneten Kindfenster mit Schließen des Elternfensters ebenfalls ihre Gültigkeit und werden geschlossen (auch rekursiv bei weiteren abhängigen Kindern der Kinder).

c) **Überladende Kindfenster.** Das Kindfenster ersetzt das Elternfenster im Browser, das (formal) damit nicht mehr zur Verfügung steht. Bei Schließen des Kindfensters wird das Elternfenster aber wieder geöffnet.

Der Anwender kann allerdings über die Browsertasten zum Elternfenster zurück, allerdings müssen dessen Funktionen nun blockiert sein.

d) **Ersetzende Kindfensters.** Wie in c), jedoch wird das Elternfenster und alle von ihm abhängigen Kinder gelöscht. Ein Versuch, es über die Browserfunktionen zu reaktivieren, führt zu Fehlern.

Um das erwünschter Verhalten der Fenster so weit wie möglich zu realisieren (die Browser unterstützen nicht alle Öffnungs- und Schließversuche von Fenstern und die Anwenderbedienung der Vor/Zurück-Schaltflächen des Browsers lässt sich nicht vollständig unterdrücken), ist folgende programmiertechnische Umsetzung notwendig:

- Die Kinder in den Elternfenster werden nicht durch einfache HTML-Links geöffnet, sondern mit Hilfe von JavaScript-Ajax-Funktionen.

  Unzulässige Klicks öffnen statt des unzulässigen Links nur einfache Meldefenster, was die Bedienfreundlichkeit und Sicherheit erhöht.

- Das Schließen von Fenstern erfolgt ebenfalls mittels JavaScript-Funktionen oder ruft mit dem Schließereignis verbundene Funktionen auf.

  Hierdurch ist ein automatisches Schließen der abhängigen Kindfenster bzw. das Öffnen bedienfreundlicher Meldefenster ermöglich.

- Überladene Elternfenster können mit Hilfe der JavaScript-Fensterverwaltung blockiert werden, so dass weitere Fenster nicht geöffnet werden.

- Wird vom Anwender ein Browser-Refresh eines Fensters durchgeführt oder ein überschriebenes Elternfenster wieder sichtbar gemacht, darf der Inhalt von der View des Controllers nicht neu aufgebaut werden, da in diesem Fall alle Kindsichten neu generiert werden würden (einschließlich neuer Sichtkennungen) und im schlimmsten Fall die Tabelle mit gar nicht mehr erreichbaren Einträgen gefüllt würde.

  Das Management mit daher ein automatisches Speichern (Cache) des Fensterinhaltes vornehmen und ein Reaktivieren automatisch erkennen. Statt den Controller neu aufzurufen, wird nur der Cacheinhalt an den Browser übertragen.[73]

Durch diese Vorgehensweise lassen sich geöffnete Browserfenster, zu denen kein Zustand in der Sitzungsverwaltung des Servers gehören, weitgehend (wenn auch nicht ganz) vermeiden.

Wir reißen kurz an, wie ein erweitertes Sitzungsmanagement im CodeIgniter realisierbar und auf was noch zu achten ist. Der Code hat einen relativ geringen Umfang und ist in den Anhängen (Kapitel 9 auf Seite 181 ff) komplett wiedergegeben, weshalb hier nur kurze Verweise zum Verständnis gegeben werden.

Vorgesehen wird ein Mischbetrieb von normalem und erweitertem Sitzungsmanagement, d.h. nicht alle Seiten müssen mit dieser Form des Managements verwaltet werden, sondern in der Anwendung kann nach Bedarf umgeschaltet werden. Hier dienen einige weitere Konfigurationseinträge in der Datei **config.php**:

```
$config['sess_views_enable']      = TRUE;
$config['sess_viewtable_name']    = 'ci_views';
$config['view_automatic_control'] = TRUE;
$config['view_id_prefix']         = "vc";
```

---

73 Das bedeutet eine kleine Einschränkung der Dynamik, die Sie bei Bedarf anders ausgleichen müssen, beispielsweise durch zusätzliche JavaScript-Programmierung.

Im automatischen Betrieb werden alle Fenster im erweiterten Betrieb verwaltet, und in den Controllern sind bei der Anwendungsprogrammierung keine weiteren Kontrollen notwendig. Da bei der Sitzungseröffnung nur die URL vorliegt, wird automatisch eine Sicht-ID für den Standard-Controller generiert und ein **redirect** auf diese Seite durchgeführt.[74]

Im gemischten Betrieb wird die erste kontrollierte Seite meist durch einen normalen Link geöffnet und besitzt noch keine Sicht-ID.[75] Erst beim Controlleraufruf wird das Sichtmanagement aktiviert. Außerdem ist zu kontrollieren, ob ein Anwender versucht, einen Controller ohne erweitertes Management aufzurufen. Die Kontrolle erfolgt in einer Methode der erweiterten Bibliotheks-Core-Klasse **Session**. In der Datei wird zusätzlich die Klasse **View** definiert, die die Verwaltung der Sichten übernimmt, auf die der Anwender aber nie direkt zugreifen muss. Für die Umschaltung auf das Sichtmanangement bzw. die Kontrolle der Regeleinhaltung genügt im Controller-Constructor der Aufruf

```
$this->session->view_redirect(BOOL);
```

Sind Sichtdaten definiert, wird die Anwendung normal fortgesetzt. Erfolgte der Aufruf ohne Sicht-ID, bestehen zwei Handlungsoptionen in Anhängigkeit vom Aufrufparameter:

a) **FALSE**. Die Kontrollmethode versucht, gültige Sichtdaten für die Controller/Methode-Kombination aus der Datenbank zu laden (erneuter Aufruf eines bereits geöffneten Startfensters für das Sichtmanagement) oder erzeugt nachträglich eine gültige Sicht-ID, falls kein Eintrag gefunden wird. Die Anwendung wird normal fortgesetzt.

b) **TRUE**. Bei Kindern von Fenstern mit erweitertem Management ist das Fehlen der Sicht-ID als Hackerversuch einzustufen. Die Methode erzeugt in diesem Fall eine Fehlermeldung und bricht die Anwendung ab.

Wird eine Seite mit dem erweiterten Management verwaltet, wird die Kennung mit dem Präfix **view_id_prefix** vor dem Controller eingesetzt, weshalb Controllernamen nicht mit dieser Buchstabenkombination beginnen dürfen. Um am normalen Ablauf des Frameworks möglichst wenig ändern zu müssen, erfolgt die Abtrennung der Sitzungsinformationen sehr früh in einer Spezialisierung der Klasse **Router** (die Klasse gehört zu den Core-Klassen des Frameworks), die die Methode **_parse_routes()** überschreibt und vor der Ausführung der Elternmethode die URL auf Vorliegen einer **view_id** prüft, diese ausschneidet (so dass wieder die URL des normalen Managements entsteht) und auf einer statischen Variable einer in der Erweiterung definierten Funktion **parsed_view_id()** speichert. Den Rest erledigen die normalen Core-Funktionen des Frameworks.

Zu diesem frühen Zeitpunkt der Aufrufauswertung steht das Datenbankobjekt noch nicht zur Verfügung, so dass die Kontrolle, ob es sich um eine gültige **view_id** handelt, in der Spezialisierung der Bibliotheksklasse **Session** fortgesetzt werden muss. Überprüft wird die komplette URL, d.h. auch, ob eine gültige **view_id** auch zur Controller/Methode-Kombination

---

74 Dieser **redirect** wird für alle Aufrufe ohne gültige Sicht-ID durchgeführt. Alle Anwender, irgendeinen Link in ihrer Browserliste gespeichert haben, landen so automatisch immer auf der Startseite.

75 Würde schon eine Sicht-ID vergeben, bevor die Entsorgungskontrollen greifen können, würde die Datenbanktabelle mit nicht erreichbaren virtuellen Seiten gefüllt.

passt. Ob die Anwendung fortgesetzt und ein Controller aufgerufen wird, hängt (außer von ungültigen Aufrufen) vom Status-Management ab, das wir einige Absätze weiter unten beschreiben.

Zur Verwaltung der Sichtdaten wird zusätzlich zur Session-Tabelle wird eine View-Tabelle erzeugt, deren Einträge via Fremdschlüsseldefinition an die Sitzungs-ID der Session-Tabelle sowie an die Eltern-Sicht-ID der View-Tabelle selbst gebunden sind (vergleiche allgemeine Beschreibung oben). Von den Eltern unabhängige Kindfenster dürfen <u>nicht</u> an die Sicht-ID des Elternfensters gebunden werden. Da die Fremdschlüsseldefinition eine Bindung aber zwingend vorschreibt, ist eine persistente Sicht-ID 0 notwendig, die keinem Fenster entspricht, und selbst wiederum an eine persistente Sitzungs-ID 0 gebunden wird, die ebenfalls keiner Sitzung entspricht. Die missbräuchliche Verwendung dieser permanenten ID durch einen Hacker muss ebenfalls durch eine Prüfung ausgeschlossen werden. Die komplette Tabellenstruktur besitzt folgendes Aussehen:

Die Felder **p_ctrl** und **parent_view** betreffen jeweils den in der Anwendung und vom Datenbanksystem zu kontrollierenden Relationenteil des Eltern-Kind-Verhältnisses. Die korrekte Zuordnung Controller-Sicht-ID wird beim Auslesen der Sichtinformationen aus der Tabelle ebenfalls geprüft. Jede Abweichung zwischen URL und Datenbankbild führt zu einem Abbruch mit Fehlermeldung.

Eine wesentlich Bedeutung für den Ablauf der Anwendung besitzt das Feld **status**. Es spezifiziert, ob ein virtuelles oder ein physikalisch vorhandenes Fenster bedient wird und definiert die Abhängigkeiten zwischen Eltern und Kindern. Ausgewertet wird es in der Methode **_manage_view_state()** der erweiterten Session-Klasse:

> ➤ **NEW.** Dieser Status ist stets mit dem Öffnen eines physikalischen Fensters verbunden. Das Sitzungsmanagement führt keine weiteren Kontrollen aus, sondern aktiviert den angeforderten Controller, der die Fensterdaten generiert.
>
> **Wichtig!** Für die korrekte Funktion des Managements darf der Controller Ausgaben nur über die **Output**-Core-Klasse erzeugen und keinesfalls die PHP-Funktio **echo** verwenden! Die **Output**-Klasse ist nämlich ebenfalls überschrieben und definiert die Methode **_display()**. Diese ändert den Status zu **OPEN** verändert und speichert die kompletten Fensterdaten im Feld **cached_output** der Sichttabelle (vergleiche Anmerkungen zur wiederholten Erzeugung von HTML-Output).

> ➤ **OPEN, LOCK.** Das Fenster ist bereits geöffnet (**OPEN** ist der auf **NEW** folgende Status, **LOCK** spezfiziert ein blockiertes Elternfenster), und entweder wurde auf dem Browser ein Refresh angefordert oder Formulardaten via **POST** übermittelt.
>
> Bei einem Refresh wird lediglich der Inhalt von **cached_output** zurückgeschickt, der Controller aber nicht aktiviert. Hierdurch wird verhindert, dass die Sichtdaten der Kinder erneut erzeugt werden (siehe oben).
>
> Bei einem **POST** befinden sich offensichtlich Kindverweise und/oder Formulare auf der Seite. Der Controller wird zur Auswertung der Formulardaten aktiviert, muss jedoch in diesem Fall selbst kontrollieren, dass Kindsichten nicht unnötig vervielfacht werden.

> ➤ **VI_x.** Dies sind noch nicht geöffnete Kindsichten, die vom Clientsystem angefordert werden. Nach Prüfung, ob ein Öffnen erlaubt ist (Elternsicht ist nicht im Status **LOCK**), erzeugt der Controller einen komplett neuen Datenbankeintrag mit allen Daten aus **viewdata** im Status **NEW** unter Berücksichtigung der weiteren Abhängigkeiten (siehe oben) und sendet den Link an den Browser. Dieser öffnet ein neues Fenster für die Sicht und fordert die Daten mit dem erhaltenen Link an, womit der Kreis geschlossen ist.

Für den Anwendungsprogrammierer laufen alle diese Vorgänge unsichtbar im Hintergrund ab, sofern er sich an einige wenige Konventionen hält:

✔ Links auf Kindfenster dürfen nicht als HTML-Code

```
<a href=“... > . . . </a>
```

erzeugt werden, sondern es sind die Methoden **view_free(url)** usw. aus der Datei **viewmanager_helper.php** zu verwenden.

Für Seiten, die <u>nicht</u> vom Viewmanagement verwaltet werden, dürfen die Methoden allerdings nicht verwendet werden!

✔ Der Helper definiert Schaltflächen zum Schließen von Fenstern, die verwendet werden sollten, um das Browser-Abbild synchron mit den Datenbankinhalten zu halten. Zusätzlich ist in allen **Views** die HTML-Zeile

```
<body onbeforeunload="CloseWindows()">
```

einzufügen.

✔ Formulare dürfen nur dann als HTML-Formulare implementiert werden, wenn eine komplett neue Seite aufgebaut wird und die Verlinkung mit den Helperfunktionen erfolgt.

Ist ein Formular-POST mehr oder weniger ein Refresh auf der aktuellen Seite (gleiche URL wie aktuelle Seite), ist der POST mit Ajax vorzunehmen (siehe Cache-Funktion des Seiteninhalts).

Die weitere Steuerung erfolgt durch JavaScript-Funktionen, die durch Einbinden von **view_script.js** mit jedem Dokument zu laden sind.

Zu kombinieren ist das erweiterte Sitzungsmanagement in der Regel mit einem sorgfältigen Datenmanagement, dem wir uns in Kapitel 5.3 auf Seite 114 annehmen.

Anmerkung. Das erweiterte Sitzungsmanagement erhöht die Zahl der Datenbankzugriffe, wobei sich das schlecht definierte Speichermanagement von PHP negativ auswirken kann, da die Übergabe von Sitzungsdaten an die Sichtobjekte der Kindsichten jeweils eine sofortige Weitergabe an die Datenbank erfordert. Es empfiehlt sich, die Performanz der Seiten zu beobachten. Die MVC-Frameworks stellen hierfür Benchmark-Werkzeuge zur Verfügung.

5.2.4 Short-Login und Signalisierung

ZEITKONTROLLEN

Wie wir im Kapitel 5.1.3 Internetshops auf Seite 98 ff. angemerkt haben, bedeutet eine länger gültige Sitzung nicht, dass auch alle Funktionen ohne weitere Autorisierung zur Verfügung stehen. Viele Webseiten arbeiten mit einer Zeitkontrolle: wenn innerhalb einer bestimmten Zeitspanne der Server oder eine bestimmte Seite auf dem Server nicht mehr angesprochen werden, wird der Zugang gesperrt. Eine Bedienung ist dann erst nach erneuter Authentifizierung möglich, wozu in der Regel eine Variante der normalen Anmeldeseite verwendet wird. Ein solches Zwischenlogin lässt sich durch eine Erweiterung der Session-Klasse realisieren, ohne in den Controllern selbst tätig werden zu müssen. Mit den zusätzlichen Konfigurationseinstellungen

```
$config['controllers'] = 'welcome';
$config['timeout'] = 60;
```

für die überwachten Controller und den Zeitüberwachung reduziert sich der Aufwand im Session-Constructor auf

```
$control=','.$CI->config->item('controllers','timesession').',';
if(strpos($control,','.$CI->uri->segment(1).',')!==FALSE){
    if(time()-$this->userdata('_timesession_last_group_activity') >
        $CI->config->item('timeout','timesession')){
        $this->set_userdata(array('_timeout_controler'
                        => $CI->uri->uri_string()));
        redirect(site_url()."/timeoutcontrol/index");
    }else{
        $this->set_userdata(array('_timesession_last_group_activity'
                        => time())); }       }
```

zum Aufruf eines Login-Controllers.[76] Nach Abfrage und Prüfung des Kennwortes kann dieser wiederum ein **redirect** auf den abgebrochenen Controller ausführen.

> Bei Bedarf lässt sich der Zugriff feiner steuern. Um bei dieser Gelegenheit aber auch auf
> einen möglichen Fauxpas hinzuweisen: man darf nicht etwa die letzte Aktivität also solche für die Zeitüberwachung verwenden, weil ansonsten ein Angreifer nach erscheinen
> der Loginseite auf den alten Link zurückgehen könnte. Die Loginseite hat eine neue Aktivität geschaffen, die es ermöglichen würde, ohne neue Kennworteingabe auf die kritischen Seiten zu gelangen.

LOGIN MIT PIN

Man kann die Kontrolle auch mit einem PIN-Login verbinden und dadurch die Zeitintervalle verkürzen. Bei Sitzungsbeginn wird dem Anwender eine zufällige vierstellige PIN zugewiesen, die bis zum Ende der aktuellen Sitzung oder für ein definiertes Zeitintervall gilt und – wie bei PINs üblich – nur 2-3 Fehlversuche erlaubt, bevor sie ungültig wird. Bei den Authentifizierungskontrollen kann der Anwender wahlweise das komplette Kennwort oder die PIN eingeben.

SYNCHRONISIERUNG DES LOGOUT

Das Ende einer Sitzung sollte auf Server- und Clientseite synchron notiert werden. Auf Webseiten wird zu diesem Zweck für das Schließen einer Sitzung in der Regel eine Schaltfläche angeboten, die jedoch häufig von den Nutzern aus Bequemlichkeitsgründen nicht verwendet wird. Statt dessen wird meist einfach das Browserfenster geschlossen. Der Serverprogrammierer kann als Abhilfe in seinem JavaScript-Code eine Nachricht an den Server generieren. Der folgende jquery-Code setzt vor dem Schließen des Fensters eine Ajax-Meldung an den Server ab:

```
$(window).bind('beforeunload', function(){
    $.post(site_url+'exit_session');
});
```

Enthält die Funktion abschließend noch eine **return**-Anweisung, wird per Meldefenster dem Anwender die zusätzliche Frage gestellt, ob er das Fenster tatsächlich schließen will. Bei „neine" bleibt die Seite geöffnet, so dass auch versehentliches Schließen eines Fensters abgefangen werden kann.

5.3 Das Datenmanagement

Neben dem Sitzungsmanagement ist häufig auch ein Datenmanagement notwendig. Als Beispiel sei eine Webseite genannt, die bestimmte Inhalte für Jugendliche sperren möchte/muss. Im ersten Anlauf ist das nicht besonders kritisch: per Anmeldung ist dem System bekannt, ob der Nutzer Zugriff auf solche Daten erhalten darf oder nicht, und wenn die Inhalte der Web-

---

76 Einige zusätzlich notwendige Initialisierungsschritte seien Ihnen überlassen.

seite zusammengestellt werden, wird dies in der SQL-Abfrage der Datenbank entsprechend berücksichtigt.

Ein Problem kann aber im weiteren Verlauf auftreten, etwa wenn der Nutzer weitere Informationen zu einem bestimmten Artikel aufruft. Erfolgt der Zugriff nur über den Datenbankschlüssel, wird aber hier versäumt, nochmals die Rechte des Nutzers zu kontrollieren, besteht die Möglichkeit, dass der Nutzer den Datenbankschlüssel austauscht und sich so Zugriff auf gesperrte Informationen verschafft. Je komplexer eine Anwendung wird, desto schwieriger wird es bei der Anwendungserstellung, eine komplette Prüfung aller Nebenbedingungen durchzuhalten. Hierzu bieten sich folgende Optionen an:

1. **Reduzierte Datenbank.** Die Inhalte Datenbanktabellen werden auf die für den Anwender freigegebenen Inhalte reduziert. Schlüssel zu Datensätzen, für die er keinen Zugriff hat, finden keine Einträge in der reduzierten Tabellen. Wir diskutieren hier zwei Methoden: virtuelle Tabellen in Form von Views und temporär gefüllte Tabellen.

2. **Verschlüsselung.** Der Datenbankschlüssels wird mit einem für die Sitzung erzeugten Schlüssel verschlüsselt an den Client übertragen und bei einem POST wieder entschlüsselt.

3. **Prüfsumme.** Zusätzlich zum Datenbankschlüssel wird ein sitzungsspezifischer Hashcode an den Client übertragen und mit einem POST-Aufruf auch wieder zusammen mit dem Schlüssel zurückgesandt.

4. **Indirekte Zuordnung.** Anstelle des Datenbankschlüssels wird die Indexnummer des Schlüssels in einer auf dem Server geführten Tabelle übertragen. Bei einem POST wird der Datenbankschlüssel aus der Tabelle ermittelt.

5.3.1   Datenbanklösung mit VIEWS

SQL-Datenbanken bieten die Erzeugung so genannter VIEWs an.[77] Hierbei handelt es sich um gespeicherte SELECT-Befehle, in speziellen Formen auch um temporär gebildete Tabellen. Das Anwendungsziel der VIEWs besteht in der Abstraktion der Abfrage vor der eigentlichen Datenbankstruktur: Datenbanken können in der normalisierten Form in viele Einzeltabellen zerfallen, die zu komplexen SELECT-Befehlen führen. In einer VIEW werden solche Anfragen wieder zu einer virtuellen Tabelle zusammengeführt, die mit sehr einfachen SELECT-Anweisungen abgefragt werden können.

Das Konzept kann für das Kontrollproblem herangezogen werden. Mit der Anmeldung eines Nutzers im System wird in der Regel geklärt, welche Zugriffsrechte er besitzt. Dies kann dazu genutzt werden, eine oder mehrere VIEWs für ihr zu definieren, wozu eine Tabelle der ihm zugeordneten VIEWnamen notwendig ist:

---

77 Ich wähle hier die Schreibweise VIEW, um Verwechslungen mit dem beim erweiterten Sitzungsmanagement ebenfalls auftretenden Begriff zu vermeiden,

```
CREATE TABLE IF NOT EXISTS `view_names` (
  `seesid` varchar(32) NOT NULL,
  `viewname` varchar(32) NOT NULL
) ENGINE=InnoDB DEFAULT CHARSET=utf-8;
```

Der VIEW werden sämtliche dem Nutzer zugängliche Datensätze zugeordnet, hier anhand des oben angerissenen Beispiels dargestellt:

```
CREATE VIEW _viewname_ AS
  SELECT * FROM `artikel`WHERE `alter` > _user_alter_
```

Statt im weiteren Verlauf nun Abfragen auf der Tabelle `artikel`zu machen, wird die Tabelle _viewname_ verwendet, die zwar die gleichen Daten liefert, aber mit der automatischen Beschränkung der WHERE-Klausel, d.h. der Nutzer kann selbst mit gefälschten Artikelnummern nicht auf die Originale zugreifen. Die Kontrollen werden hierdurch auf eine einzige Stelle der Anwendung verdichtet und der Anwendungsprogrammierer muss an anderen Positionen nicht auf komplexe SQL-Befehle achten.

Jedem Nutzer können mehrere VIEWs zugewiesen werden, wobei die Zuweisung auch auf Sichtebene erfolgen kann, wenn mit dem erweiterten Sitzungsmanagement gearbeitet wird. Die Zuweisungstabelle ist in diesem Fall entsprechend anzupassen.

Das Entsorgen nicht mehr benötigter VIEWs erfolgt zyklisch durch Abfrage von Datensätzen, deren Gegenpart in der Tabelle **ci_session** oder **ci_views** nicht vorhanden ist, z.B.:

```
SELECT viewname FROM view_names
  WHERE ( SELECT COUNT(*) FROM sess
    WHERE sess.sessid = view_names.sessid )=0
```

Die so selektierten Viewbezeichnungen können anschließend ein einem

```
DROP VIEW IF EXISTS _viewname_
```

eingesetzt werden. Dieses etwas umständliche Verfahren ist notwendig, da die VIEWs zwar wie Tabellen abgefragt werden, aber keine Tabellen sind: UPDATE- oder INSERT-Anweisungen sind in VIEWSs genauso wenig möglich wie die Definition von Indizes oder Fremdschlüsseln. Es ist also nicht möglich, eine VIEW auf Datenbankebene automatisch verschwinden zu lassen, wenn die zugehörige Sitzungsnummer ungültig wird.

> Anmerkungen. Es wird häufig darauf hingewiesen, dass VIEWs aufgrund der Beschränkungen bezüglich Index- oder Schlüsselzuweisungen zu Performanzproblemem führen können. VIEWs können letztendlich nicht effektiver sein als die Datenbankstruktur, von der sie abstrahieren. Das Argument trifft hier nicht zu, da wir die VIEW nicht dazu verwendet haben, eine möglicherweise nicht optimale Datenbankdefinition zu kaschieren.
>
> Es wird auch darauf hingewiesen, dass VIEWs nicht für Rechtekontrollen eingesetzt werden sollten, da die Datenbanken bessere Mechanismen bereitstellen. Dies trifft hier ebenfalls nicht zu, da die Rechtemechanismen den Datenbanknutzer betreffen, und der ist qua PHP-Server immer der gleiche.

5.3.2   Zwischentabellen mit temporären Daten

In einigen Anwendungen können die Datenbankabfrage so komplex werden, dass die
VIEW-Lösung nicht mehr praktikabel ist. Um einmal einen Eindruck zu vermitteln, hier ein
Beispiel aus einem Dokumentenmanagementsystem:

```
INSERT INTO dossier_select
    SELECT ?, md5(a.id + $ + 2), 'dokument', a.id, a.bezeichnung,
        a.text ,      ? , NULL, NULL,
        FIND_IN_SET('read',b.schema)!=0,
        FIND_IN_SET('write',b.schema),
        FIND_IN_SET('create',b.schema)!=0,
        FIND_IN_SET('create',b.schema)!=0,
        FIND_IN_SET('right',b.schema)!=0,
        FIND_IN_SET('export',b.schema)!=0,
        FIND_IN_SET('sign',b.schema)!=0,
        FIND_IN_SET('memo',b.schema)!=0,
        FIND_IN_SET('refer',b.schema)!=0,
        FIND_IN_SET('copy',b.schema)!=0,
        FIND_IN_SET('move',b.schema)!=0,
        FIND_IN_SET('import',b.schema)!=0,
        a.status
    FROM dokument as a
    JOIN rechteschema AS b ON b.id = a.$
    WHERE FIND_IN_SET('visible',b.schema) AND a.akte_id = ?",
        array($this->sessionview->get_session_id(),
            $this->sessionview->get_session_id(),
            $param['equal'],$param['equal'],$param['id']) ...
```

und das ist nur einer von mehreren SELECT-Befehlen, der zur Zusammenstellung der Daten benötigt wird. Eine mögliche Lösung des Problems ist, die Daten portionsweise in speziell konstruiert normale Tabellen zu kopieren und per Fremdschlüsseldefinition an die Ses-
sion-ID und die View-ID zu binden, so dass die "Entsorgung" dieser nur zeitweise benötigten Daten am Ende des Gültigkeitsbereiches automatisch erfolgt.[78]

5.3.3   Verschlüsselung und Prüfsummen

Verschlüsselungen bzw. Prüfsummen können nach folgendem (bereits bekannten) Muster
erstellt werden:

```
aes_cbc(aes_rand_key , dbase_key + aes_rand_key)
md5(md5_rand , dbase_key)
```

Bei der AES-Verschlüsselung dient der Schlüssel zusätzlich als Fälschungssicherung, da er
bei der Entschlüsselung wieder zum Vorschein kommen muss.[79] Damit ähnelt der Sicherungscode der Konstruktion von Hashalgorithmen der neuesten Generation. Die Prüfsum-

---

78 Die praktischen Probleme bei der Entwicklung solcher Lösungen besteht darin, genügen große
    Datenbanken zu erzeugen, um feststellen zu können, ob in der Praxis noch der gewünschte Qua-
    lity of Service zu Stande kommt.

79 Der Schlüssel steht hinten im Datensatz! Warum?

me ist ein normaler MAC (Message Authentication Code). Beide Methoden haben ihre Vor-
und Nachteile:

- Ein AES-verschlüsselter Code verbirgt die echten Datenbankschlüssel vor dem Anwender, was als zusätzliches Sicherheitskriterium zu werten ist, macht allerdings das
Sortieren mehrerer Datensätze nach den Zugriffsschlüsseln unmöglich.

- Die Sortiereinschränkung besteht bei der MAC-Sicherung nicht, legt aber die Schlüssel offen.

Die als Zufallzahlen verwendeten Schlüssel werden bei

➢ einer normalen Sitzung zu Beginn erzeugt und in den Sitzungsdaten hinterlegt. Der
Sicherungscode für einen Datenbankeintrag sieht daher in jeder Sitzung anders aus,
und ein Angreifer kann weder einen Sicherungscode fälschen noch einen in einer anderen Sitzung erbeuteten Sicherungscode ausnutzen.

➢ einem erweiterten Sitzungsmanagement für jede View einzeln erzeugt, um zu verhindern, dass ein Angreifer Daten von einer View in eine andere übertragen kann.

> Alle POST-Daten, die nicht vom Anwender im Formular eingetragen werden, sind gemein-
> sam zu sichern (siehe auch Kapitel 5.1.3 bzw. 5.2.1).

Nicht selten werden weitere Informationen ebenfalls im Formular übertragen (Preise, Stück-
zahlen, sonstige zeilenspezifische Daten). Wird nur ein Teil dieser Information gesichert, besteht für einen Angreifer die Möglichkeit, die gesicherte Information auszutauschen und nun
mit nicht dazu passenden Randdaten in einen POST zu verpacken. Je nach Logik der Anwendungsprogrammierung könnte auch damit bereits viel Schaden angerichtet werden (beispielsweise einen Kühlschrank zum Preis eines Taschenbuchs erwerben). AES-Verschlüsselung und
MAC sind in solchen Fällen auf alle zu einem Datensatz gehörenden Daten zu erweitern. Eine
praktikable Vorgehensweise haben wir oben bereits beschrieben.

Die Verwendung von Hidden-Input - und um das handelt es sich hier sinngemäß - ist
zwar ein sicherheitskritischer Punkt, kann aber zur Entlastung der Datenbankzugriffe auf
dem Server verwendet werden. Werden die Daten nicht per regulärem HTML-Formular
zusammengestellt, sondern durch ein Skript beispielsweise von lesbaren Textfeldern gesammelt, wird die Situation, was gesichert werden muss und was nicht, für den Programmierer noch unübersichtlicher.

Eine saubere Möglichkeit besteht in der Nutzung der JSON-Kodierung.

```
$post=array("id" => "15", "name"=> "Artikel", "preis" => "15,55");
$code=json_encode($post);
$md=md5("mac_key".$code);
```

Die JSON-Kodierung kapselt die zusammengehörenden Daten, die hier durch einen
MAC abgesichert werden, und lässt sich in PHP und in JavaScript in Objekte überführen.

5.3.4 Indirekte Zuordnung

Die vorgestellte Problematik beruht darauf, dass wesentliche Informationen in einer gesicherten Form auf das Clientsystem übertragen werden, um damit die Serverressourcen zu schonen. Die dritte Methode geht nun den anderen Weg: die wesentlichen Informationen werden in den Sitzungs- oder Viewdaten auf dem Server gespeichert und an den Client nur ein Index ausgeliefert, der nichts mit den Datenbankstrukturen zu tun haben. Die Generierung eines Index ist durch eine Erweiterung des SELECT-Befehls sehr einfach durchzuführen:

```
set @n=0;
SELECT @n:=@n+1,`key` FROM `kartei` WHERE 1 LIMIT 0,30
```

Die aus der Datenbank ausgelesenen Datensätze werden zusätzlich mit einer laufenden Nummer versehen, und durch Speichern des Wertes von **@n** in den Sitzungsdaten und Verknüpfen mit dem Startwert der **LIMIT**-Anweisung ist der Index auch über mehrere Erweiterungsabfragen des Browserbildes hinweg eindeutig. Auf dem Server wird eine Tabelle

```
$index_tab = array();
. . .
$index_tab[row->n] = array(row->key,row->. . .);
```

mit allen zusammengehörenden Daten generiert und in den Sitzungsdaten gespeichert, während der Client nur **row->n** und was er halt sonst noch sehen darf ausgeliefert bekommt.

Formal kann diese Form des Datenmanagements in einfachen Sitzungen verwendet werden, wobei jeder Controller seine eigenen Indextabellen generieren kann. Der Kernbereich dürfte allerdings eher im erweiterten Sitzungsmanagement zu suchen sein, wenn verschiedene Views gegeneinander zu verriegeln sind. Der Aufwand kann allerdings hoch werden, wenn sehr viele Datensätze pro Controller/Sicht anfallen. Gegebenenfalls kann es sinnvoll sein, die Indextabellen als Datenbanktabellen anzulegen und deren Zeilen mit der **session_id** oder der **view_id** durch eine Fremdschlüsseldefinition zu verknüpfen (siehe oben).

Die Auslagerung der Indextabelle in eine Datenbanktabelle erlaubt bei Ersetzen der Bindung an die Sitzung durch eine Bindung an den Anwender auch die Definition von Anwender-Desktops, beispielsweise persistente Warenkörbe oder eines virtuellen Schreibtisches im Fall einer Dokumentenverwaltung.

5.4 Kommunikationsmanagement

Das Kommunikationsmanagement betrifft die über POST mit dem Anwender ausgetauschten Daten und deren Verwendung auf dem Server. Durch Kontrolle der vom Client übermittelten Daten gilt es, folgende Ziele zu schützen:

a) **Serverdatenbank**. Angriffe können sich gegen die Datenbank des Servers richten mit dem Ziel, wichtige Daten auszulesen, zu überschreiben oder Tabellen zu löschen.

b) **Serverdateien.** Ziele sind das Auslesen oder das Schreiben/Überschreiben von Dateien auf dem Server.

c) **Fremde Clientsysteme.** Angriffe können sich auch gegen andere Clientsysteme richten, wobei der Server nur als Vehikel verwendet wird, selbst aber nicht in Mitleidenschaft gezogen wird.

5.4.1   SQL-Injection

Angriffe auf die Serverdatenbank werden als SQL-Injection bezeichnet. Als Beispiel betrachten wir ein Login eines Anwenders:

```
"SELECT * FROM `kunde` WHERE `name` = '".$_POST['name'].
    "AND `passwd`= '".$_POST['passwd']."'"
```

Das Ziel eines Angreifers ist, trotz des Fehlens von Zugangsdaten Zugriff auf die Serveranwendung mit den Rechten irgendeines Anwenders zu erhalten. Dazu muss er die Datenbank veranlassen, mindestens einen Datensatz trotz der fehlenden Schlüssel auszuliefern. Dazu habe er bei **passwd** folgende Eingabe gemacht:

```
123' OR '1' = '1
```

Wenn Sie dies ungefiltert in die SELECT-Zeile einsetzen, kommt eine Anweisung heraus, die bei der Auswertung der WHERE-Bedingung aufgrund der OR-Verknüpfung immer TRUE ergibt und daher immer mindestens einen Datensatz aus der Tabelle liest. Noch hässlicher wäre eine Zeile der Form

```
123' OR '1' = '1'; DROP TABLE `kunde`; UPDATE `artikel` ...
```

Der Angreifer hätte sich durch Verkettung von SQL-Befehlen nun nicht nur Zugriff auf die Anwendung verschafft, sondern gleich die Tabelle mit den Kundendaten gelöscht und möglicherweise alle Preise in der Artikeldatenbank auf 1 ct gesetzt.

Solche Angriffe sind immer dann möglich, wenn POST-Variable als Daten in SQL-Befehlen genutzt werden, also nicht nur in SELECT-Befehlen wie in den Beispielen, sondern auch in INSERT- oder UPDATE-Befehlen. Der Angreifer muss insgesamt nur eine syntaktisch korrekte SQL-Zeile ausliefern, die auch aus einer Verkettung mehrerer SQL-Befehle bestehen darf. Weitere Beispiele:

```
SELECT url, title FROM myindex WHERE keyword LIKE '%sql
            ' ;GO EXEC cmdshell('shutdown /s') --%

SELECT author, subject, text FROM artikel WHERE ID=42
    UNION SELECT login, password, 'x' FROM user;

SELECT author, subject, text FROM artikel WHERE ID=42
    UNION SELECT 'Datenbank', 'Tabelle', 'Spalte'
    UNION SELECT table_schema, table_name, column_name
    FROM information_schema.columns
    WHERE NOT table_schema='information_schema';# ;
```

Der Angreifer verschafft sich hier nacheinander Möglichkeiten der Ausführung von System-
programmen auf dem Serverrechner, Zugangsdaten anderer Nutzer aus der gleichen Datenbank oder Administrationsdaten des Datenbankservers. An was er im Einzelnen heran-
kommt, hängt von den Rechten ab, mit denen der Servernutzer arbeitet, aber auch vom
Skript, das natürlich auch so konstruiert sein muss, dass die durch die Injektion zusätzlich
ausgelesenen Daten an den Angreifer ausgeliefert werden. Der Kreativität sind dabei kaum
Grenzen gesetzt, und wir werden weiter unten auch noch Beispiele für mehrstufige Angriffe
kennen lernen.

Um solche Angriffe erfolgreich durchführen zu können, muss der Angreifer Informationen
über die Datenbank(en) besitzen. Bei Standardanwendungen ist das meist der Fall, aber die
sind meist auch gegen solche Angriffe bereits geschützt. Bei Individualsoftware kennt man
den Datenbankaufbau in der Regel nicht. Die ersten Versuche werden mit dem Ziel angestellt, an Informationen zu gelangen. Der String

```
a'z"0
```

erzeugt, wenn die Anwendung gegen Injektionen anfällig ist, unsinnige SELECT-Befehle,
die die Datenbank mit einer Fehlermeldung beantwortet, die nicht selten die komplette SE-
LECT-Zeile beinhaltet. An allen erreichbaren Positionen angewendet, kann sich der Angreifer im schlimmsten Fall den kompletten Datenbankaufbau verschaffen. Die erste absichern-
de Gegenmaßnahmes ist damit bekannt: auf dem Produktivsystem keine Fehlermeldung
produziert werden. Wird ein SQL-Syntax- oder sonstiger Fehler auf dem Clientsystem auf
einen ersten Versuch des Angreifers angezeigt, ist der Einbruch bereits mit dem 2. Versuch
gelungen, denn er weiß nun, wie die korrekte Syntax auszusehen hat (vergleichen Sie die
ausführlichen Meldungen, die Sie bei der Entwicklung gesehen und geschätzt haben).

Ist die Datenbankstruktur und die der SQL-Befehle bekannt, kann der Angreifer das weitere
Geschehen detailliert planen. Ohne Fehlermeldungen ist er auf "blind injections" angewiesen, also sinnvolle Sequenzen, sofern er die Tabellenstruktur richtig errät. Das ist häufig einfacher, als man vielleicht denkt. Aus der Anwendung heraus lässt sich schon schließen, welche Felder eine Tabelle enthält, und da Programmierer sinnvolle Namen verwenden, sind
die Möglichkeiten für Spaltennamen ebenfalls begrenzt.

Um mögliche Schäden zu begrenzen, besteht die zweite Sicherungslinie in der Beschränkung der Rechte des Datenbanknutzers auf SELECT- sowie UPDATE/INSERT-Befehle in
seiner Datenbank. DROP, ALTER, CREATE TABLE und Zugriffe auf andere Datenbanken
laufen dann bei einer ansonsten gelungenen Injektion ins Leere.

Eine dritte Linie besteht aus einem sorgfältig konstruiertem Skript, dass Ergebnisse von Datenbankabfragen selektiv in die Serverantwort abbildet, d.h. statt durch

```
foreach($row_array as $key => $value) . . .
```

stumpf eine komplette Antwortzeile abzubilden, werden durch

```
$row->key."/".$row->name."/". . . .
```

einzeln die bei einer korrekten Abfrage erwarteten Elemente ausgelesen. Hinzugekommene Elemente aus anderen Tabellen werden so nicht weitergeleitet.

Die eigentliche Sicherung betrifft den Einbau der POST-Variablen in die SQL-Anweisung selbst:

> Keine POST-Variable darf ohne Escaping in eine SQL-Zeile übernommen werden!

Die Maßnahme ist so einfach wie wirkungsvoll. Das Hochkomma ' dient als Steuerzeichen, um den String im SELECT zu begrenzen, und die Begrenzung wird im Angriff durch weitere Steuerzeichen einfach ausgehebelt. Dies ist nicht mehr möglich, wenn in der POST-Variablen ' durch \' ersetzt wird. Dieses Escaping markiert das Hochkomma als Nicht-Steuerzeichen, sondern als druckbares Zeichen, und der SQL-Interpreter liest die komplette Hackerzeile als **passwd** (oder was auch immer), was natürlich nicht zum Erfolg führt.

Das ist allerdings nur ein Beispiel für Steuerzeichen. Es existieren weitere Steuerzeichen oder Escape-Sequenzen, die ebenfalls Steuerfunktionen besitzen und daher beim Escaping berücksichtigt werden müssen:

\0	ASCII-konformes 0-Zeichen (NUL).
\'	Ein einfaches Anführungszeichen (''').
\"	Ein doppeltes Anführungszeichen ('"').
\b	Ein Rückschrittzeichen.
\n	Ein Zeilenwechsel- oder Zeilenvorschubzeichen.
\r	Ein Absatzschaltungszeichen.
\t	Ein Tabulatorzeichen.
\z	ASCII 26 (Strg+Z). Siehe Anmerkung nach dieser Tabelle.
\\	Ein Backslash-Zeichen ('\').
\%	Ein '%'-Zeichen. Siehe Anmerkung nach dieser Tabelle.
_	Ein '_'-Zeichen. Siehe Anmerkung nach dieser Tabelle.

Solche Steuerzeichen in SQL-Zeilen können weiteren Ärger verursachen.

→ Die beiden letzten Sequenzen können zur Manipulation von **LIKE**-Selektoren dienen. Wird die Eingabe beispielsweise im SQL-SELECT in der Form

```
LIKE '".$_POST['input']."%'"
```

genutzt, liefert die Abfrage ganz andere (und vielleicht vom Serverbetreiber unerwünschte) Ergebnisse, wenn der Anwender ein % vor seine Eingabe mogelt:

```
$_POST['input']: "%xxx"
```

Bei einem mehrstufigen Angriff können die Steuerzeichen bei einem INSERT oder UPDATE ohne Escaping in die Datenbank injiziert werden. Werden die Felder später selbst in SELECT-Befehlen verwendet, können auch wieder unerwünschte Ergebnisse die Folge sein.

➜ \z wird in Windows-Systemen als Dateiendekennung interpretiert und kann bei einem Export der Daten zum vorzeitigen Datenabbruch führen. Wird die Datenbank exportiert, ist die Exportdatei u.U. nicht mehr lesbar.

Mit anderen Worten: das Escaping von ' (und ")verhindert zwar den direkten Einbruch (außer gewissen Versionen des SELECT mit LIKE), ein INSERT oder ein UPDATE mit weiteren Steuersequenzen kann aber zu unangenehmen Erscheinungen zu einem späteren Zeitpunkt führen:

➢ Teile der Datenbank sind später nicht mehr richtig bedienbar, Daten werden nicht oder zerstört ausgeliefert, oder Seiteninhalte des Browsers werden unleserlich gemacht.

➢ Der Angreifer manipuliert mit den Steuersequenzen zunächst bestimmte Datenbankinhalte, um sich in weiteren Injections die gewünschten Informationen zu verschaffen.

Neben dem Hochkomma sind also eine Reihe weiterer **\x** - Sequenzen (aber nicht alle!) in **\\x** zu überführen, um Überraschungen zu vermeiden. Normalerweise haben solche Zeichenfolgen in einer regulären Eingabe nichts zu suchen, weshalb die aktiven Datenbankschnittstellen der MVC-Frameworks standardmäßig alles ausblenden, was zu einer SQL-Injection führen könnte. Wer die SQL-Befehle aus verschiedenen Gründen direkt eingibt, muss die POST-Variablen jeweils über die Methode **db->escape_str(..)** filtern.

Es ist klar, dass die Ausgaben der Datenbankinhalte nach einer Filterung nicht mehr der Eingabe entsprechen, wenn Steuersequenzen vorhanden waren. Sofern man bestimmte Sequenzen nicht als störend empfindet, sondern sie in den Daten belassen will, muss man sich selbst um die Filterung kümmern. Je nach Aufbau der Anwendung gibt ein Frage-und-Antwort-Spiel einem Angreifer auch Hinweise darauf, was wo gefiltert wird.

5.4.2   Dateien auf dem Server

Der Dateizugriff auf Serverdateien betrifft Lese- und Schreiboperationen. Leseoperationen sind direkt für alle Dateien möglich, die in Unterverzeichnissen der freigegebenen Verzeichnissen liegen (siehe Kapitel 2.2.2 Zugriffsrechte und Pfade auf dem System auf Seite 26 ff.; Ausnahmen sind Dateien, die in einem durch **rewrite_mod** modifizierten Verzeichnisbereich liegen). Im Fall von Skriptdateien führt ein Zugriff zur Ausführung des Skripts. Dateien, die nicht direkt über HTTP gelesen werden müssen, weil sie zur Darstellung der Seite benötigt werden, sind daher in geschützten Verzeichnissen unterzubringen und/oder intern zu sichern (siehe auch Kapitel 4.1 Server: PHP Framework auf Seite 75 ff.). Das betrifft

auch hochgeladene Dateien, die in ein Verzeichnis mit direktem Zugriff hochgeladen werden.
Ein Angreifer kann versuchen, eine hochgeladene Datei eines anderen Anwenders wieder herunter zu laden, was meist nicht im Sinne des Serverbetreibers ist.

Wenn die Dateien (auch die für den Download bereit gestellten) nicht direkt zugänglich sind, müssen sie durch ein Skript ausgegeben werden. Hierzu werden Hilfsfunktionen zur Verfügung gestellt:

```
$name = basename($this->input->post('filename'));
$data = file_get_contents("/path/to/".$name);
force_download($name, $data);
```

> Bei Downloads sind die Zugriffspfade der Dateien zu kontrollieren.

In diesem Beispiel wird der Dateiname direkt ausgewählt, was einen Hacker dazu veranlassen kann, anstelle des sicher korrekten Namens auf der Webseite beliebige andere Pfade und Namen vorzugeben. Durch die PHP-Funktion **basename** wird der Verzeichnisteil entfernt, d.h. das Auslesen einer Datei erfolgt ausschließlich aus dem Verzeichnis, in dem die für den Download bereit gehaltenen Dateien gespeichert sind (den Code würde man in einer Anwendung natürlich noch um eine Überprüfung, ob die Datei existiert, ergänzen).

Auch diese einfache Kontrolle würde es einem Hacker immer noch erlauben, das Downloadverzeichnis mehr oder weniger zu scannen und bei einigem Glück auch Dateien auszulesen, auf die er eigentlich keine Zugriffsrechte besitzt. Mit den gleichen Mitteln wie beim Schutz von Datenbankschlüsseln (Kapitel 5.3 Das Datenmanagement auf Seite 114 ff.) können die echten Namen geschützt bzw. ein Austausch unterbunden werden.

Uploads sind ebenfalls scriptgesteuert auszuführen. Das Verzeichnisse, in denen das Skript Schreibrechte besitzt, nicht direkt von extern zugänglich sein und keine anderen Dateien enthalten dürfen, muss wohl nicht noch einmal betont werden. In der **php.ini** kann der allgemeine Rahmen dessen abgesteckt werden, was möglich ist: die Konfigurationsparameter

```
post_max_size = 8M
upload_max_filesize = 2M
```

grenzen die Größe von POST und Uploads ein; zusätzlich kann es notwendig sein, den maximalen Speicherverbrauch eines Skripts anzupassen. Im Skript selbst können die Werte der **php.ini** nur noch nach unten korrigiert werden. Die weitere Konfiguration erfolgt in der Upload-Klasse des Frameworks:

```
$config['allowed_types'] = 'gif|jpg|png|JPG|JPEG|jpeg';
$config['allowed_file_types'] = 'pdf|odt|txt|zip';
$config['max_size'] = 0;
$config['max_width'] = 1250;
$config['max_height'] = 1000;
$config['allow_resize'] = TRUE;
$config['encrypt_name'] = FALSE;
$config['overwrite'] = FALSE;
$config['file_upload_path'] = "/home/user/";
```

Festzulegen sind erlaubte Dateitypen anhand der Dateierweiterung, die maximale Dateigröße, sofern von den Werten in der **php.ini** abweichend, bei Bilddateien zusätzlich noch die erlaubte Größe in Pixeln sowie die Angabe, ob eine Neuberechnung oder eine Ablehnung erfolgt, falls die Größe überschritten wird. Ist eine Datei mit dem angegebenen Namen bereits vorhanden, kann weiter konfiguriert werden, ob die vorhandene Datei ersetzt oder beibehalten und die neue Datei abgelehnt oder mit einem modifizierten Dateinamen gespeichert wird.

5.4.3 Cross-Site-Scripting

Wenn Informationen zwischen verschiedenen Anwendern über einen Server ausgetauscht werden, beispielsweise Berichte zu Artikeln, Kommentare usw., kann ein Hacker versuchen, in den Informationen Einträge wie

```
<script type="text/javascript"> ... </script>
```

unterzubringen. Wird die Information in HTML-Kodierung ausgeliefert, was meist der Fall ist, hätte der Angreifer nun ein Skript auf den Rechner eines anderen Nutzers geschmuggelt, das dort Unfug anfängt. Ist der Eintrag ein Link mit einem Skriptladebefehl von einem anderen Server, sind auch sehr komplexe Programmierungen möglich. Zur Veranschaulichung einige Beispiele, was passieren könnte:

- Eine Seite, deren Inhalt per Ajax bedient wird, ist aus Sicht des Browser statisch, d.h. geladene Skripte bleiben bis zum Verlassen des Fensters gültig und aktiv. Lädt ein Angreifer nun über einen Kommentartext ein Skript, das Eingaben beobachtet, kann dieses Zugangsdaten des anderen Nutzers mitzulesen, die dieser eingeben muss, um selbst einen Kommentar abgeben zu können. Die gesammelten Informationen können

  - in HTML-Kommentaren im nächsten Textfeld, das an den Server gesandt wird, unsichtbar untergebracht werden. Der Angreifer kann durch Kontrolle neuer Kommentartexte prüfen, ob er Zugangsdaten anderer Nutzer erhalten hat.

  - per Ajax-Nachricht direkt an den Server des Angreifers gesandt werden, was das Datensammeln für den Angreifer noch einfacher macht.

- Das Skript kann sich zusätzlich in weitere Texte kopieren, die der Anwender zum Server sendet. Es kann sogar Texte infizieren, die der Anwender gar nicht aufruft, da es im Hintergrund für den Anwender unsichtbar per Ajax mit dem Server kommunizieren kann.

- Mit CSS-Formatanweisungen und HTML-Formulartags können Eingabeformulare erzeugt werden, die vertrauliche Informationen vom Anwender abfragen, die Daten aber an eine ganz andere URL ausliefert. Mit einigem Geschick lässt sich das Aussehen der Webseite dabei lokal so umbiegen, dass der Betrug kaum auffällt.

- Viele HTML-Elemente erlauben ereignisorientierte Aktionen, selbst unverfängliche Formatanweisungen:

```
<h1 onmouseover="alert('Sie stehen auf der Zeile')"> …
```

Sobald die Maus über die Überschrift gezogen wird, wird der hinterlegte Javascript-Code ausgeführt. In der Regel ist das eine Funktion, die irgendwo anders hinterlegt ist, es gibt jedoch keinen Hinderungsgrund, auch ein kleines Programm aus mehreren elementaren JavaScript-Anweisungen hier einzufügen und ausführen zu lassen.

Die Skripte laufen in einer so genannten Sandbox, d.h. sie können nur Aktionen auf der Webseite verfolgen, nicht aber auf das Dateisystem des Rechners, und sie sind nach den Sicherheitsregeln der Browser nur auf der Seite aktiv, auf der sie geladen wurden. Beim Wechseln der Seite ist die Kontrolle beendet. Da ein Skript aber auch vorhandene Einstellungen überschreiben kann, kann ein Angreifer versuchen, bei Anklicken von Links als „man-in-the-middle" aufzutreten und die neuen Inhalte über seinen Rechner zu leiten. Hier kann er weiter manipulieren und die Inhalte mitlesen. Die Umleitung wird zwar in der Navigationsleiste des Browsers sichtbar, aber die lässt sich per JavaScript ausschalten.

Auch wenn die Manipulationen kompliziert wirken und die Möglichkeiten auch von der Konstruktion der Seite abhängen, grundsätzlich ist ein solcher Angriff für einen Hacker kein Problem, denn mit Aufrufen der Seiten stehen ihm sämtliche Informationen, was er machen darf, zur Verfügung. An den Skripten kann er so lange feilen, bis sie unerkannt und fehlerfrei laufen.

Der Serverbetreiber ist von dem Aushorchen primär nicht betroffen, da seine Daten direkt nicht angegriffen werden.[80] Er ist aber juristisch verantwortlich und bei Schäden haftbar, wenn er solche Angriffe nicht durch bekannte Gegenmaßnahmen verhindert.

GENERELLES TAGVERBOT

Das Problem sind hier die HTML-Tags **<tag>**. Die einfachste Strategie besteht darin, Tags nicht zuzulassen, d.h. auf dem Server werden die Texte analysiert und Tags in normalen Text umgewandelt:

```
<tag>    --->    &lt;tag&gt;
```

Betrugsversuche fallen so schnell auf und richten keinen Schaden an, allerdings sieht der Text hinterher auch ziemlich bescheiden aus, weil keine Formatierung mehr möglich ist.

TAGSUBSTITUTION

Formatierungen werden in der zweiten Stufe durch eine andere Taggestaltung wieder eingeführt. Beispielsweise ist

```
[tag]....[/tag]
```

anzugeben, was nach Umwandeln der gefundenen echten Tags in Text anschließend in echte Tags gewandelt wird. Im einfachsten Fall kann diese durch **str_replace()** erfolgen. Die umzuwandelnden Tags werden in einer Liste vorgegeben, und nur diese werden überführt. Das Ergebnis sieht danach gut formatiert aus, aber die Eingabe ist holprig.

---

80 Beachten Sie aber die Bemerkungen am Ende des Kapitels! Auch der Server kann Gegenstand eines Angriffs werden.

str_replace() liefert allerdings nicht immer korrekte Ergebnisse und ist auch nicht für alles (z.B. Links) geeignet. Wenn öffnender und schließender Tag getroffen werden sollen oder die Sache komplizierter wird, muss man zu regulären Ausdrücken greifen:

```
$s=preg_replace('/\[tag\](.*?)\[\/tag\]/','<tag>$1</tag>',$s);
```

Reguläre Ausdrücke sind Regeln, nach denen eine Zeichenkette analysiert wird. Hierbei treten eine Reihe von Zeichen wie [ ] / als Steuerzeichen auf, weshalb im oben angeführten Beispiel wieder eine Reihe von \ - Escape-Zeichen vorhanden sind, um aus Steuerzeichen druckbare Zeichen zu machen. Mit ein wenig Übung lassen sich solche Ausdrücke verstehen und selbst konstruieren. Die folgendeTabelle gibt eine kleine Hilfe, ist aber nicht vollständig:

Zeichen	Maskierung	Grund	Beispiel
/	\/	Wenn der Schrägstrich den regulären Ausdruck begrenzt, muss er innerhalb davon maskiert werden.	/\/usr\/bin\/perl/
.	\.	Der Punkt steht in regulären Ausdrücken ansonsten für ein beliebiges anderes Zeichen.	/Ende aus\./
+	\+	Das Pluszeichen steht ansonsten für ein oder mehrmaliges Vorkommen des davorstehenden Zeichens.	/\d\+\d/
*	*	Das Sternzeichen steht ansonsten für kein, ein oder mehrmaliges Vorkommen des davorstehenden Zeichens.	/*char/
?	\?	Das Fragezeichen steht ansonsten für kein oder einmaliges Vorkommen des davorstehenden Zeichens.	/Wie geht das\?/
^	\^	Das Dach- oder Hütchensymbol kann ansonsten eine Zeichenklasse verneinen oder bei Zeichenketten angeben, dass das nachfolgende Suchmuster am Anfang des Suchbereichs vorkommen muss.	/ein \^ über dem Kopf/
$	\$	Das Dollarzeichen kann einen Skalar einleiten oder bei Zeichenketten angeben, dass das voranstehende Suchmuster am Ende des Suchbereichs vorkommen muss.	/Preis (US-Dollar): \d*\$/
|	\\|	Der Senkrechtstrich kann ansonsten alternative Ausdrücke auseinanderhalten.	/find (.*) | sort/
\	\\	Der Backslash würde ansonsten das nachfolgende Zeichen maskieren.	/C:\\/
( )	\(\)	Runde Klammern können ansonsten Teilausdrücke gruppieren und zum Merken einklammern.	/\(Hinweis: (.*)\)/
[]	\[\]	Eckige Klammern begrenzen ansonsten eine Zeichenklasse.	/\$(.*)\[\d+\]/
{ }	\{ \}	Geschweifte Klammern bedeuten ansonsten eine Wiederholungs-Angabe für davorstehende Zeichen.	/ENV\{.*\}/

Der Einsatz der Funktion **preg_replace()** kann bei bestimmten Parametern ebenfalls für einen Versuch, XSS-Code einzuschleusen, benutzt werden. Beachten Sie daher unbedingt die Empfehlungen im PHP-Handbuch, wenn Sie die Funktion für Filterfunktionen einsetzen (siehe auch Kapitel 6.3 Komplette Systemanalyse auf Seite 136 ff.)

TAGFILTERUNG

Sehr viel angenehmer ist es natürlich, wenn man von vornherein HTML-Tags zulässt und damit auch die Eingabe im WYSIWYG-Modus ermöglicht. JavaScript-Webeditoren wie tinymce liefern das übliche Bild eines Editors

Der Text kann so editiert werden, wie ihn der nächste Betrachter sieht, und wird als kompletten HTML-Code zum Server gesendet. Der Code ist vom JavaScript-Editor geprüft, wobei gefährlicher Code eliminiert wird.

Aber Vorsicht! Der JavaScript-Editor ist zwar in der Lage, **<script** – Tags zu eliminieren, erkennt jedoch nicht Ereignisfunktionsaufrufe wie **onmouseover=** in zugelassenen Tags! Wenn Sie das Editieren im HTML-Modus zulassen, können auch unbedarfte Hacker Schadcode einschleusen. Lassen Sie keinen HTML-Editiermodus zu!

Und noch mehr Vorsicht! Stellen Sie sicher, dass (auch) auf dem Server (!) eine Kontrolle der Eingabe erfolgt!

Auch wenn der POST-Wert aus dem Editor als unbedenklich eingestuft werden kann, stammt der POST-Wert, der auf dem Server eintrifft, tatsächlich vom Editor? Ein etwas geschickterer Hacker kann an dem Editor vorbei ganz anderen Code zum Server geschickt haben, der gültige Skript-Tags enthält und deshalb keinesfalls (!) ungeprüft abgespeichert werden darf. Hierbei können Sie zwei Strategien verfolgen:

1. Variante: erstellen Sie eine Liste der vom Editor verwendeten und zulässigen Tags und prüfen Sie sämtliche Tags im Text, ob diese in der Liste stehen. Diese Prüfung ist sehr aufwändig:

   - Jeder der (voraussichtlich sehr vielen) Tags muss einzeln kontrolliert werden, ob es sich um einen gültigen Tag handelt.

   - Bei einer Änderung der zulässigen Tags und ggf. auch bei einem Update der Editorsoftware müssen Sie Ihre PHP-Skripte ebenfalls anpassen oder zumindest prüfen.

   Diese Variante ist als sicherer einzustufen als die

2. Variante: erstellen Sie eine Liste aller unzulässigen Tags und prüfen Sie auf deren Auftreten. Diese Prüfung ist einfacher durchzuführen, denn man kann direkt nach auszuschließenden Tags suchen.

   Das kann natürlich dazu führen, dass Tags, die im Editor nicht vorgesehen sind, trotzdem durchgelassen werden, weil sie als „ungefährlich" kategorisiert sind. Das ist allerdings auch der Grund für die etwas geringere Sicherheit, denn ein Hacker könnte ja eine Einbruchsmöglichkeit gefunden haben, die man übersehen hat.

Was tun, wenn man Verdächtiges gefunden hat? Die meisten Editoren deaktivieren die verdächtigen Stellen durch Umwandeln der Steuerzeichen in druckbare Zeichen. Für den JavaScript-Teil ist das in Ordnung, für den Server gilt aber

---

Korrigieren Sie nicht unzulässige Tags! Weisen Sie die Eingabe zurück und fordern Sie zum neuen Editieren auf! Akzeptieren und Speichern Sie nur Code, der ohne Fehler überprüft wurde.

Korrekturversuche und Maskierversuche können aufgrund der komplizierten Materie trotzdem zu unerwünschten Ergebnissen führen. Die Liste der Prüfungen kann recht lang werden:

◆ Sämtliche Eingabefelder, die <u>nicht</u> formatiert werden (**<input type="text"** oder **„textarea"**, nich jedoch **„password"**), sind auf alle HTML-Tags zu filtern. Wird ein Name beispielsweise in der Form

```
M<u>stermann
```

eingegeben, ist das unzulässig. Dieser Angriff wird als HTML-Injection bezeichnet.

◆ Sämtliche Tags sind auf Öffnen und Schließen zu kontrollieren. **<a..>** muss irgendwo durch **</a>** abgeschlossen werden. Davon Auszunehmen sind Tags wie **
**, die keinen Abschluss besitzen.[81]

◆ Abzulehnende Tags sind

```
<script.. , <form.. , <input.., <button.., ..
```

und weitere, die Interaktionen definieren und vom Hacker zu Phishing- oder sonstigen Angriffen genutzt werden können,[82] sowie

```
<HTML , <style , <link , <body , <head , ..
```

mit denen ein Angreifer versuchen könnte, komplette Seiten innerhalb der bestehenden einschließlich weiterer Skripte und Formatierungen einzuschleusen.

◆ Abzulehnende Taginhalte sind

```
onclick= , onmouseover= , . . .
style= , . . .
```

Diese können mit Javascript-Operationen verbunden sein, die zum Abgriff von Informationen dienen können, oder in Form einer CSS-Injection die ganze Webseitenformatierung in Mitleidenschaft ziehen.

Die Taginhaltprüfungen sind auch in Variante 1 der Prüfstrategie notwendig.

Links sind meist zulässig, vielfach auch Uploads, die vom nächsten Besucher wieder heruntergeladen werden können. Links können natürlich auch dazu genutzt werden, auf eine Seite mit Angriffscode zu leiten, und auch bei Beschränkung der Uploads auf bestimmte Dateitypen kann es passieren, dass der auswertende Darstellungsagent oder gewissen Betriebssysteme ausführbaren Code trotzdem erkennen und ausführen. Kontrollen sind zwar auch hier möglich, aber so aufwändig und nur nur mit spezieller Software durchführbar, dass keine mehr erfolgen.[83]

---

81 Wenn der Editor diese Tags korrekt in der Form **
** einträgt, wird die Prüfung etwas einfacher.

82 Der Hacker könnte ein Formular aufbauen, dass ein anderer Nutzer in der Meinung, es gehöre zur Ihrer Webseite, ausfüllt. Die Daten landen dann allerdings auf dem Server des Hackers.

83 Facebook ist eines der wenigen Beispiel hierfür: bei einem Link wird die Seite heruntergeladen und Teile davon dargestellt. Dabei kann natürlich auch eine Filterung vorgenommen werden.

XSS-ANGRIFFE AUF SERVER

Unter bestimmten Umständen sind auch Server nicht vor Angriffen gefeit, und Versuche der folgende Art, Serverskripte anzugreifen, sind ebenfalls zu unterbinden:

```
<? php . . . ?>
```

Um eine Vorstellung davon zu bekommen, wie ein Angriff auf den Server aussehen kann, denken Sie an das Laden einer View in CodeIgniter. Normalerweise kann hier nichts passieren, so lange dynamische Daten in der View über Variable eingefügt werden. Wenn der PHP-Code in die Seite eingefügt wird, ist der PHP-Interpreter bereits über diese Stelle hinweg und führt den eingeschleusten Code nicht mehr aus.

Das ändert sich, wenn die Daten nicht über eine Variable geladen, sondern zunächst in eine Textdatei ausgelagert werden, die wiederum mit einem **require**-Befehl in den Code der View-Datei eingelesen wird. Das Skript wird nun ausgeführt![84]

Auch wenn es den Primärserver nicht trifft, kann ein solches Skript es immer noch einen anderen Serverprogrammierer erwischen. Im HTML-Code ist das PHP-Skript nicht (unbedingt) sichtbar, und sollte ein anderer Nutzer dazu verleitet werden, den Inhalt einfach in eine eigene Serveranwendung zu übernehmen und nicht weiter zu kontrollieren, . . .

> MVC-Frameworks wie CodeIgniter stellen Security-Klassen zur Verfügung, die POST-Daten auf XSS-Injektionen prüfen und die Eingabe meist filtern (das entspricht nicht der empfohlenen Strategie, lässt sich aber durch vorher-nachher-Vergleich ausgleichen). Oft ist die Nutzung mit der Warnung versehen, dass diese Prüfungen Ressourcen kosten. Lassen Sie sich davon nicht abschrecken! Jeglicher Input vom Client ist Teufelswerk.
>
> Führen Sie zusätzlich Tests durch, ob die Filterung alles erlaubte durchlässt (das sollte eigentlich der Fall sein), aber auch, ob maliziöse Inhalte tatsächlich gefiltert werden (beispielsweise die Ereignisfunktionen). Ergänzen Sie die Testfälle, falls nicht alles erwischt wird.

---

84 Auf die Idee wird hoffentlich niemand kommen, aber wenn man wieder einmal eine zündende Idee hat, wie man seine Anwendung etwas „eleganter" gestalten kann, damit aber von der normalen Vorgehensweise abweicht, sollte man auch einen Gedanken daran verschwenden, ob man nicht möglicherweise ein Loch in seine Abwehrmauer brennt.

6 Systemtestverfahren

6.1 Allgemeines

Ihre Anwendung ist fertig (zumindest in Teilen), die Funktionen laufen so ab, wie Sie sich das vorgestellt haben, und an den entsprechenden Stellen haben Sie alle Sicherheitsvorkehrungen berücksichtigt. Zeit, die komplette Anwendung allgemeinen Tests zu unterziehen, die feststellen sollen, ob etwas übersehen wurde.

System- oder Laufzeittests werden an der Produktivversion durchgeführt.

Es macht wenig Sinn, die im folgenden beschriebenen Tests in der normalen Testumgebung durchzuführen, da der Entwickler hier Einstellungen verwendet, die ihm die Analyse erleichtern, welche aber auch Lücken aufweisen können, die ein Eindringen in den Server erlauben. Neben dem Entwicklungssystem sollte daher auch ein Produktivsystem konfiguriert werden, das man korrigieren und wiederverwenden kann. Vor dem Test wird eine Sicherheitskopie des kompletten Systems erstellt. Anhand der Testergebnisse wird

✔ in der Sicherheitskopie die erkannte Gefährdung von Systemkomponenten beseitigt,

✔ in der Entwicklungsumgebung die erkannte Gefährdung in der Anwendung beseitigt.

Bei sehr umfangreichen Anwendungsentwicklungen empfiehlt sich zusätzlich der Einsatz von Versionsverwaltungswerkzeugen, um die Übersicht zu behalten, was alles erledigt wurde.[85] Auf diesen Aspekt der Softwaretechnik gehen wir aber nicht weiter ein.

Tests werden in verschiedene Intensitätsklassen eingeteilt:

a) **Oberflächentests**. In solchen Tests wird überprüft, ob eine Gefährdung vorliegen könnte. Als Hintergrund dienen theoretische oder in anderen Anwendungen erkannte Muster, die mit Sicherheitslücken verbunden sind oder dort zu Sicherheitslücken geführt haben.

Oberflächentests gehen nicht sehr weit in die Tiefe. Ein Sicherheitshinweis muss nicht unbedingt einer realen Sicherheitslücke entsprechen, eine Sicherheitslücke muss auch nicht unbedingt gefunden werden (wenn sie beispielsweise von anderen Gliedern der Sicherheitskette überdeckt wird.).

b) **Invasive Tests**. Diese Tests versuchen, in das System einzudringen, wobei auch hier wieder Muster aus anderen Anwendungen als Leitfaden dienen können. Ziel ist

---

85 Solche Werkzeug erlauben auch die Wiederherstellung älterer Versionen von Programmteilen, so dass Entwicklungsschritte und Prüfungen wiederholt oder neu aufgerollt werden können.

in der Regel, in Bereiche der Anwendung vorzudringen, für die keine Authorisierung vorhanden ist, oder Abläufe durcheinander zu bringen.

c) **Destruktive Tests.** Noch einen Schritt weiter als die invasiven Tests gehend werden nun auch Mittel eingesetzt, die das System zerstören, d.h. Datenbanken und/oder Dateisysteme sind nach dem Test u.U. nicht mehr gebrauchsfähig.

Tests müssen konfiguriert werden, und wie schon bei den Datenbanken angesprochen, empfiehlt es sich, die Testfälle im Laufe der Entwicklung anwachsen zu lassen.

Bei jedem neuen Testfall sind auch die bereits einmal durchgeführten Tests zu wiederholen.

Im Laufe der Entwicklung einer Anwendung lässt sich nie genau vorhersagen, welche Teile tatsächlich abgeschlossen sind oder ob zu einem späteren Zeitpunkt nicht doch noch einmal an eine Stelle Hand angelegt werden muss, die bereits erledigt schien. Erfahrene Programmierer wissen:

→ Dieser Fall tritt garantiert ein.[86]

→ Wenn man vorne etwas neu aufbaut, wirft man meist hinten irgendetwas um.

Bei einem kompletten Durchlauf aller Testfälle ist zumindest sichergestellt, dass versehentlich wieder geöffnete Lücken auch wieder geschlossen werden können.

6.2 Portmapper

Der Server sollte nur sehr wenige TCP- oder UDP-Ports geöffnet haben, im Idealfall nur die Ports 80 und 443 (für HTTP und HTTPS). Die SQL-Datenbanken werden in der Regel ebenfalls über einen TCP-Port angesprochen, jedoch darf dieser nur intern sichtbar sein, d.h. er darf nur auf die localhost-IP-Adresse reagieren oder muss von der Firewall abgeschottet sein.[87] Eine Untersuchung dieser Einstellungen erfolgt mit einem Portmapper, wobei aufgrund der gerade angestellten Überlegungen gilt:

Portscans sind von allen Positionen, von denen Zugriff auf den Server besteht, unter Einbeziehung der Firewalls durchzuführen.

Typischerweise wären dies Zugriffe mit einem Hilfsrechner aus dem Internet **und** dem Intranet. Unter Linux lassen sich die Tests mit dem Programm **nmap** durchführen. Dies ist ein Shellprogramm, das von einer Befehlszeile aus gesteuert werden muss, mit **nmapsi4** und **zenmap** sind aber auch grafische Oberflächen verfügbar, die man gleich dazu installieren kann.

---

86 Mögen nun auch Experten der Softwaretechnologie und der Projektplanung empört aufschauen: es ist so!

87 Das gilt natürlich nicht, wenn HTTP- und SQL-Server auf verschiedenen Maschinen laufen. In diesem Fall kann der Zugriff auf die SQL-Sever auch auf bestimmte IP-Adressen zu beschränkt sein.

Wichtig! Netzwerkzugriffe sind Administratorangelegenheiten. Die Programme funktionieren nur dann vollständig, wenn sie mit root-Rechten gestartet werden. Achten Sie darauf, diese Rechte zu besitzen, sonst werden nur Teile der möglichen Tests ausgeführt.

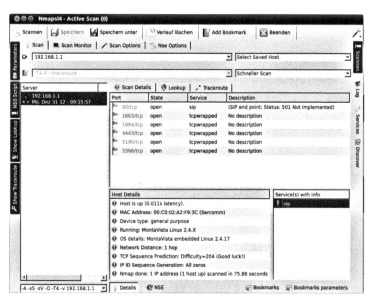

Der Scanner kann testen,

> welche Rechner erreichbar sind (IP-Adressen),

> auf welchen Wegen sie erreichbar sind (IP-Adresskette),

> welche Server-Ports aktiv sind.

Als Testmethoden stehen

✗ ICMP-Ping für den Test auf erreichbare Zieladressen,

✗ komplette TCP-Verbindungen,

       ab hier sind Root-Rechte notwendig:

✗ TCP/SYN-Test, der bereits in den DDoS-Angriffsmethoden diskutiert wurde (Kapitel 3.2.3 TCP-Stack Angriffe auf Seite 69 ff.). Statt die Verbindung offen zu lassen, wird meist ein RST-Paket gesendet, weil eine Antwort darauf Rückschlüsse auf
eine Packet-Firewall erlaubt.

✗ TCP/FIN-Test, auf den ein offener Port mit einem RST-Paket antwortet.

✗ UDP-Scan, bei dem ein leeres Paket gesendet und beobachtet wird, ob ein leeres
Paket zurückgesandt wird. Beschreibung siehe unten im Text.

Da im Extremfall 65.536 Portnummern zu testen sind, kann ein Maximaltest sehr lange dauern. Sofern der Server mit ICMP-Negativmeldungen aufwartet, wenn ein Port geschlossen
ist, geht das einigermaßen schnell, im Stealth-Mode mit ausgeschaltetem ICMP dauert ein
Test deutlich länger. Werden offene Ports gefunden, so kann zusätzlich eine Anmeldung

versucht werden: bei Ports, deren Zuordnung zu einem Protokoll bekannt ist, wird das Standardprotokoll ausgeführt, bei anderen z.B. ein „Hello" ausprobiert und die Reaktion des Servers abgewartet.[88] Die Liste offizieller und inoffizieller, d.h. nicht exklusiv zugewiesener Ports ist inzwischen recht lang.

Port	TCP	UDP	Beschreibung	
780	✓ Ja	✓ Ja	ns	offiziell
780	✓ Ja	✓ Ja	khupdate [kreg] Kerberos registration	inoffiziell
782	✓ Ja	✗ Nein	Conserver serial-console management server	inoffiziell
783	✓ Ja	✗ Nein	SpamAssassin spamd daemon	inoffiziell
829	✓ Ja	✗ Nein	CMP (Certificate Management Protocol)	inoffiziell
843	✓ Ja	✗ Nein	Adobe Flash socket policy server@	inoffiziell
847	✓ Ja	✗ Nein	DHCP Failover protocol	offiziell
860	✓ Ja	✗ Nein	iSCSI (RFC 3720@)	offiziell
873	✓ Ja	✗ Nein	rsync Datei-Synchronisationsprotokoll	offiziell (nur USA)
888	✓ Ja	✗ Nein	cddbp, CD DataBase (CDDB) protocol (CDDBP)	inoffiziell
901	✓ Ja	✗ Nein	Samba Web Administration Tool (SWAT)	inoffiziell
901	✗ Nein	✓ Ja	VMware Virtual Infrastructure Client (UDP from server being managed to management console)	inoffiziell
902	✓ Ja	✗ Nein	ideafarm-door 902/tcp self documenting Door: send 0x00 for info	offiziell
902	✓ Ja	✓ Ja	VMware Server Console	inoffiziell
902	Nein	✓ Ja	ideafarm-door	offiziell
902	Nein	✓ Ja	VMware Server Console (UDP from server being managed to management console)	inoffiziell
903	✓ Ja	✗ Nein	VMware Remote Console[20]	inoffiziell
904	✓ Ja	✗ Nein	VMware Server Alternate (if 902 is in use, i.e. SUSE linux)	inoffiziell
911	✓ Ja	✗ Nein	Network Console on Acid (NCA) – local ity redirection over OpenSSH	inoffiziell
953	✓ Ja	✓ Ja	Domain Name System (DNS) RNDC Service	inoffiziell
981	✓ Ja	✗ Nein	SofaWare Technologies Remote-HTTPS-Management für eingebettete Firewalls mit Check Point FireWall-1	inoffiziell
989	✓ Ja	✓ Ja	FTPS Protocol (data) FTP over TLS/SSL	offiziell
990	✓ Ja	✓ Ja	FTPS Protocol (control) FTP over TLS/SSL	offiziell
991	✓ Ja	✓ Ja	NAS@ (Netnews Administration System)	offiziell
992	✓ Ja	✓ Ja	TELNET protocol over TLS/SSL	offiziell
993	✓ Ja	✗ Nein	Internet Message Access Protocol over SSL (IMAPS)	offiziell
995	✓ Ja	✗ Nein	Post Office Protocol 3 over TLS/SSL (POP3S)	offiziell

Da die Server konfigurationsabhängig bei den Standardanmeldungen bereits recht geschwätzig sein können, erfährt man durch einen regulären Verbindungsaufbau mit Protokollstart in der Regel, welche Software in welcher Version eingesetzt wird.

Meist wird empfohlen, ICMP zu deaktivieren, um Portscans nicht zu einfach zu gestalten. Da Versuche, Routen im Internet festzustellen, meist auf ICMP basieren, sind die Routen oft nicht vollständig:[89]

```
Starting Nmap 6.00 ( http://nmap.org ) at 2013-06-02 09:03 CEST
Nmap scan report for ibm.com (129.42.38.1)
Host is up (0.13s latency).
rDNS record for 129.42.38.1: redirect.www.ibm.com

TRACEROUTE (using port 443/tcp)
HOP RTT        ADDRESS
1    22.93 ms  router (192.168.1.1)
2    44.36 ms  80.228.21.87
3    41.95 ms  bbrt.aur-1-xe-3-0-0-22.ewe-ip-backbone.de (212.6.109.53)
4    46.16 ms  bbrt.hb-0-1-xe-2-1-0.ewe-ip-backbone.de (80.228.90.14)
5    42.28 ms  212.162.18.129
6    152.07 ms ae-4-4.ebr1.Dusseldorf1.Level3.net (4.69.133.182)
7    139.65 ms ae-48-48.ebr3.Frankfurt1.Level3.net (4.69.143.178)
8    139.35 ms ae-83-83.csw3.Frankfurt1.Level3.net (4.69.163.10)
9    134.79 ms ae-61-61.ebr1.Frankfurt1.Level3.net (4.69.140.1)
10   130.77 ms ae-45-45.ebr2.Paris1.Level3.net (4.69.143.134)
11   129.34 ms ae-43-43.ebr2.Washington1.Level3.net (4.69.137.58)
12   130.57 ms ae-62-62.csw1.Washington1.Level3.net (4.69.134.146)
13   134.72 ms ae-91-91.ebr1.Washington1.Level3.net (4.69.134.141)
14   136.32 ms ae-6-6.car2.Raleigh1.Level3.net (4.69.132.177)
15   138.23 ms ATT-CORPORA.car2.Raleigh1.Level3.net (4.71.162.50)
16   ... 18
19   136.27 ms redirect.www.ibm.com (129.42.38.1)

Nmap done: 1 IP address (1 host up) scanned in 3.80 seconds
```

---

88 Beispiel: Port 80 ist HTTP zugeordnet, und der Portmapper versucht, den Standard-GET-Befehl auszuführen. Auch bei DNS-, POP3-, SMTP- und anderen Ports existieren Standardanmeldeprozeduren, die ausgeführt werden können.

89 Solche Routenscans basieren darauf, die Anzahl der Router, die eine Nachricht durchlaufen kann, zu begrenzen. Der Router, der die Nachricht wegen Nichtzustellbarkeit löscht, kann dies mit einer ICMP-Meldung rückmelden.

Während der Test auf offene TCP-Ports – der Server akzeptiert eine Verbindung, wenn ein Port geöffnet ist – unproblematisch ist, funktioniert ein Test auf offene UDP-Ports nur, wenn es sich um einen Port handelt, der mit einer Antwort reagiert, oder das System mit ICMP-Meldungen aufwartet, wenn kein offener Port vorhanden ist. Der Scanner sendet leere UDP-Nachrichten an den Server, da diese vielfach an die gleiche Portnummer auf dem Absender gespiegelt werden (im Gegensatz zu nicht leeren Nachrichten, die nur dann eine Antwort erhalten, wenn dies von der nutzenden Anwendung so vorgesehen ist).

Sind im Testergebnisse offene Ports identifiziert worden, die man als Administrator eigentlich nicht erwartet hat, ist zunächst zu untersuchen, welche Funktion sich hinter dem Port versteckt. Die ordnungsgemäße Funktion von Anwendungen im Internet erfordert manchmal die Aktivität allgemein wenig bekannter Dienste. Unter Linux kann man mit Hilfe der Datei **/etc/services** ermitteln, was sich hinter einem bestimmten Port verbergen sollte. Als Ergebnis kann herauskommen:

- ✗ Der Dienst ist notwendig und darf nicht abgeschaltet werden. Man kann nun lediglich prüfen, ob Verletzbarkeiten bekannt und diese in der aktuellen Systemversion berücksichtigt sind.

- ✗ Der Dienst ist für den Administratorbetrieb notwendig. In diesem Fall sind die Firewalleinstellungen so zu bearbeiten, dass ein Zugriff nur aus dem Intranet, ggf. nur durch einen bestimmten Rechner erfolgen kann.

- ✗ Der Dienst ist rechnerintern notwendig. Zugriffe von Außen sind zu blockieren, was man unter Linux durch entsprechende Konfiguration der Standardfirewall **iptables** erreichen kann.

- ✗ Der Dienst wird nicht benötigt oder es bleibt unklar, was sich hinter dem Dienst verbirgt. Man schalte ihn ggf. durch die Firewall ab und beobachte die Systemreaktion.

Diese Tests sind reine Oberflächentests. Sofern Verletzbarkeiten auf bestimmten Standardports bekannt sind, können Portmapper auch invasiv untersuchen, ob die Lücke auf dem untersuchten System vorhanden ist. Findet der Portmapper eine solche Verletzbarkeit, ist zu ermitteln, mit welchem Softwarepatch die Lücke zu beheben ist. Anschließend ist der Test zu wiederholen.

Anmerkung 1. Die Portscans erfassen nur Serverports. Infiltrierte Systeme, die über Clientports Daten exportieren, sind so nicht zu identifizieren.

Anmerkung 2. Serveranwendungen, die (wie der Portmapper) mit Root-Rechten operieren, können stille UDP-Ports öffnen. Diese beantworten leere Nachrichten nicht mit einer Spiegelung und können auch ICMP-Nachrichten generieren, die die Abwesenheit eines Serverports signalisieren. Die hierfür notwendigen Rechte begrenzen allerdings den Kreis der Angreifer (zumindest bei Linux-Betriebssystemen). Solche Techniken werden auch genutzt, um TCP-Ports für kleine Zeitfenster zu öffnen und hierdurch DDoS-Angriffe auf solche Ports zu verhindern.

Anmerkung 3. Sich zu vergewissern, ob ein Server erreichbar ist und auf welchem Weg man zu ihm gelangt, ist legitim, aber – um einmal einen Vergleich zu bemühen –

an allen Fenstern einer Wohnung zu rütteln, wenn die Haustür verschlossen ist, ist recht-
lich bereits grenzwertig. Portscans ab einer gewissen Intensität werden in diesem Sinne
ebenfalls als Angriffsversuche gewertet. Verfügt der gescante Server über ein IDS und
fühlt sich der Serverbetreiber ausgespäht, kann das unangenehme Folgen haben. Setzen
Sie den Portscanner daher nur für den Test Ihrer Server ein und nicht unaufgefordert für
den Ihrer Wettbewerber!

Anmerkung 4. Offene, wenig benutzte TCP-Ports können für Portscans zweckentfrem-
det werden. Dazu sucht der Angreifer zunächst einen Server, den er für den Spoof-
Angriff nutzen kann (private PCs, Router), und öffnet und schließt einige Verbindungen
an diesen Port, um die IP-ID-Fortschreibung festzustellen. Wenn diese vorhersagbar ist
(das ist in der Regel der Fall), wird eine TCP-SYN-Nachricht an den anzugreifenden
Server gesandt, allerdings mit IP/Port-Angabe des Spoof-Servers. Ein offener Port antwortet darauf, wird aber vom Spoof-Server mit RST abgewiesen (wobei die IP-ID fort-
geschrieben wird), ein geschlossener Port antwortet allenfalls mit RST, was beim Spoof-
Server nichts auslöst. Eine anschließende Anfrage beim Spoof-Server gibt Auskunft, ob
ein offener Port gefunden wurde oder nicht. Der Angreifer tritt bei diesem Angriff nicht
selbst in Erscheinung.

In Kapitel 8.1 Systemsicherung auf Seite 149 ff. und den Folgekapiteln werden wir uns mit
weiteren Systemkomponenten in der Umgebung des Servers beschäftigen. Neben der Prüfung
der Einzelsysteme ist mit dem Portscanner auch das Gesamtsystem zu überprüfen, ob nur die
vorgesehenen Funktionen in Betrieb sind.

6.3   Komplette Systemanalyse

Die Systemanalyse muss Schwächen der Systemkomponenten, sicherheitstechnisch bedenkliche Konfigurationsdaten und sicherheitstechnische Fehler bei der Erstellung der Anwen-
dungssoftware überprüfen. Es bedarf wohl keiner prophetischer Gaben, um festzustellen,
dass es sich dabei nicht um einen einzelnen Test, sondern um eine Vielzahl, wenn nicht gar
Unzahl kleinerer Tests handelt. Das Open Web Application Security Project (OWASP) be-
müht sich neben anderen Organisationen, eine Systematik in dieses Testgeschehen zu bringen
und die wesentlichen Tests zu Sicherheitsaudits zusammen zustellen.

Welcome to the OWASP Top Ten Project - if you're looking for the OWASP Top 10 Mobile Click Here

The Release Candidate for the OWASP Top 10 for 2013 is now available here: OWASP Top 10 - 2013 - Release Candidate ⬚

The OWASP Top 10 - 2013 Release Candidate includes the following changes as compared to the 2010 edition:

- A1 Injection
- A2 Broken Authentication and Session Management (was formerly A3)
- A3 Cross-Site Scripting (XSS) (was formerly A2)
- A4 Insecure Direct Object References
- A5 Security Misconfiguration (was formerly A6)
- A6 Sensitive Data Exposure (merged from former A7 Insecure Cryptographic Storage and former A9 Insufficient Transport Layer Protection)
- A7 Missing Function Level Access Control (renamed/broadened from former A8 Failure to Restrict URL Access)
- A8 Cross-Site Request Forgery (CSRF) (was formerly A5)
- A9 Using Known Vulnerable Components (new but was part of former A6 – Security Misconfiguration)
- A10 Unvalidated Redirects and Forwards

Eine Überprüfung umfasst in der Regel nicht alle Tests, da je nach zu testendem System manche nicht zutreffen, ohnehin positive reagieren oder unkritisch sind. Für die praktische Überprüfung muss man sich nicht mit sämtlichen Details auseinander setzen, sondern kann auf eine von mehreren Softwaresuiten zurückgreifen, die viele der Tests beinhalten. Wir verwenden hier das Linux-Tool **w3af**, eine Abkürzung für Web Application Attack and Audit Framework.

Bei Start des Systems erhält man ein Angebot vorkonfigurierter Testzusammenstellungen, die man durch Anklicken der Einzeltests in einer Liste erweitern oder verkleinern kann.[90] Die Tests selbst sind Einzelprogramme (Plugins), die bestimmte Angriffe auf das Zielsystem vornehmen. Tauchen neue Angriffsmethoden auf, wird einfach die Liste dieser Plugins ergänzt.

Das „Auftauchen neuer Angriffe" beschreibt ein Problem solcher Testtools, dessen man eingedenk sein muss. Das Framework ist im Grunde nichts anderes als ein Hackertool, um Schwachstellen eines Systems auszuloten und eine Lücke zu finden, über die man in das System eindringen kann. Man kann somit auch viel Unfug mit diesem Framework anstellen, und solche Erkenntnisse führen gesellschaftspolitisch leider immer wieder zu Überreaktionen, weil Entscheidungen von Leuten getroffen werden, die keine Ahnung haben und sich bei ihren Entscheidungen nach Leuten richten (müssen), die noch weniger Ahnung haben.[91] Um Klarheit in die widersprüchlichen Gerüchte zu bringen, die mit diesen Testtools im Umlauf sind, sei festgestellt: der Besitz solcher Tools ist legal, und der Einsatz ist ebenfalls völlig legal, wenn der Besitzer des getesteten Systems davon und von den damit verbundenen Risiken weiß und mit diesen Tests einverstanden ist. Mal eben zu schauen, ob der Server der nächsten Sparkasse sicher ist, dürfte allerdings einigen Ärger bedeuten.

Die Tests gliedern sich in eine Reihe von Klassen, die nacheinander ablaufen sollten, da die vorhergehende Klasse Informationen für die nächste Testreihe liefert, wie vorzugehen ist.

→ **Entdecken (Discovery).** In diesen Tests werden allgemein und leicht zugängliche Informationen über das Zielsystem gesammelt, die auf mögliche Schwachstellen hinweisen.

---

90 Ich beziehe mich hier auf den Umgang mit der GUI. Für Puristen steht wie üblich auch eine Kommandozeilenversion zur Verfügung.

91 Das bekannteste Beispiel ist wohl die immer wiederkehrende Diskussion über ein totales Waffenverbot, obwohl die Polizei immer wieder (und immer wieder überhört) betont, dass nicht die Waffen an sich, sondern die illegalen Waffen das Problem sind. Die werden aber durch Verbote nicht weniger.

→ **Datenverkehrsanalyse (grep).** Diese Tests gehören im Prinzip noch zur ersten Gruppe, gehen aber etwas weiter, in dem sie im Datenverkehr nach auffälligen Begriffen wie „password" oder ähnlichem fahnden.

→ **Auditplugins.** In der Regel aufbauend auf den vorhergehenden Tests, die Hinweise liefern, wo eine Schwachstelle existieren könnte, aber nicht unbedingt muss, sprechen diese Tests auf Einstellungen an, die abgestellt werden müssen, will man die Seite als sicher betrachten. Zum Teil sind diese Tests anhand der vorhergehenden Ergebnisse zu konfigurieren.

→ **Exploits.** Diese Tests versuchen, kritische Informationen aus dem getesteten System zu extrahieren oder in das System einzudringen, d.h. sie liefern den Beweis, dass es sich bei den Auffälligkeiten um gravierende Schwachstellen handelt.

Eine Anwendungsschwachstelle auszunutzen ist natürlich sehr speziell und nicht so einfach mit Software von der Stange zu bewerkstelligen. Kommerzielle Tool beinhalten mehr oder weniger große Bibliotheken bereits irgendwo entdeckter Schwachstellen, die am Testsystem ausprobiert werden. Fehler werden immer wieder wiederholt, und wenn genügend Testfälle zur Verfügung stehen, steigt auch die Wahrscheinlichkeit, dass ein bereits identifizierter Fehler ein weiteres Mal auffällt.

→ **Brute force Tools.** Diese Testtools prüfen Namen/Kennwort-Kombinationen nach zu simplen Einträgen.

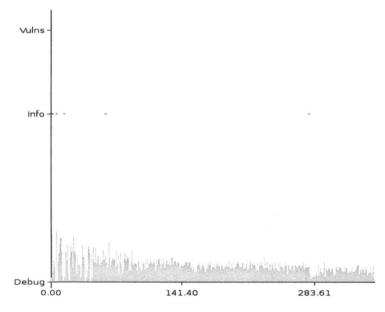

Für einige Tests ist es notwendig, die Einstellungen des Produktivsystems etwas zurück zu fahren. Beispielsweise versuchen Audit-Plugins, die auf die Möglichkeit einer SQL-Injection prüfen, einen ungültigen SQL-Befehl zu erzeugen. Die Antwort wird auf eine entsprechende Fehlermeldung überprüft, was natürlich voraussetzt, dass diese noch nicht unterdrückt wurde. Erst Exploit-Plugins versuchen wirklich, Datenbankinhalte durch SQL-Injections abzugreifen.

Eine Strategie einiger Tools besteht darin, eine Anwendung mit Daten zu füttern, die unkritisch sind, und anschließend kritische Informationen einzugeben. Aus dem Vergleich der Antworten des Servers lässt sich ableiten, ob die kritischen Informationen abgefangen werden. Unterscheidet sich die kritische Antwort von unkritischen lediglich in Teilen, in denen sich auch unkritische unterscheiden, ist der Server (vermutlich) gesichert, größere Unterschiede weisen auf eine fehlende Absicherung hin. Bei Antworten auf XSS-Angriffe kann das aber auch genau umgekehrt sein (siehe Seite 125 ff.). Diese Test funktionieren natürlich nur, wenn man ein gewisses standardisiertes Verhalten der Anwendung unterstellt.

Den Fortschritt der Tests kann man im Meldefenster beobachten, wobei nur wenige Tests tatsächlich Informationen liefern. In diesem Beispiel wird lediglich die Geschwätzigkeit des Servers moniert, der leichtfertig seine Versionsnummer verrät:

Grundsätzlich ist anzumerken, dass man Geduld mitbringen muss. Wenn man erstmalig mit solchen Frameworks in Kontakt kommt, wird man vermutlich die eine oder andere Projektliste aktivieren und auf das Ende des Tests warten. Selbst bei Beschränkung auf das Wesentliche dauern diese Tests oft recht lange. Wenn Testläufe regelmäßig durchzuführen sind, ist Systematik ratsam, um Zeit einzusparen. Die Liste der Testfälle ist sehr lang, wie man durch einen kurzen Blick in die Liste der Testtools feststellen kann, und viele Tests prüfen potentielle Verletzbarkeiten, bei denen das Verständnis sowohl der Testdetails als auch der möglichen Folgen eines positiven Ansprechens längere Erklärungen und Hintergrundkenntnisse erfordern. Wir können dies hier nicht leisten. Um zu einem gezielten Einsatz der Testwerkzeuge zu kommen, empfiehlt sich folgende Vorgehensweise:

✗ Ein (Standard)Testlauf hat Verletzbarkeiten festgestellt.

✔ Erarbeiten Sie sich ein Verständnis der Verletzbarkeit, damit Sie sie nachhaltig beheben können.

✔ Prüfen Sie, ob weitere, bislang nicht aktivierte Plugins die Verletzbarkeit austesten können, und führen Sie Testläufe auch mit solchen Plugins aus.

✔ Prüfen Sie, ob die Verletzbarkeit nachhaltig behoben werden kann oder der Test und ggf. Ergänzungen dazu im Testablauf bleiben sollten.[92]

✗ Der Testlauf hat informative Meldungen erzeugt.

    ✔ Ermitteln Sie, welche Gefährdungen aus diesen Vorkommnissen resultieren.

    ✔ Prüfen Sie, ob ein Abstellen möglich/sinnvoll ist.

✗ Der Testlauf hat Fehler in der Ausführung bestimmter Plugins angezeigt.

    ✔ Erarbeiten Sie sich ein Verständnis der geprüften Vorkommnisse.

    ✔ Prüfen Sie, ob die Tests an Ihrem System sinnvoll sind. Möglicherweise resultieren die Fehlermeldungen aus einem nicht sinnvollen Einsatz.

    ✔ Prüfen Sie, ob die Tests anders konfiguriert werden müssen, und wiederholen Sie die Tests.

✗ Prüfen Sie nach und nach die nicht aktivierten Tests.

    ✔ Erarbeiten Sie sich ein Verständnis, was bestimmte Tests prüfen.

    ✔ Vergleichen Sie verschiedenen Tests mit dem gleichen Ziel.

    ✔ Aktivieren Sie Tests, die Ihrer Ansicht nach für Ihr System sinnvoll sind.

Um ein besseres Verständnis für die Tests zu erhalten, öffnen Sie das leere Profil, in dem keine Tests ausgewählt sind. In den Testkategorien können Sie nun einzeln Test anwählen, wobei auf der rechten Seite eine (oft arg kurze und unzureichende) Erklärung erscheint, was getestet werden soll. Als erste Quelle weitere Informationen dient die **w3af**-Webseite. Die Testsoftware ist in der Programmiersprache **python** geschrieben (Oh Gott! Noch eine!), und in den Kommentaren bzw. der Beschreibung sind weitere Details zu finden, zumindest so viel, dass man nun im Internet auf die Suche gehen kann, was sich hinter dem Test noch alles verbirgt.

Manche dieser Tests prüfen Funktionen, die Sie in Ihrer Anwendung nicht vorgesehen haben. Der Test **LDAPi** macht zum Beispiel nur Sinn, wenn Sie eine LDAP-Anwendung installiert haben. Gleichwohl können Sie natürlich auch solche Tests einmal ausführen, um sicherzugehen, dass in Ihrer Anwendung tatsächlich nichts vorhanden ist. Das ist besonders dann nicht falsch, wenn Sie Fremdanwendungen in Ihre Anwendung integriert haben, bei denen Sie nicht sicher sind, was dort alles enthalten sein könnte.[93]

Andere Tests wie **bufferOverflow** prüfen Systemschwachstellen der verwendeten Softwarebausteine (Server, PHP-System, usw.). Wenn Sie die aktuellen Versionen verwenden, dürfte hier nichts auffallen. Diese Tests kann man „nebenbei" durchführen, da hier ohne viel Aufwand i.d.R. nicht viel zu lernen ist.

---

92 Sofern der Test nicht übermäßig viel Zeit in Anspruch nimmt, ist von einem Aussondern abzuraten.

93 Wenn man eine Anwendungsversion ohne **LDAP** kauft, in der Gesamtanwendung **LDAP** eine mögliche Option ist, muss man sich nicht unbedingt darauf verlassen, dass der Lieferant in dre abbestellte Variante **LDAP** tatsächlich nachhaltig deaktiviert hat.

Konfigurationstests (z.B. **hmap**) zeigen, welche Informationen über den Server ausgelesen werden können und wohin man von Außen gelangen kann. Hier ist ein sorgfältiger Vergleich notwendig, ob Sie diese Informationen (Ihrer Meinung nach) gesperrt haben. Die Tests geben in den Detaillisten bekannt, wo und wie sie die Informationen gefunden haben, so dass Sie durch eine Analyse herausfinden können, was Sie in Ihrer Anwendung ändern müssen.[94]

Bei vielen Tests werden Sie feststellen, dass „komische" Seitenaufrufe in der Logdatei (die man auf jeden Fall durchblättern sollte) vorhanden sind. Dies hat damit zu tun, dass das Testtool auf eine Vielzahl anderer Anwendungen vor Ihrer losgelassen wurde, die irgendwelche Verletzbarkeiten enthielten. Viele dieser Fälle gehen in das Testtool ein. Programmierer verwenden für Variablen, Verzeichnisse, Funktionen und Klassen aussagefähige Namen, um die Anwendungen langfristig wartbar zu halten, und viele Funktionalitäten, wenn nicht gar komplette Anwendungen wiederholen sich. Mit jeder gefundenen Schwachstelle steigt die Wahrscheinlichkeit, dass der nächste Programmierer, der ebenfalls den gleichen Fehler macht, Namen und Bezeichnungen verwendet, auf die der Test anspricht.

Wenn es die Umstände zulassen, macht es durchaus Sinn, die eine oder andere Meldung des Testsystems durch eine gezielt konstruierte Seite bewusst zu provozieren.[95] Beispielsweise können Sie versuchsweise **phpinfo()** aktivieren und den dazu gehörenden Test laufen lassen. Haben Sie alles richtig konfiguriert oder findet der Test doch noch Löcher, die Sie übersehen haben? Dies ist natürlich ein schnell und einfach durchführbarer Test, andere Schwachstellen sind komplizierter einzubauen. Aus solchen Versuchen kann man zweierlei Nutzen ziehen:

a) Selbst in der Praxis erfolgreich ausprobiert kann man sicher sein, das Problem komplett verstanden zu haben.

b) Gut konstruierte Seiten mit (vermeintlichen) Schwachstellen können als Honeypots bei Angriffen eingesetzt werden.

> Honeypots sind Seiten, die einen Angreifer vom eigentlichen Ziel ablenken und gleichzeitig dem Betroffenen Gelegenheit geben sollen, den Angreifer zu identifizieren. Konkret würde man mit Option b) Seiten bereitstellen, die anscheinend Schwachstellen besitzen, und dann beobachten, ob jemand versucht, die Schwachstelle zu nutzen. Da Schwachstellen ja in der Regel erst bei entsprechenden Tests auffallen, kann man bei einem Versuch der Nutzung schon davon ausgehen, dass es sich um einen ernst gemeinten Angriff handelt.[96] Ganz unkritisch ist eine solche Nutzung allerdings nicht, denn man muss ja sicher sein, dass die konstruierte Schwachstelle für den Inhaber

---

94 Hier kann durchaus der Fall eintreten, dass Ihre Konfiguration (→ HTTP-Header-Einstellungen) völlig korrekt war und die Information an einer ganz anderen Stelle durchgesickert ist (→ Informationen im HTML-Teil).

95 Der „Umstand" besteht in der Regel darin, dass man die Zeit dafür aufbringen kann. Das gilt auch für die Konstruktion spezieller Tests. In einem Unternehmen haben die Mitarbeiten in den seltensten Fällen Zeit für solche Arbeiten. Wenn eine Hochschule in der Nähe ist, kann man versuchen, Studenten für solche Projekte zu gewinnen.

96 Der Honeypot ist – korrekt aufgebaut – also keine Einladung zur Kriminalität.

nicht doch eine Gefahr darstellt. Meist werden solche Honeypots daher in Umgebungen ohne Kontakt zum eigentlichen Zielsystem eingerichtet.

Noch eine wichtige Prüfung: hat der Test alle Seiten Ihrer Anwendung erreicht? Es nützt wenig, wenn auf einer Seite Texte editiert werden können, das XSS-Testtool aber gar nicht bis zu dieser Seite vordringt. Es kann auch notwendig sein, bestimmte Funktionen außer Betrieb zu setzen. Ein Testtool kann sich nicht durch Ihre Seite wühlen, wenn es bereits beim Login hängenbleibt. **webSpider** ist ein solches Tool, das das alleine versucht und dabei erstaunlich weit kommt, wie das Beispiel unten, dass von einer Einstiegsseite mit einigen auskommentierten Links ausgeht, zeigt. Rekursiv werden fast alle Links auf die verschiedenen Controller und ihre Funktionen gefunden. **spiderMan** wiederum beobachtet, wie Sie mit einem Browser durch Ihre Webseite surfen, wobei es dann an Ihnen selbst liegt, was alles geprüft wird. Wenn nicht alles erwischt wird (eine Liste, was in Ihrer Anwendung angesprochen werden kann, ist sicher hilfreich), muss man dem Testtool ggf. durch genauere URLs auf die Sprünge helfen.

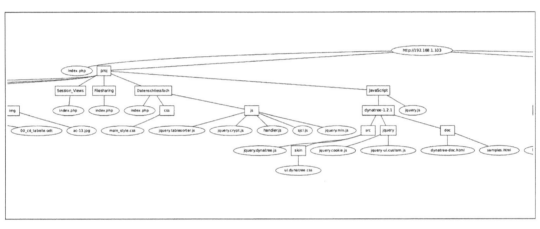

```
<html><body><h1>It works!</h1>
<p>This is the default web page for this server.</p>
<p></p>
<p><a href="http://192.168.1.103/phpmyadmin">PHPMyAdmin -
Datenbankverwaltung</a></p>
<p><a
href="http://192.168.1.103/proj/CodeIgniter/index.php">CodeIgniter</a
></p>
<!--
<p><a href="http://192.168.1.103/proj/Sammlung/index.php">Sammlung -
Kartei</a>
<p><a
href="http://192.168.1.103/proj/Session_Views/index.php">Extended
Sessions</a></p>
<p><a
href="http://192.168.1.103/proj/DokumentenManagement/PHP-Server/index
.php">Dokumenten-Management</a></p>
<p><a
href="http://192.168.1.103/proj/Datenschliessfach/index.php">Datensch
liessfach</a>
<p><a
href="http://192.168.1.103/proj/Filesharing/index.php">Filesharing</a
>
-->
</body></html>
```

Wie schon bemerkt, sind die Tests von **w3af** ist in der Programmiersprache **python** geschrieben. Der Quellcode vieler ist nicht besonders lang, so dass man gute Chancen hat, ihn zu verstehen. Wenn man einfache Tests anhand der Quellcodes nachempfinden kann, kann man sich auch Gedanken darüber machen, ob für die eigene Anwendung an einigen Stellen eine Ergänzung sinnvoll ist, die automatisch durchführt, was man gemäß dem letzten Abschnitt von Hand in die Wege leiten muss (zu lassen, siehe Fußnote).

Beispiel. Das Modul **file_upload** soll testen, ob Verletzbarkeiten bei Uploads bestehen sind. Das Upload-Modul der Anwendung ist nicht korrekt eingerichtet, wenn

- die Dateigröße nicht beschränkt ist,

- die Dateitypen nicht per Kontrolle der Erweiterung eingeschränkt sind,

- die Dateitypen nicht darauf kontrolliert werden, ob Erweiterung und Inhalt miteinande vereinbar sind.

HTML-Dateien können Skript-Code enthalten und zu einem Versuch, die Seite zu übernehmen, verwendet werden. GIF-Dateien können ebenfalls ausführbaren Code enthalten, und ZIP-Dateien können statt eines Archivs auch ausführbaren Code enthalten. Alles das kann getestet und unterbunden werden.

Das Upload-Modul der Anwendung kann sich aber auch tief in einem JS-Editor verstecken. Der Spider sollte solche Zusammenhänge finden können, kann aber auch der Upload-Tester bis dorthin vordringen und den Loader prüfen? Welche Mittel muss man ergreifen, um ihn dazu zu überreden, wenn dies nicht der Fall ist?

Fazit. Je mehr Sie sich mit den Tests beschäftigen, desto mehr werden Sie auf Hinweise stoßen, dass Sie die eine oder andere Konfiguration doch noch einmal überarbeiten oder Änderungen in Ihrer Anwendung vornehmen sollten. Bewerten Sie die Meldungen sorgfältig, damit keine Endlosspirale daraus wird! Viele (auch rote und damit wichtige) Meldungen sind Informationen, mehr nicht, und man muss sich nicht weiter darum kümmern. Wenn Sie zuvor sorgfältig nach den angegebenen Regeln gearbeitet haben, werden wirklich kritische Meldungen die Ausnahme sein.

Sichern Sie die Ergebnisse von Testläufen, um bei Wiederholungen anhand der Unterschiede feststellen zu können, ob die wichtigen Meldungen erfolgreich bearbeitet worden sind.

7 Kontrollen im laufenden Betrieb

7.1 Systemupdates

Dienen die bisher diskutierten Maßnahmen hauptsächlich der Prävention, so kommen wir nun zu Kontrollen im laufenden Betrieb. Eine erste passive Maßnahme ist die regelmäßige Überprüfung auf das Vorliegen von Sicherheitsupdates der verwendeten Software. Die Zyklen, in denen solche Updates erscheinen, können unter Umständen recht kurz sein. Das Update selbst ist kein Vorgang, der nebenbei erfolgen darf (zumindest, wenn es sich um einen geschäftlichen Server handelt):

a) Der Server ist außer Betrieb zu nehmen.

b) Vom aktuellen Zustand ist ein komplettes Backup zu ziehen, um bei einem Fehlschlagen des Updates zumindest mit der alten Version weiterarbeiten zu können.

c) Die Updates sind aufzuspielen.

d) Die Konfigurationsdateien sind mit den alten Konfigurationsdateien abzugleichen (z.B. mittels **Kompare** oder einem ähnlichen Programm, das Unterschiede in Dateien analysiert). Es darf nicht passieren, dass sorgfältig erstellte Konfigurationsdaten gegen unsichere Daten im Rahmen eines Updates ausgetauscht werden.

e) Der Server ist zu starten und die Funktionen und Daten auf korrektes Funktionieren zu überprüfen. Dies wird i.d.R. eine Minimalprüfung sein, da komplette Prüfungen aus zeitlichen Gründen ausscheiden.

f) Erst jetzt kann der Server wieder im Internet in Betrieb gehen.

Zwar sind Probleme heute eher selten, aber ein längerer Ausfall eines geschäftlich genutzten Servers aufgrund irgendwelcher Inkompatibilitäten kann heute auch kaum noch akzeptiert werden. Teilen sich mehrere Server die Arbeit, lässt sich die Problematik durch Einzelumrüstung abschwächen. Trotzdem ist zu empfehlen, Sicherheitsupdates erst einmal dahingehend zu überprüfen, ob die geschlossenen Sicherheitslücken für die eigenen Anwendung relevant sind. Ggf. kann man mehrere Updates abwarten und intensive Systemtests auf einem Laborserver vornehmen.

7.2 Datenverkehrsanalyse und Angriffserkennung

Abgesehen von DoS-Attacken, die den Server in die Knie zwingen, ist es nicht einfach, Angriffe zu erkennen. Die Wirkung von direkten DoS-Angriffen auf den Server lassen sich durch Firewalls unter Kontrolle bringen, sofern nicht große Bot-Netze mit vielen Client-Systemen beteiligt sind. Die Linux-Firewall **iptables** kann durch

```
iptables -A INPUT -s xxx.xxx.xxx.xxx -j DROP
iptables -A INPUT -p tcp --syn -m limit --limit 1 /s
      --limit-burst 8 -j DROP
```

so eingestellt werden, dass durch Sperren von IP-Adressen oder durch Beschränken der gleichzeitig offenen Verbindungen zu einem Client auf eine kleine Zahl die Belastung begrenzt bleibt.[97]

Andere Angriffe kann man sich lediglich durch Analyse der Datagramme erkennen, womit man sich in den Arbeitsbereich der Intrusion Detection Systems IDS begibt. Ein Linuxwerkzeug, das den Datenverkehr nach verschiedenen Gesichtspunkten aufzeichnen und analysieren kann, ist **snort**.[98] Das IDS muss an eine Position im Netzwerk installiert werden, an der der verdächtige Verkehr auch zu beobachten ist, und ist mit einer Liste von Regeln versehen, nach denen der Datenverkehr beobachtet und aufgezeichnet werden soll. Das sollte möglichst gezielt erfolgen, d.h. der Administrator muss eine Vorstellung davon haben, welche Bedrohung vorliegt und wie diese nachgewiesen oder ausgeschlossen werden kann. Wieder begeben wir uns hier auf ein Gebiet, das einiges an Spezialkenntnissen verlangt, die wir hier nicht liefern können.

Da die Server durch die Tests gut abgesichert sind und das Umfeld ebenfalls zur Sicherheit beiträgt, kann man das Thema auch aus dem Katalog aktiver Maßnahmen ausschließen und erst dann sehr gezielt auf IDS-Werkzeuge zurück kommen, wenn Verdachtsmomente vorliegen.[99]

Im Fall eines erkannten Angriffs sind die Log-Daten der einzelnen Zugriffe wichtig, um die Herkunft von Angreifern zu ermitteln. Ist ein Angriff erkannt, muss schnell reagiert werden, da die in den Log-Dateien vorhandenen Daten meist nicht länger als 24 Stunden im Netz zu einem bestimmten Rechner zurück verfolgt werden können (vergleiche Kapitel 3.3 Bei Angriffen richtig reagieren. auf Seite 71 ff.).

7.3 Webseitenstatistik

Programme zur Erstellung von Webseitenstatistiken gehen ähnlich wie IDS-Programme vor. Auch sie beobachten und analysieren den Datenverkehr, bevor er zum Server geleitet wird. Die Zielrichtung der Analyse ist jedoch eine andere als bei einem IDS. Interessant beim Ser-

---

97 Die DDoS-Abwehr hängt natürlich auch von der Zahl der beteiligten Clientsysteme ab.

98 Für eine Echtzeitanalyse kann man auch Werkzeuge wie **wireshark** verwenden, die jedoch eher im Test als im Betrieb eingesetzt werden.

99 Die Dokumentenkontrolle im Rahmen des Emailverkehrs, die wir in Kapitel 8.3.3 Content-Policy--Filter auf Seite 176 ff. diskutieren werden, kann man zwar auch hier verorten, aber wir trennen dies und einige andere Kontrollen vom allgemeinen IDS ab.

verbetrieb sind Fragen nach der Herkunft der Nutzer, des Datenaufkommens, der Zugriffe von Suchmaschinen, der Clientsysteme, der aufgerufenen Seiten usw. Diese Fragen sind nicht unmittelbar für die Sicherheit interessant, sondern betreffen zunächst wirtschaftliche Fragen des Serverbetriebs:

> Wie groß ist die Serverauslastung? Arbeitet das System noch annehmbar für die Kunden oder müssen Maßnahmen zur Verbesserung der Performanz ergriffen werden?

> Wer sind die Besucher? Wird das beabsichtigte Publikum angesprochen oder gibt es eine größere Nutzergruppe, die man noch nicht im Visier hatte? Werden die Angebote korrekt bei den Suchdiensten platziert?[100]

> Wie kommen die Besucher auf die Seiten? Sind Werbemaßnahmen auf anderen Seiten richtig platziert, werden die richtigen Produkte beworben?

> Werden die wichtigen Seiten besucht und verweilen die Besucher ausreichend lange auf einer Seite? Diese Statistik kann Hinweise zur Änderung des Seitenlayouts oder der Wirkung von Änderungsmaßnahmen geben.

> Wie groß ist der kommerzielle Erfolg des Angebots? Hier kann man zusätzliche Informationen über die Produktakzeptanz selbst erhalten.

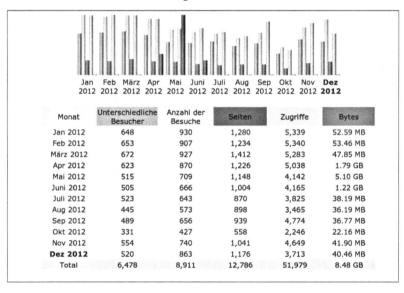

Monat	Unterschiedliche Besucher	Anzahl der Besuche	Seiten	Zugriffe	Bytes
Jan 2012	648	930	1,280	5,339	52.59 MB
Feb 2012	653	907	1,234	5,340	53.46 MB
März 2012	672	927	1,412	5,283	47.85 MB
Apr 2012	623	870	1,226	5,038	1.79 GB
Mai 2012	515	709	1,148	4,142	5.10 GB
Juni 2012	505	666	1,004	4,165	1.22 GB
Juli 2012	523	643	870	3,825	38.19 MB
Aug 2012	445	573	898	3,465	36.19 MB
Sep 2012	489	656	939	4,774	36.77 MB
Okt 2012	331	427	558	2,246	22.16 MB
Nov 2012	554	740	1,041	4,649	41.90 MB
Dez 2012	520	863	1,176	3,713	40.46 MB
Total	6,478	8,911	12,786	51,979	8.48 GB

Für die Beantwortung solcher Fragen kann beispielsweise **AWStats** genutzt werden, das alles dies und einiges mehr aufzeichnen kann. Für die Webseitenentwicklung besonders interessant dürften differentielle Analysen sein, d.h. was ändert sich nach einer Maßnahme? Was unter wirtschaftlichen Gesichtspunkten wie zu interpretieren ist, ist allerdings nicht Gegenstand dieser Betrachtungen.

---

100 Die letzte Frage lässt sich natürlich nur in Verbindung mit Beobachtungen der Suchmaschinenergebnisse beantworten.

8   Sichere Netzwerke und Emails

Im abschließenden Kapitel wenden wir uns der Umgebung des Webservers zu, die einerseits für die Sicherheit eine wesentliche Rolle spielt, andererseits die Geschäftsvorfälle, die mit dem Betrieb einer gewerblichen Webseite verbunden sind, ergänzt.

> ➢ Der Geschäftsbetrieb erfordert einen aus dem Internet zugänglichen Server, ein Unternehmensnetz, das selbst Zugang zum Internet besitzt, aber nicht aus dem Internet angesprochen werden kann, sowie Wartungsschnittstellen zum Server, die ebenfalls nicht von Außen erreichbar sein sollte.
>
> Diese Aufteilung der Netzbereiche wird durch Firewalls realisiert, die viele weitere Sicherungsfunktionen übernehmen und den Betrieb vor äußeren, aber auch vor inneren Störungen schützen.

> ➢ Im Rahmen der Geschäftsabwicklung über einen Server besteht immer wieder die Notwendigkeit, einem Nutzer weiter Informationen in Form von Emails zukommen zu lassen. So viel Aufwand betrieben wird, um Server sicher zu machen, so wenig Sorgfalt herrscht bei der Absicherung der Emails.

> ➢ Komplexere Fragestellungen werden vom Nutzer ebenfalls in Form von Emails abgewickelt. Neben dem Absicherungsproblem besteht hier auch das Problem der Zuordnung: wer ist für die Bearbeitung zuständig?

> ➢ Einen Schritt weiter gedacht: wie kann verhindert werden, dass Informationen nur an diejenigen gelangen, die sie auch sehen dürfen. Unbeabsichtigter Datenexport betrifft nicht nur den Informationsaustausch mit dem Kunden, sondern auch innerhalb des Unternehmens.

> ➢ Sicherheit ist immer mit Sicherheitsrichtlinien verbunden, die einzuhalten sind. Das ist am Einfachsten, wenn es nicht oder kaum möglich ist, an den Sicherheitsrichtlinien vorbei zu operieren.

8.1   Systemsicherung

Zur Systemabsicherung gehören

- die Abschottung des Netzwerkes gegen von Außen und von Innen nicht erwünschte Zugriffe durch Firewalls,

- die Kontrolle von zulässigen Informationswegen, auf denen aber keine unzulässigen Informationen versandt werden sollen, durch Proxies

- die Kontrolle der Arbeitsplätze und der für den Normalbetrieb wesentlichen Server wie den Nameserver und den Konfigurationsserver

- und die physikalische Sicherung des Systems.

8.1.1   Firewall

Wir beginnen mit einer Definition:

> Server sind Bestandteil des WWW (Internet), Arbeitsplatzrechner der Mitarbeiter gehören ins Intranet.

Damit ist gemeint, dass Server eine weltweit gültige einmalige IP-Adresse besitzen müssen, um auch von jedem Ort erreicht werden zu können, während Arbeitsplatzrechner zwar das Internet erreichen können sollen, jedoch aus dem Netz nicht so ohne weiteres erreicht werden sollen. Arbeitsplatzrechner erhalten daher in der Regel IP-Adressen, die auch andere Nutzer der Internet/Intranet-Netzarchitektur verwenden können und die nicht einmalig im WWW sind. Um ins Internet zu gelangen, wird ein Router benötigt, der die Adressen umsetzt und Verbindungen wirkungsvoll kontrollieren kann (auch Gateway mit NAT=Network Address Translation genannt). Der Router lässt in der Regel nur Verbindungen von innen nach außen zu und weist von außen kommende Verbindungswünsche ab. Das Intranet ist so gegen viele Angriffe von außen geschützt und vor allen Dingen weiter arbeitsfähig, wenn Hacker Teile des Internets lahm legen.

> Der Router besitzt eine WWW-Adresse. Werden TCP-Verbindungen aus dem Intranet intiiert, trägt der Router seine IP-Adresse und den von ihm verwendeten Port in die Datagramme ein und erstellt gleichzeitig eine Tabelle, die die Umsetzung der Serverantworten in die entsprechenden internen IP/Port-Kombinationen erlaubt. Anfragen von Außerhalb können sich nur an den Router richten, der ohne spezielle Tabellen, was er wohin leiten soll, nichts damit anfangen kann und die Anfragen abblockt.

Das bislang auf der Protokollversion IPv4 basierende WWW ist ohne diese Architektur Internet-Intranet nicht funktionsfähig, weil nicht alle existierenden Rechner im IPv4-Adressraum unterzubringen sind. Mit IPv6, das in den nächsten Jahren die Rolle als Transportprotokoll übernehmen wird, ist dies nicht mehr notwendig, d.h. jeder Arbeitsplatzrechner könnte eine eigene WWW-IP-Adressen erhalten. Welche sicherheitstechnischen Auswirkungen dies haben wird, bleibt abzuwarten.

Server sind Bestandteil des Internets und werden somit <u>vor</u> dem Router dem Router zum Intrant installiert. Während der Entwickler alles auf einer Maschine vereint und auch das Testsystem meist aus einer virtuellen Maschine besteht, an der die Tests durchgeführt werden, ist die Situation des Produktivservers meist komplizierter:

- Webseiten mit höherem Kundenverkehr müssen ggf. mehrere physikalische Server, gekoppelt mit einer Lastverteilung, verwenden.

- Verschiedenen Dienste (HTTP, SQL, Mail) sind möglicherweise auf verschiedene Servermaschinen verteilt.

- Interne Schnittstellen (Administration, Datenbanken) sind vor Zugriffen aus dem Internet zu schützen.

Es empfiehlt sich daher, auch vor dem Serverbereich eine Firewall zu installieren, die in beide Richtungen nur dann Datagramme passieren lässt, wenn sie vorgegebenen Reglen entsprechen. Eine Firewall, deren Konfiguration sehr übersichtlich gestaltet ist, ist IPCop, eine spezielle Linuxdistribution, die außer der Filtersoftware nur noch eine HTTP-servergestützte Konfigurationsschnittstelle beinhaltet. Die Netzwerktopologie von IPCop gibt die folgende Grafik sehr anschaulich wieder:[101]

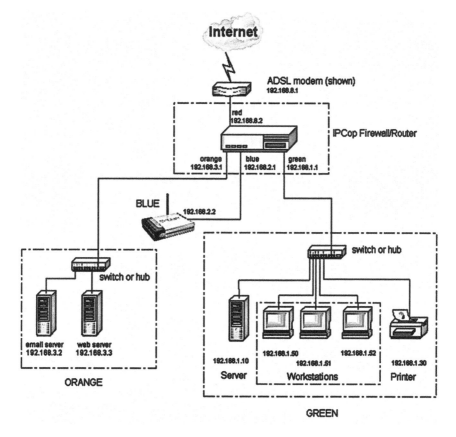

Die Internetanbindung (red) lässt sich in drei Bereiche routen:

1. Die DMZ (demilitarisierte Zone, orange), in der sich die Server befinden.

2. Das Intranet (green) mit den Arbeitsplatzrechner, Druckern und sonstigen Geräten.

3. Den WLAN-Bereich (blue), der formal zum Internetbereich gezählt wird, aber aufgrund der besonderen Sicherheitssituation ausgegliedert werden kann.

Wie die Abbildung zeigt, sind sämtliche Netzwerkbereich über NAT geschützt, was die Filterung sehr effektiv macht und bestimmte Angriffsmöglichkeiten, die ein reiner Paketfilter noch bieten würde, gar nicht zulässt.

---

101 Ich danke dem IPCop-Entwicklerteam für die Freigabe dieser Grafik.

Zu Übungszwecken kann IPCop in einer virtuellen Maschine installiert und gestartet werden (Sie sollten damit beginnen, denn bis Sie alles im Griff haben, sind sicherlich eine Reihe von Versuchen notwendig). Zumindest die rote und die grüne Schnittstelle müssen hierbei konfiguriert sein, und da die Firewall nur über die grüne Schnittstelle administriert werden kann, muss diese Schnittstelle auch vom Host-System aus erreichbar sein. Wenn Sie live-Tests durchführen wollen, also eingestellte Regeln in der Praxis auch ausprobieren wollen, bieten sich mehrere weitere virtuelle Maschinen an, die die Rollen der verschiedenen Netzwerkbereich übernehmen.

Ist das System installiert, kann die weitere Einstellung über den Browser vorgenommen werden. Das Konfigurationsmenue ist aus dem Intranet (grünes Netzwerk) mit dem HTTPS-Protokoll über den Port 8443 erreichbar.[102] Weitere Verbindungsmöglichkeiten, die aber erst nach Freigabe im Konfigurationsmenue zugänglich sind, sind **sftp** und **ssh**, zugänglich über den Port 8020. Die **sftp**-Schnittstelle wird beispielsweise zum Aufspielen von Updates und Addons oder zum Herunterladen von Log-Dateien benötigt. Im Systemstatusfenster kann man sich zunächst einen groben Überblick über aktivierte Schnittstellen und Dienste verschaffen:

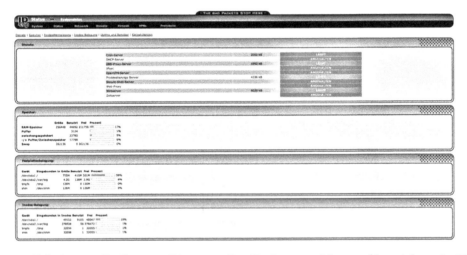

Die Firewall hält eine Reihe von Diensten für die inneren Netzwerkbereiche wie DHCP, Proxy oder DNS bereit, die nach der Inbetriebnahme zunächst konfiguriert werden sollten. Wir werden uns diesen Diensten in den beiden Folgekapitel genauer annehmen.

---

102 Die Portnummer ist bewusst ungewöhnlich gewählt, um die Firewallkonfiguration aus dem normalen HTTP-Geschäft, das sich auf den Ports 80 oder 443 abspielt, herauszuhalten. Allerdings auch nicht schwierig zu finden, denn 8080 und 8443 sind die „Ersatzportnummern" für HTTP und HTTPS, wenn die unteren Portnummern einmal nicht genügen.

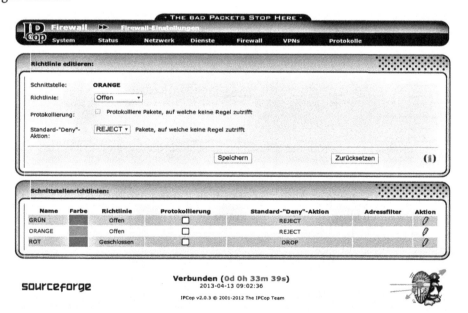

Die implizite Vertrauenswürdigkeit der Netzwerkbereiche in aufsteigender Reihenfolge ist

ROT → ORANGE → BLAU → GRÜN

und in der Grundeinstellung sperrt die Firewall nur den Verkehr in ein sicheres Netzwerk hinein. Aus Sicherheitsgründen sollten Sie den internen Nutzern nicht nur Dienste anbieten, sondern sie auch zwingen, keine anderen zu nutzen, was Sie in den generellen Regeln festlegen können.

Quelle	Richtlinie	Ziel		Regeltyp
GRÜN	Offen	IPCop	Offen für bekannte Dienste	Zugriff auf IPCop
GRÜN	Offen	ROT	Offen	Ausgehender Traffic
GRÜN	Offen	ORANGE	Offen	Interner Traffic
GRÜN	Offen	BLAU	Offen	Interner Traffic
GRÜN	Halb offen	IPCop	Offen für bekannte Dienste	Zugriff auf IPCop
GRÜN	Halb offen	ROT	Geschlossen	Ausgehender Traffic
GRÜN	Halb offen	ORANGE	Geschlossen	Interner Traffic
GRÜN	Halb offen	BLAU	Geschlossen	Interner Traffic
GRÜN	Geschlossen	IPCop	Geschlossen	Zugriff auf IPCop
GRÜN	Geschlossen	ROT	Geschlossen	Ausgehender Traffic
GRÜN	Geschlossen	ORANGE	Geschlossen	Interner Traffic
GRÜN	Geschlossen	BLAU	Geschlossen	Interner Traffic

Die Strategie „halb offen" lässt auch aus dem grünen Netz heraus nur noch kontrollierten Verkehr zu. Serververbindungen in die orangene Zone oder zu zulässigen externen Servern im Internet werden in Einzel- oder Gruppenregeln festgelegt, wie beispielsweise auch die Portweiterleitung für die Server in der orangenen Zone für Anfragen aus dem Internet.

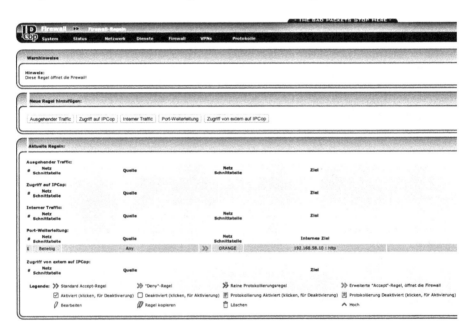

Angesichts der Vielzahl der Protokolle, auf die wir in Kapitel 6.2 Portmapper hingewiesen haben, mag es erstaunlich klingen, aber in der Praxis bewährt sich am Besten die Regel

„sperre zunächst alles und lasse selektiv zu, was benötigt wird".

In einem Unternehmensnetz wird nämlich gar nicht zu viel benötigt:

> Nur intern benötigte Server sind im Intranet, zum HTTP-Webserver in der orangenen Zone wird ein Zugang geschaffen, zu den Administratorschnittstellen von

HTTP-Server und SQL-Server werden nur Zugänge für die Administratoren geschaltet.

➤ Emails sind über den eigenen Server abzuwickeln, der ebenfalls in der orangenen
Zone installiert wird. Zu ihm gibt es Zugänge aus dem grünen Netz, und nur er gelangt in das Internet.

➤ Für VoIP wird ein SIP-Server in der orangenen Zone installiert.[103] Hier sind TCP-
und UDP-Ports (RTP-Ports) freizuschalten.

➤ DNS-Service wird von IPCop bereit gestellt, der Verkehr ins Internet wird über den
internen Proxyserver geleitet. Sonstige Verbindungen ins Internet sind für diese
Dienste nicht freigegeben.

Mehr wird normalerweise nicht benötigt. Im Einzelfall notwendige Spezialdienst werden
einzeln konfiguriert. Für die Konfiguration kann man Dienste (Protokolle) zu Dienstgrup-
pen und IP-Adressen zu Adressgruppen zusammenfassen. In den Regeln werden Adressen
oder Adressgruppen auf andere Adressen/Adressgruppen für bestimmte Dienste/Dienst-
gruppen abgebildet.

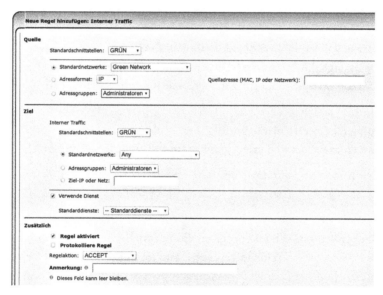

Für die Anbindung externer Rechner an das Intranet die Verbindung physikalisch getrennter Netzwerke zu einem Intranet stellt IPCop IPsec (Verbindung getrennter Netzwerkbereiche) und OpenVPN (Anbindung mobiler Rechner) zur Verfügung. Die Verschlüsselung und
Authentifizierung der Verbindungen erfolgt über Zertifikate, deren Erzeugung in IPCop integriert ist. Da es sich ausschließlich um private Verbindungen handelt, sind externe Root-
CAs nicht notwendig. Wenn allerdings schon Zertifikate in anderen Bereichen verwendet
werden (siehe Kapitel 2.6 SSL/TLS ab Seite 43 und sämtliche Unterkapitel), können diese
importiert und auch für VPN-Nutzung verwendet werden.

---

103 Es gibt auch IPCop-Versionen mit integriertem asterisk-SIP-Server.

Der Datenverkehr lässt sich nach verschiedenen Regeln grafisch darstellen und protokollieren, wobei sich der Administrator zu fragen hat, zu welchem Zweck protokolliert werden soll:

- ✗ Geht es um Hackerangriffe, dessen Quelle man analysieren will?

- ✗ Geht es um die Methode, mit der Hacker versuchen, in das System einzudringen?

- ✗ Geht es um unerlaubten Datenexport aus dem inneren Netzwerk?

- ✗ Geht es um Verstöße gegen die Nutzungsregeln des eigenen Netzwerkes?

- ✗ Geht es im Datenschutzprobleme?

- ✗ Geht es um Netzwerkoptimierung und Bandbreitenregelung?

Die Fragestellungen können komplex sein, und man muss sich natürlich dabei auch fragen, wie die zum Teil erheblichen Datenmengen interpretiert werden können.[104] Um zu protokollieren, ist der entsprechende Dienst oder die Dienstgruppe als Firewallregel anzulegen und die Protokollierungsparameter anzugeben.

Für Übungszwecke mögen diese Erläuterungen erst einmal genügen. Die Details erschließen sich Ihnen im Verlauf der Konfiguration und mit Hilfe des sehr ausführlichen online-Manuals. Gehen Sie auch hier nach Strategien vor, die Sie bereits bei der Servereinrichtung angewendet haben:

- ♦ Sichern Sie vor Versuchen die aktuelle Konfiguration. Die Sicherung und Wiederherstellung erfolgt direkt auf dem IPCop-System, vergessen Sie aber auch nicht den Export und die externe Sicherung der Produktivkonfigurationen.

- ♦ Führen Sie zunächst Versuche auf Testsystemen aus. Einige Einstellungen sind anfangs möglicherweise etwas knifflig. Die Probe, ob abzustellender Verkehr auch abgestellt ist, ist meist schnell erledigt, aber funktioniert der Rest noch?

- ♦ Aktivieren Sie Konfigurationsupgrade im Produktivsystem zu Schwachlastzeiten und binden Sie die Mitarbeiter ein, indem diese testen, ob alle benötigten Funktionen laufen.

Wenn nicht alle erwarteten oder benötigten Funktionen vorhanden sind, kann man ergänzend noch eine Reihe von AddOns installieren. Das ist in der Regel recht einfach: die zusätzlichen Binärdateien (auf die korrekte Version achten!) werden über **sftp** in ein Installationsvezeichnis geladen und in einer **ssh**-Konsole installiert. Anschließend stehen die neuen Funktionen in der GUI zur Verfügung. Beim Betrieb einer Firewall wie IPCop im Produktivsystem ist zu beachten:

- → IPCop ist eine Firewall und soll den Verkehr regeln. IPCop ist primär kein Intrusion Detection System (IDS), das bestimmte Angriffe erkennen kann oder soll (allerdings kann **snort** als Systemfunktion integriert werden).

- → IPCop ist eine physikalische Einheit und keine Applikation auf einer virtuellen Maschine.

---

104 Beim BSI erhält man verschiedene Studien und Empfehlungen zur Einstellung der Firewallregeln unter verschiedenen Fragestellungen.

8.1.2 Web-Proxy

Ein Web-Proxy-Server trennt die Client-Maschine vollständig vom Server. Der Client fragt den Proxy-Server, dieser den Server, und dessen Antwort gelangt über die Kette rückwärts zum Client. Diese Stellvertreterfunktion eines Proxys ist aus mehreren Gründen auch sinnvoll:

- **Sicherheit.** Der Client fragt nicht selbst, er lässt seinen Proxy fragen. Der Client tritt damit z.B. bei Anfragen ins Internet nicht selbst in Erscheinung. Die Antwort eines Servers geht ebenfalls nur an den Proxy, nicht an den Client, ein damit verbundener Angriff würde also in erster Linie den Proxy und nicht den Client treffen. Ein Proxy kann also den Client schützen.

- **Verkehrslenkung.** Wenn Daten aus unterschiedlichen Netzen geholt werden müssen, kann ein Proxy zu einer vereinfachten Verkehrslenkung beitragen. Es muss nicht jeder Client wissen, was wo herkommt. Die Regeln hierfür können allein im Proxy gepflegt werden.

- **Zugriffssteuerung.** Ein Proxy ist auch geeignet, um Zugriffe zu steuern und zu regeln. Nicht jeder darf überallhin. Für bestimmte Zugriffe soll eine Authentifizierung vorgenommen werden. Dies kann ein Proxyserver erledigen.

- **Protokollierung.** Jeder Zugriff über einen Proxyserver kann protokolliert werden. Proxy-Protokolle können zur Statistik, Abrechnung oder Kontrolle der Zugriffe ausgewertet werden. Hierzu gibt es ähnlich wie bei Webservern unterschiedliche Auswertungsprogramme.

- **Caching.** Häufig benutzte Inhalte müssen nicht ständig vom zuständigen Server abgeholt werden, sondern werden vom Proxy zwischengespeichert und stehen daher schneller zur Verfügung. Ein nicht unerheblicher Teil der HTTP-Header dient der Steuerung dieser Zwischenspeicherung, die auch im Proxy-Verbund eingesetzt wird.

- **Bandbreitensteuerung.** Die Internetnutzung sowie die Datenmenge, die einzelne Hosts herunter- oder hinaufladen dürfen, können geregelt werden.

Über den Web-Proxy des IPCop (eine Version des **squid**-Proxy) laufen HTTP, HTTPS, FTP und sonstige Clientanfragen aus dem internen Netz ins Internet, und auf drei Bildschirmseiten lassen sich eine ganze Menge Einstellungen vornehmen, die auch eine Inhaltsfilterung (z.B. Download-Verbot für bestimmte Dateiformate) beinhalten.

> Der Proxy ist zu aktivieren, um unerwünschte Up- und Downloads zu verhindern und den Zugriff auf unerwünschte Webseiten zu unterbinden.

Der Download von MS-Word-Dokumenten und Videos wird beispielsweise durch

```
application/msword
video/mpeg
```

verhindert. Wie restriktiv Sie diese Filter einstellen – zunächst alles blockieren und einzelne Downloads bei Bedarf freigeben oder nur unerwünschte Downloads verbieten – hängt von der internen Netzwerkpolitik ab. Zu empfehlen und sicherer ist natürlich, alles zu sperren und selektiv freizugeben, was benötigt und als sicher erachtet wird.

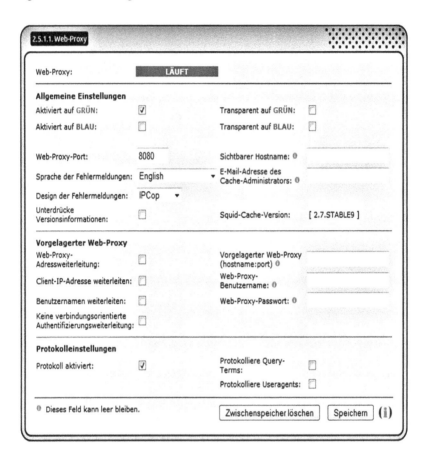

Es sei darauf hingewiesen, dass SSL-gesicherte Verbindungen ein Problem darstellen können, da die Firewall in der derzeitigen Version (2.0.6) nicht auf eine Umverschlüsselung eingerichtet ist, d.h. solche Verbindungen ungefiltert durchgelassen werden. Manche Internetseiten erfordern zwingend HTTPS, so dass ein generelles Sperren von SSL-Verbindungen i.d.R. nicht sinnvoll ist.

Eine Filterung könnte darüber hinaus auch datenschutzrechtliche Probleme schaffen, etwa wenn Mitarbeiter erlaubterweise privaten Webverbindungen, z.B. Webmail oder Banking, aufbauen, und es gibt auch noch weitere Gründe, weshalb die Proxies sich nicht so gerne in diese Verbindungen einklinken. Gerade Downloads sind aber ohne Umverschlüsselung nicht mehr kontrollierbar.

Ein Mittelweg ist, per Ausschlussregel Server wie facebook u.ä., die den meisten Ärger verursachen, erst einmal auszuschließen und die Bandbreite zu begrenzen. Durch Beobachtung der Log-Dateien lassen sich bei Bedarf weitere Anpassungen vornehmen.

Eine der Hauptaufgaben von Web-Proxies ist das Caching, d.h. Seiten häufig benutzter Server werden zwischengespeichert, wodurch die Netzwerkbandbreite und die Belastung der Server reduziert wird. Proxies arbeiten hierzu auch in Verbünden zusammen, und ein Großteil der HTTP-Headerzeilen dient zur Steuerung des Cachings. Auf Details können wir hier nicht eingehen, aber möglicherweise ist ein Beschäftigung mit diesen Details auch hinsichtlich des Betriebes Ihrer eigenen Server interessant.

Der Proxy kann zeitgesteuert eine Bandbreitenregelung vornehmen, um beispielsweise Konflikte zwischen Massendatenübertragung und VoIP zu beheben oder Datenverkehr außerhalb der Geschäftszeiten zu unterbinden. Machen Sie sich aber vor dem Einsatz solcher Mittel klar: die Sicherung des Netzwerkes gegen Angriffe von Außen hat für den Betrieb in der Regel keine negativen Auswirkungen, ein begrenzter Mitteleinsatz, um sich vor versehentlichen Verstößen von Mitarbeitern gegen die Netzwerksicherheit zu schützen, ist auch unproblematisch, ein paranoides Sperren von Funktionen kann aber auch nach hinten losgehen.

Wir haben in der Diskussion bisher vermutlich den Eindruck erweckt, ein Proxy beträfe nur das HTTP-Protokoll. Hier liegt zwar tatsächlich der Haupteinsatz, aber auch andere Dienste wie **ftp** lassen sich über einen Proxy kontrollieren. Wir dringen hier aber nicht tiefer in die Materie ein. Für den Start wird die Einführung genügen, weiteres kann man dem fast 300 Seiten starken **squid**-Handbuch entnehmen. Als letzte Regel halten wir fest:

> Im Gegensatz zum privaten Netzwerk, in dem eine Proxynutzung mehr oder weniger eine freiwillige Option darstellt, ist ein Proxy im Unternehmensnetz aber mehr oder weniger zwingend. In der Firewall müssen Löcher, die am Proxy vorbei führen, gestopft werden.

8.1.3 DNS/DHCP

Bereits bei Versuchen mit Zertifikaten taucht das Problem auf, Serverzertifikate mit einem Domainnamen zu verbinden. Die einfachste (Labor)methode besteht in einem statischen Routing in der Datei **/etc/hosts**, in der eine Liste von IP-Adressen, gefolgt von Host-Bezeichnungen eingetragen wird.

```
127.0.0.1          localhost
192.168.1.103      gilbert.gilbertbrands.de
192.167.1.117      printer.gilbertbrands.de   printer
. . .
```

Sofern bereits mit IPv6-Adressen gearbeitet wird, können diese ebenfalls angegeben werden. Da die 128-Bit-Adressen in ihrer Nomenklatur aber noch ungewohnt sein dürften, sei nicht weiter darauf eingegangen.

Die Hostbezeichnungen (es sind mehrere pro IP-Adresse möglich) können auch Domainnamen enthalten. Im Beispiel ist **gilbert.gilbertbrands.de** ein Rechner im lokalen Netz, während **gilbertbrands.de** ein im Web gehosteter Server ist. Es ist daher ohne Probleme möglich, auch die Server in der lokalen Domain mit dem kompletten Domainnamen anzusprechen.

Die Konfiguration in der Datei **/etc/hosts** ist verwaltungstechnisch vorzugsweise für den Laborbetrieb oder kleine Netzwerke geeignet, in denen die Serverinfrastruktur längerfristig konstant ist. Neue Rechner müssen jeweils mit der **/etc/hosts**-Datei ausgestattet werden, bei einer Änderung der Serverinfrastruktur müssen aber alle Rechner des Netzwerks neu konfiguriert werden, da sonst neue Server nur über ihre IP-Adresse, nicht aber über ihren Namen ansprechbar sind.

In solchen Netzwerken sind die Server statisch zu konfigurieren, d.h. die IP-Adressen sind feste Adressen (**/etc/network/interfaces**):

```
# The primary network interface
auto eth0 inet static
    address 192.168.1.110
    gateway 192.168.1.1
    netmask 255.255.255.0
    dns-nameservers 192.168.1.1
```

Die Adressen der Workstations können diesen zentral über DHCP zugeteilt werden

```
auto eth0
    iface eth0 inet dhcp
```

DHCP übernimmt in der Regel auch die Verteilung der Gateway- und Nameserveradresse sowie der Netzwerkmaske. Ein DCHP-Server ist in IPCop integriert, so dass ein separater DHCP-Server nicht notwendig ist, es sei denn, die Netzwerkgröße erfordert dies. Empfehlenswert ist eine statische Zuordnung der Adressen zu den MAC-Adressen für alle Maschinen, da dies die Verwaltung und Sicherheitskontrollen erleichtert.

Wenn das Netzwerk größer und variabler wird, so dass eine individuelle Konfiguration der Servernamen im Netz einen zu großen Aufwand bedeutet, ist ein DNS-Server zu installieren. Dieser ist primärer und einziger Ansprechpartner aller Arbeitsstationen im Netz und für die Kommunikation mit externen DNS-Servern zuständig (Firewallregeln). Der DNS-Standardserver ist **bind**, für Intranets ist **Dnsmasq** jedoch eine meist bessere Alternative, zumal dieser Server optional auch DHCP bedienen kann, so dass alle Informationen an einer Stelle versammelt sind. **Dnsmasq** greift für die lokale Adressauflösung auf **/etc/hosts** zurück:

```
## Lokales Netzwerk
#  = IP =      =  Domainname =    = Rechnername =
192.168.1.1    router.foo.bar    router        # Der Router
192.168.1.2    neo.foo.bar       neo           # Workstation
192.168.1.3    felidae.foo.bar   felidae       # ein Rechner
192.168.1.5    link.foo.bar      link          # Notebook
192.168.1.11   zeus.foo.bar      zeus          # Das Serverchen
192.168.1.66   bridge.foo.bar    bridge        # WLAN-Bridge
```

In **/etc/resolv.conf** ist auf der Maschine, auf der **Dnsmasq** läuft, die eigene Adresse als Primäradresse anzugeben, erst danach die Adressen der (externen) Server für die Auflösung der Webadressen

```
nameserver 127.0.0.1
nameserver 139.18.31.222
. . .
```

Da bei korrekter Konfiguration von Firewall und DHCP-Server sämtliche DNS-Anfragen aus dem Intranet über den eigenen DNS-Server laufen, lassen sich Zugriffe auch filtern:

```
server=/de/213.73.91.35
address=/facebook.com/127.0.0.1
```

Der erste Eintrag leitet Anfragen für die Domain .de an den angegebenen DNS-Server um (das wird man wahrscheinlich weniger häufig benötigen), die zweite Anfrage verhindert die Auflösung der facebook-Adresse und hält das soziale Netzwerk aus dem Unternehmensnetz fern (was in vielen Fällen wohl sehr sinnvoll wäre).[105]

Wenn der Server auch als DHCP-Server verwendet werden soll, sind die Konfigurationsdaten in die Datei **/etc/dnsmasq.conf** einzutragen.

```
dhcp-range=192.168.0.100,192.168.0.254,12h
dhcp-host=00:07:95:26:2B:C9,neo,192.168.1.2,infinite
dhcp-option=tag:gateway1,3,192.168.1.2
dhcp-boot=/pxelinux.0,zeus,192.168.1.11
```

Bei den **dhcp-option**-Einträgen ist die Optionsnummer für bestimmte Konfigurationsdaten wie DNS-Server, Gateway, usw. im Handbuch zu ermitteln.

Dnsmasq ist ebenfalls Bestandteil des IPCop mit einer Konfigurationsmöglichkeit in der GUI. Für viele Fälle wird man damit vermutlich bereits auskommen, so dass Eingriffe in die Konfigurationsdateien entfallen.

Eine DHCP-Option, auf die wir hier nicht näher eingehen können, ist die **dhcp-boot**-Option. Auch bei kleineren Netzwerken tritt schnell ein höherer Administrationsaufwand ein, wenn Maschinen einzurichten, Software zu installieren und Updates/Upgrades durchzuführen sind. Sind die Arbeitsplätze in einem Netzwerk alle gleich gestaltet, besteht die Möglichkeit, sie zentral über das Netzwerk zu booten und die Software komplett zentral zu verwalten. Die Arbeitsplätze können hardwaremäßig spartanisch eingerichtet sein (ggf. auch ohne

---

105 Weitere Einstellungsnotwendigkeiten können sich auch aus der Verwendung von Proxy-Servern ergeben, die im Extremfall einen über das Intranet hinaus greifenden DNS überflüssig machen können.

eigene Festplatte), weil alles über das Netzwerk abgewickelt wird. Der Nachteil solcher Lösungen ist die Einschränkung von Funktionen in machen Fällen (es kann gewissermaßen nur der größte gemeinsame Teiler der Fähigkeiten der Peripherie umgesetzt werden) und ein Performance-Einbruch bei daten- und rechenintensiven Vorgängen.

Eine andere Variante, die ebenfalls (teilweise) auf die Boot-Option angewiesen ist, ist eine zentrale Installations- und Versionsverwaltung, die voll autarke individuelle Arbeitsstationen ermöglicht, aber die Administration zentralisiert. Beispiele hierzu sind Fully Automatic Installation (FAI) oder m23 als OpenSource-Lösungen. Interessierte Administratoren können auch diese Werkzeuge relativ einfach mit Hilfe virtueller Maschinen erproben und auf Tauglichkeit für den eigenen Betrieb testen; die tiefere Diskussion solcher Aspekte sprengt allerdings den Rahmen dieses Buches.

m23 ist eine freie Softwareverteilung unter der GPL, die Clients mit installieren und administrieren kann. Gesteuert wird m23 mit einem Browser. Die Installation eines neuen Clients geschieht in nur drei Schritten, die Integration von bestehenden Clients ist zudem möglich. Gruppenverwaltung und Masseninstallation vereinfachen die Administration von vielen Rechnern. Das integrierte Client- & Server-Backup schützt vor Datenverlusten. Mittels Virtualisierung können auf m23-Client(s) und m23-Server weitere virtuelle m23-Clients angelegt und über m23 verwaltet werden. Skripte und Softwarepakete zur Installation auf den Clients können direkt aus der Oberfläche erstellt werden.

8.1.4   Physikalische Sicherungen

Da auf Servern, besonders auf den Datenbankservern, häufig sehr sicherheitskritische Daten liegen wie Bankdaten von Kunden, sind weitere Regeln einzuhalten:

> Servermaschinen sind physikalisch zu sichern.

Die Serverhardware sollte schwer entfernbar installiert werden, beispielsweise durch von Innen fest am Standort verschraubte und mit Schlössern gesicherten Gehäusen (oder entsprechend aufgestellten Schränken), die auch die Entfernung der Innerein verhindern.

> Um keine Möglichkeiten für einen Angriff durch ein Reboot des Systems von einem anderen Laufwerk zuzulassen, sind CD-Laufwerke und USB-Anschlüsse zu demontieren.

Ob man nun die Platten der Server durch Verschlüsselung absichert, ist weniger eine technische Frage. Bezüglich der Arbeitsgeschwindigkeit haben Ver- und Entschlüsselung nur wenig Bedeutung, und professionell eingesetzte Server werden ohnehin in einem der höheren RAID-Level betrieben, um Datenzugriff zu beschleunigen und gleichzeitig die Daten redundant zu speichern. Verschlüsselung bedeutet jedoch, dass nach einem Neustart der Systeme – aus welchem Grund auch immer – ein Mitarbeiter mit einer entsprechenden Sicherheitsfreigabe verfügbar sein muss, der die Schlüssel eingibt. Keine Frage ist dies jedoch bei den Backups:

Backups sind verschlüsselt erstellen. Nach dem Gesichtspunkt der „maximum protection" sollten die Festplatten ebenfalls verschlüsselt werden.

Aus verschiedenen Sicherheitsüberlegungen heraus wird nicht selten auch an einem weiteren, vom primären Serverort unabhängigen Standort meist ein Backup geführt. Je nach Sicherheitsstandard des Backup-Servers sind die Daten und in jedem Fall die Datenleitung sicher zu verschlüsseln.[106]

Werden Laufwerke ausgetauscht, sind die ausgemusterten aus Sicherheitsgründen physisch zu zerstören. Dies kann erfolgen durch

✔ mechanisches Zertrümmern (Vorschlaghammer),

✔ ein starkes Magnetfeld (Gehäuse der Platte öffnen),

eine Mikrowelle (Gehäuse der Platte öffnen).

Zur physikalischen Betriebssicherung gehört auch ein Plan, wie bei Betriebsstörungen zu verfahren ist. Hardware kann auch aus völlig natürlichen Ursachen ihren Geist aufgeben. Die (regelmäßige) Beobachtung der Plattenqualität (SMART-Werte) und der rechtzeitige Austausch von Laufwerken bei nahendem Alterstod ist eine vorbeugende Wartungsmaßnahme, aber leider keine Ausfallgarantie, und Netzwerkgeräte sowie Rechner kündigen ein Aufgeben nicht an. Wie lange darf eine Verbindung (Intranet ins Internet oder Server aus dem Internet) gestört sein, bevor unangenehme Verluste an Kunden und Einnahmen eintreten? Wie schnell lässt sich Ersatz beschaffen, welche Geräte sollten als Ersatzteil vorgehalten werden?[107] Können kurzfristig Universalmaschinen/virtuelle Maschinen den Ausfall überbrücken? Können kurzfristig Kapazitäten in der Cloud gebucht werden, und zu welchen Kosten? Welches Personal sollte für Ausfälle zu ungünstigen Zeiten verfügbar sein? Alle die-

---

106 Auf rechtliche Gesichtspunkte der Datensicherung können wir hier nicht eingehen.

107 Ersatzmaschinen vorhalten, die nie benutzt werden und ebenfalls veraltet sind, wenn die Arbeitsmaschinen ausgetauscht werden, sind ein Kostenfaktor, und Maschinen, die jahrelang unbenutzt im Schrank stehen, können genau aus diesem Grund ebenfalls Defekte aufweisen. Ausgemusterte Maschinen können als Reserve genutzt werden, sollten aber nach Möglichkeit regelmäßig getestet werden. Bei Servern bieten sich die Testsysteme als Hilfssysteme an: sie entsprechen dem Stand der Produktivsysteme und laufen auf virtuellen Maschinen und können daher vermutlich (mit einigen Leistungsverlusten) kurzfristig eingesetzt werden, bis Ersatz mit voller Leistungsbreite wieder vorhanden ist.

se Fragen sollten (regelmäßig) bewertet und in einen verbindlichen Notfallplan umgesetzt werden.

8.2 HTTP-Server und Emails

8.2.1 Das allgemeine Sicherheitsproblem

Im Emailbereich wird leider bislang maßlos geschludert wird, und zwar von den gleichen Leuten, die ihre Server akribisch absichern. Die Schuld wird oft auf die Nutzer geschoben, die meist nicht willens oder in der Lage sind, Sicherheitsmaßnahmen nachzuvollziehen, und da im Emailbereich der Nutzer aktiv mitmachen muss und der Serverbetreiber nicht die vollständige Kontrolle hat, nutzt man dies als Ausrede, gleich gar nichts zu tun.

Viele Nutzer sind beispielsweise absolut sicher, alles abgesichert zu haben, wenn sie den Zugriff auf den SMTP- und den POP3/IMAP-Server ihres Providers mit SSL verschlüsseln, und sind maßlos erstaunt, wenn sie erfahren, dass sie damit nur die Übertragungsverbindung zwischen Providerserver und ihrem Rechner abgesichert haben, die Emails aber ansonsten im Internet für jeden, der sich einen Zugang verschaffen kann, vollständig lesbar sind. Passend dazu versenden Unternehmen, die Werbung mit der 256-Bit-Verschlüsselung ihrer Webseite machen, die gerade hochsicher verschlüsselt ausgetauschten Webinformationen zur Bestätigung nochmal als Email im Klartext! Weder werden diese Seiten von den Unternehmen signiert, noch wird irgendwo eine Verschlüsselung auch nur als Angebot erwähnt, obwohl das eigentlich ein Leichtes wäre.

Wie notwendig eine Absicherung ist, davon kann sich jeder anhand von Spam- oder Phishing-Mails[108], die man allenthalben in seinem Emailordner findet, selbst überzeugen. Es ist es geschickten Angreifern problemlos möglich, falsche Identitäten vorzutäuschen und die originalen Logos der gefälschten Seiten zu verwenden. Das ist in vielen Fällen so geschickt gemacht, dass genauere Kenntnisse des Protokollaufbaus oder von HTML notwendig sind, um die Fälschung zu entlarven, falls es dem Empfänger nicht zufällig auffällt, dass er gar kein Konto bei der Bank hat, bei der er gerade eine Sicherheitsbestätigung mit 20 TANs durchführen soll.

> Dabei nützt es auch wenig, dass Unternehmen in nahezu jeder Nachricht darauf hinweisen, dass bestimmte Informationen nie auf diesem Weg abgefragt werden. Die Lernunfähigkeit trifft aber nicht nur Privatleute, wenn man an den großangelegten Betrug mit CO_2-Zertifikaten denkt, bei dem geheime Kennworte vertrauenswürdig am Telefon mitgeteilt wurden.

> Dem Autor ist auch ein Fall bekannt, in dem Einkäufe zwischen langjährigen Geschäftkunden an verschiedenen Enden der Welt über Emails abgewickelt wurden. Ein Hacker

---

108 Phishing-Mails sind die Nachrichten, mit denen versucht wird, dem Anwender unter Vorspiegelung einer falschen Identität geheime Informationen, meist Zugangsdaten zu Bankkonten, zu entlocken.

konnte in diesen Verkehr eindringen und Warenlieferungen und Zahlungen umleiten. Aufgefallen ist dies erst, nachdem beides unwiderruflich verschwunden war.

Mailverkehr lässt sich relativ leicht absichern, wenn man auf die Verschlüsselungsmaßnahmen zurückgreift, die schon bei den HTTP-Servern verwendet wurden. Die Absicherung kann in zwei Stufen erfolgen:

> a) Die Mails können signiert werden. Signierte Mails können nicht verfälscht werden. Signieren Sie Ihre Emails mit Ihren Zertifikaten und weisen Sie Ihre Kunden darauf hin, wie Sie erhaltene Mails auf Fälschungssicherheit prüfen können.[109]

b) Die Mails können verschlüsselt werden. Dazu wird der öffentliche Schlüssel des Empfängers benötigt. Eine Sicherheit über den Absender besteht dabei nicht. Bieten Sie Kunden, die über eigene Zertifikate verfügen (siehe Kapitel 2.6.4 Anwenderauthentifizierung auf Seite 63 ff.), zumindest an, diese zur Verschlüsselung einzusetzen.

Wenn Sie ohnehin schon ein Zertifikatwesen aufgebaut haben, wie es in Kapitel 2.6.3 auf Seite 55 ff. beschrieben wurde, besteht kein zusätzlicher Aufwand, Ihre Emails an Ihre Kunden auch zu signieren. Die Kontrollverfahren sind die gleichen wie beim HTTP-SSL-Verkehr, d.h. wenn Ihre Seiten ohne Probleme angezeigt werden, werden auch Ihre Signaturen von den Mailprogrammen ohne Nebenwirkungen akzeptiert. Beim Anzeigen der Mail wird dem Nutzer angezeigt, dass diese Mail garantiert von Ihnen ist, und Sie können Ihre Kunden darauf hinweisen, dass Mails ohne diese Signatur betrügerische Mails sind.

8.2.2   Emails vom HTTP-Server

Viele Mails werden direkt aus der Serveranwendung heraus versandt. Wenn der Kunde eine Kopie seiner Bestellung erhalten soll, bietet es sich an, dies direkt mit dem Abschluss des Bestellvorgangs aus der HTTP-Serveranwendung heraus zu erledigen. Auch nachfolgende Teile des Geschäftsablaufes wie beispielsweise eine Versandanzeige können durch den Server erledigt werden, wenn Ihre Mitarbeiter den Arbeitsfortschritt ebenfalls über eine HTTP-Serveranwendung dokumentieren.

PHP stellt für das Versenden von Mails die (nicht sehr komfortable) Funktion **mail()** zur Verfügung. Diese ist für sich alleine noch nicht funktionsfähig, sondern benötigt einen lokalen SMTP-Dienst, beispielsweise Mailer-Programm **sendmail**. **sendmail** ist kann mit vielen Bausteinen zu einer kompletten Maillösung als SMTP-Transfer-Agent und POP3/IMAP-Kontenserver aufgerüstet werden. Da es hier nur für den Versand benötigt wird, bleibt der

---

109 Bereits eine Signatur wäre ein deutlicher Fortschritt. Nach einer HTTPS-Geschäftabwicklung wird in der Mail nichts Neues mehr ausgehandelt und (in der Regel) auch keine Geheiminformation mehr übertragen. Eine Verschlüsselung ist dann zwar aus Datenschutzgründen eine sinnvolle Zugabe, aber nicht zwingend notwendig. Gewöhnt man die Nutzer an signierte Mails, wird Phishing schwieriger.

Installations- und Konfigurationsaufwand jedoch minimal. Nach Installation des Grundsystems wird der Empfang durch einen Eintrag in **/etc/mail/sendmail.conf** unterbunden

```
DAEMON_MODE="none";
```

Zusätzlich sollten die Serverports für SMTP, POP3 und IMAP sowohl in der offenen als auch in der SSL/TLS-gesicherten Variante in den Firewallregeln für den HTTP-Server blockiert werden.

Ein einfacher Test, ob der Mailversand funktioniert, ist durch die Befehlssequenz

```
/usr/sbin/sendmail -t -fmail@mail.de -v -i < body.txt
```

mit der Datei „body.txt"

```
Subject: test mail to Some Address!
From: me <mail@localmailer.de>
To:   Testperson <test@gmail.de>
first line of my message

.
```

möglich. **mail@mail.de** ist eine normale Mailadresse, auf der Sie den Empfang kontrollieren können. Probieren Sie möglichst mehrere Adressen aus.

Hat alles funktioniert, so haben Sie die Testmail im Fach **test@gmail.de** empfangen. Sie müssen nun dem Server in der **/etc/php5/apache2/php.ini** den Mailserver bekannt machen:

```
; For Unix only. ...
sendmail_path = /usr/sbin/sendmail -i -t -fmail@mail.de
```

Ob alles funktioniert hat, kann nun in einem PHP-Skript überprüft werden:

```
mail("test@gmail.de","Wichtiger Test","wichtiger test");
```

Danach können Sie sich der korrekten Gestaltung der Mail widmen.

Alternativ zur einfachen **mail()**-Funktion kann man auch eine (komfortablere) PHP-Lösung wie PHPMailer verwenden. SMTP-Server sind sehr leicht auch mittels Telnet manuell bedienbar. Das PHP-Skript PHPMailer nutzt dies aus, direkt aus dem Skript heraus einen Socket zu einem SMTP-Server zu öffnen und die Daten zu versenden.[110] Der SMTP-Server kann die lokale **sendmail**-Installation sein, es ist aber auch möglich, beliebige andere SMTP-Server anzusprechen und auch eine Verbindung über SSL aufzubauen. Der Vorteil einer lokalen Installation ist die meist schnellere Bedienung einer Anfrage (das eine Mail versendende Skript muss ja den kompletten Dialog mit dem Server abwickeln, bevor es beendet werden kann).

Die eigentlichen Stärke des PHPMailers, die seine Verwendung gegenüber der **mail()**-Funktion interessant machen, ist die Möglichkeit, Mailinglisten abzuarbeiten (um beispielsweise in Blogs alle Abonnenten zu unterrichten) und die Mails mitsamt beliebiger Anhänge komfortabel zu erstellen. Die MIME-Konvetionen, nach denen Mails aufzubauen sind, werden im nächsten Kapitel kurz angerissen. Den korrekten Zusammenbau einschließlich der Kodierung

---

110 Sockets dürfen dann natürlich nicht in der Liste geblockter Funktionen in der **php.ini** stehen.

von Binärdaten in Base64, der bei **mail()** von Hand erfolgen muss, wird von der Mailerklasse übernommen.

Probleme beim Versand können dadurch entstehen, dass sich die Mailprogramme ohne andere Konfiguration an den Server der Empfängerdomain wendet. Zur Spamvermeidung akzeptiert jedoch nicht jeder SMTP-Server jeden Transferagenten. Im einfachsten Fall wird kontrolliert, ob der sendende Agent einer im DNS-System registrierten Domain entstammt, die Prüfungen können aber auch so weit gehen, SSL-authorisierte Verbindungen zu verlangen, Anmeldung mit Name/Kennwort durchzuführen oder nicht bekannte Relaisserver nur aus dem eigenen IP-Netzbereich heraus zuzulassen. Da oft ohnehin ein eigener Mailsverver betrieben wird (siehe nächstes Kapitel), wird dieser als Relaisserver in den Konfigurationsdateien eingetragen, so dass alles über ihn abgewickelt wird.

8.2.3 Signieren in der Webanwendung

Wenn Sie keine „große Lösung" betreiben, die im eigenen SMTP-Transferagent Signatur- und Verschlüsselungsfunktionen übernimmt (siehe Kapitel 8.3.2 Email-Gateway auf Seite 173 ff), können Sie dies auch in der PHP-Anwendung vornehmen. PHP verfügt über Bibliotheksfunktionen für X.509- und PGP-Signaturen und -Verschlüsselungen. Für das Signieren einer Mail kann das X.509-Zertifikat des Servers eingesetzt werden.[111] Zur Verschlüsselung einer Mail mittels des öffentlichen Schlüssels des Kunden benötigen Sie dessen X.509-Zertifikat oder wahlweise sein PGP-Zertifikats. Der PGP-Mechanismus ist allerdings nicht kompatibel mit X.509. PGP-Zertifikate können nicht für eine SSL-Authentifizierung auf dem HTTPS-Server eingesetzt werden, und PGP-verschlüsselte Emails besitzen einen anderen Aufbau. Wir beschränken uns daher hier auf die Verwendung von X.509-Zertifikaten.

Eine Email besitzt in der Regel folgenden Aufbau:

```
MIME-Version: 1.0
Content-Type: multipart/mixed; boundary="XXXXboundary text"

This is a multipart message in MIME format.

--XXXXboundary text
Content-Type: text/plain

this is the body text

--XXXXboundary text
Content-Type: text/plain;
Content-Disposition: attachment; filename="test.txt"

this is the attachment text

--XXXXboundary text--
```

---

111 Der Verwendungszweck muss entsprechend definiert sein; Sie können natürlich auch spezielle Mailzertifikate vorsehen.

Durch die MIME-Konventionen (RFC 2045 ff) wird das Dokument in mehrere, ggf. sogar verschachtelte Teile unterteilt. X.509-Signaturen und Verschlüsselungen folgende diesen Mechanismen und können ein ganzes Dokument mit allen enthaltenen Teilen umfassen (RFC 5751). Dazu ist ein Header des Typs

```
Content-Type','multipart/signed;
        protocol="application/x-pkcs7-signature"; micalg=sha1
```

definiert. X.509-behandelte Mails sehen für den Nutzer auf dem Mailagenten deshalb nicht anders aus als unverschlüsselte Emails, außer dass die Signatur zusätzlich angezeigt wird.

Durch anklicken des Briefumschlags erfährt der Anwender dann, dass die Mail signiert ist:

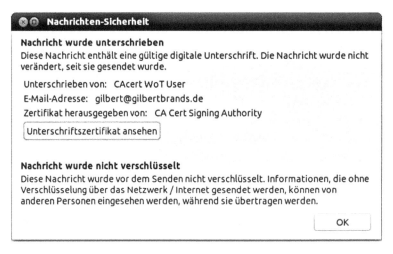

Das Erstellen signierter oder verschlüsselter Mail in einer HTTP-Serveranwendung erfolgt mittels der Methoden

```
openssl_pkcs7_decrypt
openssl_pkcs7_encrypt
openssl_pkcs7_sign
openssl_pkcs7_verify
```

Die openssl-Funktionen arbeiten mit Dateien, weshalb zunächst einige Dateinamen erzeugt werden (wir beschreiben einen kompletten Signatur- und Verschlüsselungsvorgang):

```
$file1=random_string("alnum",10);
$file2=random_string("alnum",10);
$file3=random_string("alnum",10);
```

Die erste Datei enthält die Nachricht, die hier durch die Variable **$data** symbolisiert wird. Diese ist ggf. bereits in MIME-Form vorbereitet, worauf wir hier aber nicht eingehen.

```
$fp = fopen("/home/user/myCA/".$file1, "w");
```

```
fwrite($fp, $data);
fclose($fp);
```

Sodann werden das Signaturzertifikat und der zugehörende Schlüssel geladen. Sofern der Anwender ein Zertifikat zum Verschlüsseln hinterlegt hat, ist dies auf der Variablen **$key** abgespeichert (jeweils im PEM-Format). Außerdem werden die Headerzeilen der Mail in einem Array generiert:

```
$cert = file_get_contents("/home/user/myCA/gs.de.pem");
$key = file_get_contents("/home/user/myCA/gs.de_key.pem");
$pubkey = . . . ;

$header=array("To" => "gilbert@gilbertbrands.de",          "From:
HQ <gilbert@gilbertbrands.de>",
    "Subject" => "Eyes only");
```

Das Zertifikat wird zunächst signiert und dann verschlüsselt, damit im verschlüsselten Zertifikat keinerlei Hinweis auf den Inhalt, auch nicht die Signatur, zu finden ist. Hierzu benötigen wir die beiden weiteren Dateinamen:

```
if($key!=""){
    openssl_pkcs7_sign("/home/user/myCA/".$file1,
                       "/home/user/myCA/".$file2,
                       $cert, $key, array());
    openssl_pkcs7_encrypt("/home/user/myCA/".$file2,
"/home/user/myCA/".$file3,
        $pubkey,$header);
}else{
    openssl_pkcs7_sign("/home/user/myCA/".$file1,
                       "/home/user/myCA/".$file3,
                       $cert, $key, $header);
}

exec(ini_get("sendmail_path") . " < /home/user/myCA/".$file3);
unlink("/home/user/myCA/".$file1);
unlink("/home/user/myCA/".$file2);
unlink("/home/user/myCA/".$file3);
```

Wenn Sie das PHPMailer-Skript verwenden, liefert Ihnen der Mailer durch die Funktionsaufrufe

```
$mail->PreSend();
$message=$mail->GetSendMIMEMessage();
```

die komplette Mail, die nach Entfernen der Kopfzeilen (diese können sich auf dem Weg ändern und werden deshalb nicht signiert) in der beschriebenen Weise signiert und verschlüsselt werden kann. Der gesamte Vorgang wird zweckmäßigerweise in eine Erweiterung der Mailerklasse gepackt, so dass eine Rückgabe des neuen MIME-Körpers kein Problem ist und der Versand mit **$mail->PostSend()** abgeschlossen werden kann.

Ein kritischer Punkt ist der öffentliche Schlüssel des Signaturzertifikats. Der Schlüssel muss in der PHP-Anwendung lesbar auftreten und eine Verschlüsselung ist nicht möglich. Es fallen somit eine Reihe von Sicherungsmaßnamen fort, mit denen der Schlüssel bei reinem HTTPS-Serverbetrieb ausgestattet ist (siehe Kapitel 2.6.2 Konfiguration des Servers auf Seite 50 ff.). Wenn man den Schlüssel für das Serverzertifikat nicht in dieser Weise verwenden möchte, ist ein spezielles Clientzertifikat für die Mailsignatur erzeugen.

8.2.4   Sicherheit als Dienstleistung

In Kapitel 2.6.4 auf Seite 63 ff. haben wir diskutiert, wie Zertifikate zur Kundenauthentifizierung eingesetzt werden können. Voraussetzung dafür und auch für die Verschlüsselung von Emails ist ein Kundenzertifikat. Ob ein Kunde darüber verfügt, ist leicht überprüfbar, in dem in der SSL-Konfiguration

```
SSLVerifyClient optional
```

eingestellt wird. Nur wenn der Kunde ein Zertifikat in seinem Browser installiert hat, wird er nun gefragt, ob er es zur Authentifizierung nutzen möchte. Ist es ungültig, kann er das immer noch ablehnen und sich ohne Zertifikat anmelden.

> Sofern es gültig ist, übernehmen Sie es in seine Kundendaten und bieten ihm dort an, es für Authentifizierungs- und Verschlüsselungszwecke zu nutzen. Die Verwaltung muss beinhalten, dass der Kunde sein Zertifikat aktivieren und deaktivieren sowie austauschen kann.

Nur das in den Kundendaten aktivierte Zertifikat darf für eine Nutzererkennung eingesetzt werden. Meldet sich der Kunde beim SSL-Server mit einem anderen gültigen Zertifikat an, wird dieses nicht zu seiner Erkennung auf dem Server eingesetzt. Das System muss in diesem Fall auf die bewährte Namen/Kennwort-Kombination umschalten.

> Die erweiterte Nutzung für signierte und verschlüsselte Emails ist zu testen und separat freizuschalten.

Wie die HTTPS-Server und die Browser reagieren auch die Emailagenten allergisch auf Emails, deren Zertifikate sie nicht verifizieren können. Bieten Sie dem Kunden daher einen Test für von Ihnen signierte Emails sowie durch ein Kundenzertifikat veschlüsselte Emails an:

> Ich bin an einem abgesicherten Email-Verkehr mit Ihnen und an einem automatischen Loginb über Zertifikate, wie sie auch für die Verschlüsselung dieser Webseite verwendet werden, interessiert. Bitte senden Sie mir eine Testmail mit einem Testlink. Wenn ich sie nicht öffnen kann oder nicht innerhalb von 24 Stunden beantworte, ändert sich nichts am derteitigen Verfahren.
>
> | Testmail für sicheren Emailverkehr anfordern |

In der Email senden Sie einen Link auf eine Seite, die per URL-Parameter mit dem Kundenkonto verbunden ist. Hier kann der Kunde nun aktivieren, ob er signierte oder signiert und verschlüsselte Emails von Ihnen bekommen möchte. Das etwas umständliche Verfahren ist notwendig, da die meisten Leute sich mit der Technik schwer tun und das Eine oder Andere auch schief gehen kann. Es kann sogar empfehlenswert sein, einem Kunden parallel zu verschlüsselten Mails auch Klartextmails mit einem Hinweis zu senden, dass verschlüsselte Mails gesendet wurden und bei erfolglosen Versuchen, diese zu öffnen, über die Kundendatensei-te Abhilfe geschaffen werden kann. Das ist sicher alles etwas aufwändig, aber andererseits können Sicherheitsmaßnahmen auch werbewirksam genutzt werden.

> Sofern Sie ohnehin einen eigenen Zertifikatserver mit Zwischenzertifikaten betreiben, können Sie über die passive Rolle hinaus auch eine aktive Rolle bei der Verbreitung dieser Technologie spielen. Einen Zertifikatserver einzurichten ist wenige Aufwand, als man im ersten Augenblick vielleicht befürchtet: PHP stellt sämtliche Methoden zum Handling von Zertifikaten zur Verfügung. Bieten Sie Ihren Kunden Zertifikate als Dienstleistung an. Von den Kundendaten ausgehend sind Zertifikate schnell erstellt und auch mit wenigen Klicks auf dem Kundensystem installiert (pkcs#12-Format, ver-gleiche Kapitel 2.6.3 SSL-Serverzertifikate auf Seite 55 ff. Die dort beschriebenen Werkzeuge erlauben auch die Erstellung von Anwenderzertifikaten, so dass Sie eine Richtschnur für die Servereinrichtung haben).

8.3   Der Mailservereinsatz

8.3.1   Ticketsysteme

Individuelle Kundenanfragen bedürfen der individuellen Beantwortung durch Mitarbeiter, und die Bearbeitung einer Angelegenheit kann mehrere Mails erfordern. Speziell im End-kundengeschäft empfiehlt sich eine Initiierung solcher Kommunikationsfolgen über den Webserver. Der Nutzer kann hier vor dem Absenden einer Anfrage mit vielen Informatio-nen versehen werden, die gezieltere Anfragen und ein gezielteres Aussuchen der Ansprech-partner im Unternehmen ermöglichen. Die gewohnte Schnittstelle ist kundenfreundlich

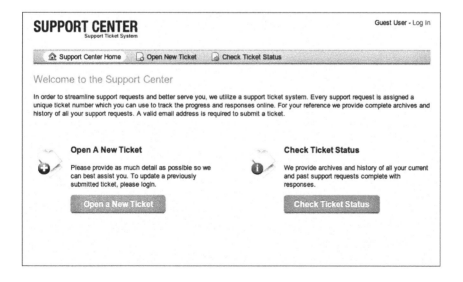

und reduziert auch das Problem von Spammails. Außerdem erfolgt eine konsequente Trennung vom internen Mailverkehr, was irrtümliche Versendung vertraulicher Daten verhindert.

Als Beispiel stellen wir hier **osticket** vor, eine auf php/mysql basierende Lösung, die sich gut in die Webseite integrieren lässt. Die Anfragen werden in einem Webformular erstellt, was die vorhergehende Führung durch Hilfeseiten erlaubt. Zu laufenden Anfragen kann der Bearbeitungsstand ermittelt und ggf. weitere Informationen hinzugefügt werden.

Jede Anfrage erhält eine Ticketnummer, d.h. eine Kennung, anhand der die Anfrage und der gesamt Kommunikationsverlauf sicher zu identifizieren ist. Der Umfang und die Form einer Anfrage sind durch das Webformular etwas eingeschränkt, Dateianhänge können jedoch optional auch zugelassen werden.

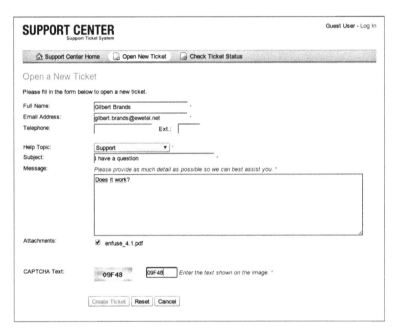

Auch wechselnde Bearbeiter im Betrieb haben immer den kompletten Vorgang vor Augen, ohne lange suchen zu müssen. Außer den Antworten können auch interne weitere Vermerke angefügt oder der komplette Vorgang an eine andere Abteilung übertragen werden. Ist ein Vorgang abgeschlossen, wird er entsprechend markiert, kann aber auch wieder geöffnet werden, wenn das notwendig ist.

Die Kommunikation mit dem Nutzer erfolgt neben dem Onlineportal über normale Emails, die jeweils die Ticketnummer enthalten. Diese darf vom Nutzer bei Antworten als Email nicht verändert werden. Die Anwendung ist in der Lage, POP3- und IMAP-Konten auszuwerten und Emails mit gültigen Ticketnummern zu übernehmen. Hierfür sollte ein spezielles Postfach eingerichtet werden, um eine Vermischung mit anderen Emails zu vermeiden. Die Bearbeitung auf Unternehmensseite erfolgt ausschließlich über das Ticketsystem.

Der Leser dürfte schon häufiger auf solche Systeme gestoßen sein und daher kaum Probleme haben, ein Ticketsystem zu konfigurieren und in seine Anwendungen zu integrieren. Signaturen und Verschlüsselungen dürften in den wenigsten Fällen wirklich notwendig sein, so dass man sich überlegen sollte, ob sich ein Eingriff in solche fertige Software lohnt.

Derartige Softwaresysteme sind in der Regel getestet. Werden sie in die eigene Webanwendung integriert, sollten sie gleichwohl in den Tests mit berücksichtigt werden.

8.3.2   Email-Gateway

Ein komplettes Email-Gateway aufzusetzen ist ein größeres Unterfangen, wobei es obendrein verschiedene Möglichkeiten gibt, den Mailverkehr zu kontrollieren und die Anwender auf ihre Mails zugreifen zu lassen. Wir werden daher auf die Konfigurationsschritte nicht so ausführlich eingehen wie in den anderen Kapiteln, zumal das Üben zum Einen infolge des Spam-Problems bei Emails auch etwas schwieriger wird und man sich unter Umständen auch mit seinem ISP einigen muss, für den Mailausgang einen bestimmten Relaisserver zu verwenden, zum Anderen der Server nicht direkt erreichbar ist, wenn man keine permanente IP-Adresse besitzt.

Herzstück ist der Mail-Relaisserver, der Mails per SMTP empfängt, filtert und weitersendet oder in lokalen Postfächern ablegt. **sendmail** haben wir oben als Mailrelais für ausgehende Nachrichten bereits kennen gelernt. Eine Alternative ist **postfix**, das oft als einfacher bezüglich der Konfigurierbarkeit angesehen wird. Wir werden uns hier bei der Beschreibung der

Zusammenhänge etwas mehr auf **postfix** beziehen, was aber nicht als Wertung zu betrachten ist.

Zum Funktionieren benötigt der Server eine Domäne, auf diese Domäne ausgestellte Zertifikate sowie einige Grundregeln für die Akzeptanz eingehender Mails, z.B.:[112]

```
smtpd_recipient_restrictions = reject_invalid_hostname, ...
```

Ist der Empfänger einer erhaltenen Mail einem Nutzer des Systems zuzuordnen, wird sie auf dem System gespeichert, andernfalls wird sie weitergeleitet oder eine Fehlermeldung an den Sender abgesetzt, sofern beides nicht möglich ist.

Nutzer des Systems sind traditionell diejenigen, für die ein Nutzerkonto auf dem Betriebssystem eingerichtet ist. Ein traditioneller Standardserver greift somit auf Nutzereinträge des Betriebssystems zurück und legt die empfangene Mail im Home-Verzeichnis des jeweiligen Nutzers ab. Ein allgemeiner Mailserver soll jedoch ausschließlich Emailkonten beliebiger Nutzer verwalten, diesen jedoch keinen Zugang zum System öffnen.

Das Problem wird von den Mailservern durch virtuelle Nutzer gelöst. Auf dem System wird pro Forma ein Systemnutzer angelegt, der die Mailboxen für alle Postfachnutzer in seinem Homeverzeichnis verwaltet. Die Postfachnutzer werden zweckmäßigerweise mit einem Datenbanksystem verwaltet. Für **postfix** gibt es für die komfortable Verwaltung der virtuellen Nutzer die Konfigurationsschnittstelle **postfixadmin**, die per HTTPS/PHP angesprochen wird.

| Admin Liste | Domain Liste | Virtual Liste | E-Mail Abruf | Email versenden | Passwort ändern | Sicherung | Log ansehen | Logout |

Überblick	Listet Ihre Aliase und Mailboxen auf. Sie können sie hier editieren und löschen.
Alias hinzufügen	Fügt einen neuen Alias für Ihre Domain hinzu.
Mailbox hinzufügen	Legt eine neue Mailbox für Ihre Domain an.
Email versenden	Versenden Sie eine Email.
Passwort ändern	Ändern Sie Ihr Admin-Passwort.
Log ansehen	Lassen Sie sich das Log anzeigen.
Logout	Ausloggen aus dem System

Postfix Admin 2.3.5 | Angemeldet als gilbert@gilbertbrands.de | Auf Updates überprüfen | Return to change-this-to-your.domain.tld

Die Konfigurationsdaten betreffen Domänen, Namen, Alias-Bezeichnungen, Weiterleitungsvermerke auf andere Mailkonten oder Urlaubshinweise, die teilweise von den Nutzern selbst editiert werden können. Den Servern muss man in ihren Konfigurationsdateien mitteilen, welche Information wo zu finden ist, was die Konfiguration weiter verkompliziert.

Für den Abruf der gesammelten Emails benötigt man einen POP3- oder IMAP-Server. Häufig eingesetzt werden **dovecot** oder **cyrus**, die ebenfalls unterschiedliche Konfigurations-

---

112 Domänen- und Zertifikatkontrolle gehören zur Strategie der Spamreduktion beim Verkehr zwischen den Servern und sind oft der Grund dafür, dass Versuche mit dem heimischen PC nicht sehr weit führen.

komplexitäten mitbringen. Die Verwendung der **postfix**-Datenbank ist ebenfalls in den Konfigurationsdateien einzustellen; bei der Anbindung weiterer SMTP-Relaisserver ist das Abholen der Post von dort zu organisieren, falls auf eine automatische Weiterleitung von diesen Systemen verzichtet wird.

Bei Verwendung von POP3-Servern werden die Emails (in der Regel) auf die Arbeitsstationen der Nutzer heruntergeladen, IMAP organisiert die Verwaltung zentral auf dem Server. Bei IMAP bietet es sich an, die Mail ebenfalls über eine HTTPS/PHP-Schnittstelle wie **squirrelmail** zu verwalten, was nun keine weitere Aufrüstung erfordert, wenn mit **php-myadmin** und **postfixadmin** die wesentlichen Systemkomponenten ohnehin schon auf dem Server vorhanden sind.

> IMAP erlaubt das Anlegen gemeinsamer Ordner bei den Nutzern. Gemeinsame Ordner dürfen nur durch den Administrator freigeschaltet werden.

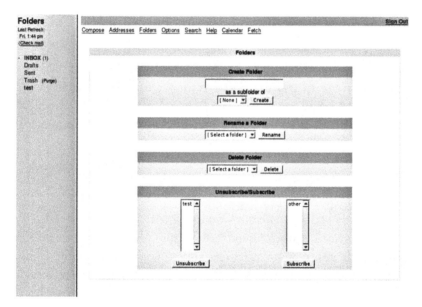

Aus Sicherheitsgründen ist zu kontrollieren, ob vertrauliche Informationen nicht versehentlich an Stellen landen, die für diese Informationen nicht autorisiert sind.[113] Bei gemeinsamen Verzeichnissen von Abteilungen verschiedener Sicherheitsstufen besteht aber keine Kontrollmöglichkeit mehr.

> Die Firewall ist so zu konfigurieren, dass jeglicher Mailverkehr ausschließlich durch den **postfix/dovecot**-Server abgewickelt werden kann. Jeglicher sonstiger Mail-Verkehr zwischen Internet und Intranet wird gesperrt (siehe Kapitel 8.1.1 Firewall auf Seite 150 ff).

---

113 Betrachten Sie als Beispiel die Werbung für ein neues Produkt, für das die Werbeabteilung Daten aus der Entwicklung anfordert. Es wäre wohl nicht so wünschenswert, die diese aus Versehen die Entwicklungsunterlagen heraus gibt und die Werbeabteilung die Entwicklungsdetails in die Werbeprospekte schreibt.

Die Regeln betreffen sowohl die normalen als auch die SSL-geschützen Ports. Wenn die Firewall nach der Maxime „alles gesperrt, gewünschtes definiert geöffnet" arbeitet (empfohlen), ist das leicht zu realisieren.[114]

Mit den bis dato installierten Komponenten ist aber noch nicht das Ende erreicht. Die Mailserver lassen die Installation weiterer Agenten zu:

→ Eingehende Nachrichten müssen vorgegebene Regeln erfüllen (siehe z.B. RFC 4408), um akzeptiert zu werden (Spam-Schutz, Relais-Schutz).

→ Blacklisting und Whitelisting von Domains, ggf. mit Anschluss an Datenbanken für die regelmäßige Aktualisierung der Listen.[115]

→ Greylisting für verdächtige Server, d.h. der Empfang wird vorübergehend abgelehnt, bei Wiederholung aber unterstützt.

→ Spam-Analyse der eingehenden Mails (**spamassissin**). [116]

→ LDAP-Verzeichnisdienste werden unterstützt.

→ . . .

Auch Signaturen und Verschlüsselung können automatisch behandelt werden. Für **postfix** kann hierfür beispielsweise **djigzo** installiert werden. Das Plugin erlaubt eine automatische Signierung ausgehender Email sowie auch die Verschlüsselung von Mails an Adressaten, deren Zertifikate bekannt sind, sowie eine Authentifizierung der Absender anhand ihres Zertifikats.

8.3.3 Content-Policy-Filter

Eine weitere Möglichkeit, die anscheinend bislang nur von Spezialdienstleistern angeboten wird, ist eine Kontrolle intern ausgetauschter Dateien (siehe Anmerkung zu den IMAP-Verzeichnissen). Das in der Fußnote auf Seite 175 geschilderte Beispiel eines unbeabsichtigten Vertraulichkeitslecks scheint kein Einzelfall zu sein, ein alles kontrollierendes Dokumentenmanagements schon eher, so dass eine Kontrolle trnaportierter Informationen ein gangbarer Mittelweg zu sein scheint.

Die erste Möglichkeit besteht im Signieren von Dokumenten. Textverarbeitungssysteme wie Word oder OpenOffice/LibreOffice sowie das Universalformat PDF sehen Signaturen als Bestandteile der Dokumente standardmäßig vor, wobei auch Mehrfachsignaturen möglich sind.

---

114 Das verhindert natürlich nicht jeden Mailverkehr, denn ein Zugriff auf ein externes (privates) HTTP-Webmailkonto wird so nicht verhindert. Eine versehentliche Vermischung dienstlicher und privater Mails ist aber nicht mehr möglich.

115 Bulkmails landen oft im Spam-Ordner, was jedoch bei Versendern abonnierter Newsletter nicht passieren sollte.

116 Auch ausgehende Mails können nach bestimmten Kriterien gefiltert werden, um unerlaubten oder versehentlichen Datenexport zu vermeiden. Allerdings ist das wohl eher eine theoretische Option.

Das ist nicht zu verwechseln mit der Signatur einer Email. Diese bezieht sich ausschließlich auf die Email selbst, bei der ein enthaltenes Dokument zwar in der Signatur berücksichtigt wird, aber nach dem Export wieder unsigniert ist. Ein signiertes Dokument behält seine Signatur unabhängig vom Mailversand.

Ein Mailagent hätte in einem solchen Fall die Aufgabe, nur Mails zu transportieren, die eine gültige Signatur spezieller Transportzertifikate tragen. Zertifikate haben den Vorteil, dass nur bestimmte Personen sie erzeugen können und so auch jederzeit der Nachweis geführt werden kann, wer eine Weiterleitung veranlasst hat. Alternativ oder ergänzend – je nach Sicherheitsbedürfnis – müssen bestimmte Eigenschaften im Dokument definiert sein, um vom Filter durchgelassen zu werden.

Solche Eigenschaftsfelder können in allen wesentlichen Dokumenttypen hinterlegt werden, und ein Filteragent kann hierdurch auch sehr komplexe Filterregeln kontrollieren.[117]

---

117 OpenOffice würde mit etwas Aufwand sogar etwas erlauben, das an eine Workflow-Kontrolle grenzt.

Der eine oder andere Leser mag vielleicht auch an eine echte Inhaltsfilterung der Dokumente denken, wie sie etwa in der Spamerkennung vorgenommen wird. Rein theoretisch mag so etwas funktionieren, wird in der Praxis aber vermutlich am geeigneten Trainingsmaterial in der notwendigen Menge scheitern. Die Konstruktion von Filtern, die Dokumente anhand von definierten Eigenschaften und Signaturen klassifizieren und den Mailfluss kontrollieren, ist nicht allzu schwierig; die Definition von einfach zu handhabenden Regeln vielleicht schon eher.

8.4 Weitere Komponenten

8.4.1   FTP-Server

Für den Dateiaustausch können FTP-Server eingesetzt werden, was jedoch nur noch in speziellen Fällen sinnvoll sein dürfte. Wir behandeln diese Thema daher nicht weiter.

8.4.2   Emails und große Dateien

Probleme können bei Mailservern beim Versand großer Dateien entstehen. Die Datenmengen, die mit einer Mail versandt werden können, sind meist auf ca. 5 MB begrenzt, wobei die Begrenzung vorzugsweise im Bereich der POP3-Server zu suchen ist, die nicht mehr an Daten akzeptieren. Die SMTP-Server spielen in der Regel auch bei größeren Mengen noch mit.

Die Mengenbegrenzung lässt sich durch Auslagerung lösen: die große Datei wird mittels HTTPS auf einen Server hochgeladen, und in der Mail wird nur ein Link auf diese Datei übertragen. Ist der Dateiname eine kryptologisch sichere Zufallzahl und das Upload-Verzeichnis von Außen nicht sichtbar, ist die Datei hinreichend geschützt. Eine PHP-Lösung hierfür ist nicht allzu schwer zu implementieren; alternativ kann auch ein AddOn für den lokalen Mailagenten verwendet werden.

8.4.3 VoIP

Die Internettelefonie ist vielerorts dabei, die herkömmlichen Telefonienetze abzulösen. Hierfür wird ein SIP-Server benötigt, bei dem sich die IP-Telefone anmelden. Eine Verbindung zwischen zwei Endgeräten wird von den zuständigen SIP-Servern ausgehandelt, anschließend kommunizieren die Endgeräte über RTP oder ein anderes Realtime-Protokoll miteinander.

Der SIP-Server **asterisk** ist eine freie Implementation, mit der man sich in diese Thematik einarbeiten kann. Die Problematik dabei ist vielfältig:

*   Der Server kann sowohl ins Internet als auch in ein ISDN-Netz vermitteln.

*   Die traditionellen Telefonieprotokolle (H.323 und andere) sind aufgrund von Abrechungsinformationen, Roaming-Optionen, QoS-Diensten usw. nicht gerade einfach gestrickt, und vieles ist auch in den IP-Bereich zu übertragen.

*   Die Protokolle im IP-Bereich sind zwar weitgehend genormt, Änderungen sind jedoch möglich, insbesondere bei der abzusehenden Ipv6-Umstellung.

*   Es können mit verschiedenen Mitteln IP- als auch traditionelle Telefone angeschlossen werden.

Mit **asterisk** lädt man sich gewissermaßen einen Bausatz herunter, mit dem man sich seine Betriebsumgebung zusammenbauen muss. Wer umstellen und dabei auf professionelle (und meist recht kostspielige) Dienstleistungen verzichten will, sollte besser klein mit einer Minimalversion anfangen, zumal der Server auch noch mit den Firewalls zusammenspielen muss.

8.4.4 Authentifizierung

Insbesondere bei WLAN-Nutzung tritt das Problem der Authentifizierung auf, das nicht wie im privaten Bereich durch ein allgemeines Kennwort für alle Maschinen gelöst werden darf. Mobile Rechner müssen sind ggf. in WLANs verschiedener Standorte einloggen können, jede Verbindung ist durch individuelle Verschlüsselung zu sichern, und WLAN-Bereiche für Kunden sind streng vom eigenen Netz abzuschotten.

Für die zentrale Authentifizierung und die Erledigung der anderen Aufgaben wird der **Radius**-Server eingesetzt, der auch in Bereichen wie VPN usw. genutzt werden kann (wir haben hierfür Zertifikate vorgesehen). Auch hier ist wieder eine Rückwirkung auf die Firewall und/oder den Web-Proxy möglich.

9   Anhänge

9.1   My_Session.php

```php
<?php if ( ! defined('BASEPATH')) exit('No direct script access allowed
(Session)');

/**
 * View class
 */

class View {

   var $_keys = array(
       'session_id' => 0,
       'view_id' => 0,
       'p_ctrl' => 0
   );

   var $_data = array(
       'viewdata' => '',
       'parent_view' => 0,
       'directory' => '',
       'controller_class' => '',
       'controller_method' => '',
       'controller_parms' => '',
       'status' => '',
       'last_activity' => 0,
       'cached_output' => '');

   var $_in_db = FALSE;

   var $_viewdata = array();

   var $_CI;

   function __construct(){
      $this->_CI=&get_instance();
   }


   function _write_db()
   {
      $this->_data['viewdata']=serialize($this->_viewdata);
      if($this->_in_db){
         $this->_CI->db->where('session_id',$this->_keys['session_id']);
         $this->_CI->db->where('view_id',$this->_keys['view_id']);
         $this->_CI->db->update($this->_CI->config->item('sess_viewtable_name'),
$this->_data);
      }else{

$this->_CI->db->insert($this->_CI->config->item('sess_viewtable_name'),array_merge($
this->_keys,$this->_data));
         $this->_in_db=TRUE;
      }
   }
```

```
function _read_db($sess,$vid){

$query=$this->_CI->db->get_where($this->_CI->config->item('sess_viewtable_name'),arra
y('session_id'=>$sess,'view_id'=>$vid));

    if($query->num_rows()==0){
        return FALSE;
    }
    $this->_in_db=TRUE;
    $row=$query->row_array();
    foreach(array_keys($this->_keys) as $value){
        $this->_keys[$value]=$row[$value];
    }
    foreach(array_keys($this->_data) as $value){
        $this->_data[$value]=$row[$value];
    }
    $this->_viewdata=unserialize($this->_data['viewdata']);
    return TRUE;
}

function viewdata($entry){
    if(isset($this->_viewdata[$entry])){
        return $this->_viewdata[$entry];
    }else if(isset($this->_keys[$entry])){
        return $this->_keys[$entry];
    }else if(isset($this->_data[$entry])){
        return $this->_data[$entry];
    }else{
        return FALSE;
    }
}

function all_viewdata(){
    return $this->_viewdata;
}

function set_viewdata($entry,$value=FALSE){
    if(isset($this->_keys[$entry]) || isset($this->_data[$entry])){
        return FALSE;
    }
    $this->_viewdata[$entry]=$value;
    $this->_write_db();
    return TRUE;
}

function unset_viewdata($entry){
    if(isset($this->_viewdata[$entry])){
        unset($this->_viewdata[$entry]);
        $this->_write_db();
    }
}

function anchor(){
    $link=site_url()."/".$this->_keys['view_id']."/".
$this->_data['controller_class']."/".$this->_data['controller_method'];
    if(strlen($this->_data['controller_parms'])>0){
        $link.="/".$this->data['conrtoller_parms'];
    }
    return $link;
}

function closer(){
    return site_url()."/".$this->_keys['view_id']."/".
$this->_data['controller_class']."/close_this_view";
    }
};
// --------------------------------------------------------------------------
```

```php
/**
 * Session Class
 *
 */
class MY_Session extends CI_Session {

    var $_view_object = FALSE;

    /**
     * Session Constructor
     *
     * The constructor runs the session routines automatically
     * whenever the class is instantiated.
     */
    public function __construct($params = array())
    {
        parent::__construct($params);

        if($this->userdata('session_id')=='0'){
            show_error('forbidden access');
        }

        if($this->CI->config->item('sess_views_enable')===TRUE)
        {
            if(parsed_view_id()===FALSE)
            {
                if($this->CI->config->item('view_automatic_control')===TRUE)
                {
                    $this->_view_object =
                        $this->_view_create($this->CI->uri->rsegment(1),'index','','NEW');
                    redirect(site_url($this->_view_object->_keys['view_id'].'/'.
                        $this->CI->uri->rsegment(1).'/index'), 'refresh');
                }
            }
            else
            {
                $this->_view_object = new View();
                if(!
$this->_view_object->_read_db($this->userdata('session_id'),parsed_view_id())){
                    $view =
                        $this->_view_create($this->CI->uri->rsegment(1),'index','','NEW');
                    redirect(site_url($view->_keys['view_id'].'/'.
                        $this->CI->uri->rsegment(1).'/index'), 'refresh');
                }else{
                    if($this->CI->uri->segment(1) !=
                            $this->_view_object->_data['controller_class']){
                        show_error("invalid controller/method",500);
                    }
                    if($this->CI->uri->segment(2)=='close_this_view'){
                        $this->_close_view();
                    }
                    if($this->CI->uri->segment(2) !=
                            $this->_view_object->_data['controller_method'] ){
                        show_error("invalid controller/method",500);
                    }
                    $this->_manage_view_state();
                }
            }
        }

    }

    // ----------------------------------------------------------------
```

# 184 Anhänge

```php
/**
 * View_create
 */

function _view_create($c_class,$c_method,$c_parms='',$mode='NEW',$dep=FALSE)
{
    $view=new View();
    $view->_keys['session_id']=$this->userdata('session_id');
    $view->_data['controller_class']=$c_class;
    $view->_data['controller_method']=$c_method;
    $view->_data['controller_parms']=$c_parms;
    $view->_keys['view_id']=
            $this->CI->config->item('view_id_prefix').random_string('alnum',16);
    $view->_keys['last_activity']=$this->_get_time();
    $view->_data['status']=$mode;
    if($this->_view_object===FALSE || $dep===FALSE)
    {
        $view->_data['parent_view']=$view->_keys['view_id'];
        $view->_keys['p_ctrl']=0;
    }
    else
    {
        $view->_data['parent_view']=$this->_view_object->_keys['view_id'];
        $view->_keys['p_ctrl']=$this->_view_object->_keys['view_id'];
    }
    $view->_write_db();
    return $view;
}


function _view_clone($dep,$par=TRUE){
    $view=clone $this->_view_object;
    $view->_keys['view_id']=
            $this->CI->config->item('view_id_prefix').random_string('alnum',16);
    if(!$dep){
        $view->_keys['p_ctrl']=0;
    }
    if(!$par){
        $view->_data['parent_view']=$view->_keys['view_id'];
    }
    $view->_keys['last_activity']=$this->_get_time();
    $view->_data['status']='NEW';
    $view->_in_db=FALSE;
    $view->_write_db();
    return $view;
}
// --------------------------------------------------------------------


/**
 * Control the state of the view
 */

function _manage_view_state(){
    switch($this->_view_object->_data['status']){
        case 'NEW':
            break;

        case 'OPEN':
        case 'LOCK':
            if($this->CI->input->server('REQUEST_METHOD')=="POST"){
                break;
            }
            if(strlen($this->_view_object->_data['cached_output'])!=0){
                echo $this->_view_object->_data['cached_output'];
                exit();
            }else{
                log_message('debug','No cache found for view, internal error.');
```

```
                    show_error("Cache error. Aborted.");
                }
                break;

          case 'VI_FREE':
              $this->_check_lock_state();
              $view=$this->_view_clone(FALSE);
              echo json_encode(array('status' => 'OK','ctrl' => 'no' ,
                  'link' => $view->anchor(),'open' => '_blank',
                  'mode' => $view->viewdata('windowmode')));
              exit();

          case 'VI_DEP':
              $this->_check_lock_state();
              $view=$this->_view_clone(TRUE);
              echo json_encode(array('status' => 'OK','ctrl' => 'yes',
                  'link' => $view->anchor(),'open' => '_blank',
                  'mode' => $view->viewdata('windowmode')));
              exit();

          case 'VI_LOCK':
              $this->_check_lock_state();
              $view=$this->_view_clone(TRUE);
              $viewp=new View();
              $viewp->_read_db($this->userdata('session_id'),
                      $this->_view_object->_data['parent_view']);
              $viewp->_data['status']='LOCK';
              $viewp->_write_db();
              echo json_encode(array('status' => 'OK','ctrl' => 'yes',
                  'link' => $view->anchor(),'open' => '_parent',
                  'mode' => $view->viewdata('windowmode')));
              exit();

          case 'VI_KILL':
              $this->_check_lock_state();
              $view=$this->_view_clone(FALSE,FALSE);
              $this->CI->db->delete($this->CI->config->item('sess_viewtable_name'),
                  array('session_id' => $this->userdata('session_id'),
                      'view_id' => $this->_view_object->_data['parent_view']));
              echo json_encode(array('status' => 'OK','ctrl' => 'no',
                  'link' => $view->anchor(),'open' => '_parent',
                  'mode' => $view->viewdata('windowmode')));
              exit();
        }
    }


    function _close_view(){
        if($this->viewdata('view_id')==$this->viewdata('parent_view')){
            $ar=array('status'=>'message','link'=>'Diese Teilsitzung wurde geschlossen.
Schließen Sie das Browserfenster von Hand, wenn es nicht automatisch geschlossen
wird.');
        }else{
            $view=new View();
            if(!$view->_read_db($this->userdata('session_id'),
                    $this->_view_object->_data['parent_view'])){
                $ar = array('status'=>'close','link'=>'');
            }else if($view->_data['status']=='LOCK'){
                $view->_data['status']="OPEN";
                $view->_write_db();
                $ar = array('status'=>'load','link'=>$view->anchor());
            }else{
                $ar = array('status'=>'close','link'=>'');
            }
        }
        $this->view_destroy();
        echo json_encode($ar);
```

```
        exit();
    }

    /**
     * Prüfen des Elterneintrags
     */

    function _check_lock_state(){
        $view=new View();
        $view->_read_db($this->userdata('session_id'),
                $this->_view_object->_data['parent_view']);
        if($view->_data['status']=='LOCK'){
            echo json_encode(array('status'=>'LOCK',"message" => "Funktion blockiert.
Fenster kann erst nach Schließen des aktiven Kindfensters geöffnet werden."));
            exit();
        }
    }

    /**
     * Speichern und Lesen von Sichtdaten
     */
    function viewdata($entry){
        return $this->_view_object->viewdata($entry);
    }

    function all_viewdata(){
        return $this->_view_object->all_viewdata($entry);
    }

    function set_viewdata($entry,$value=FALSE){
        return $this->_view_object->set_viewdata($entry,$value);
    }

    function unset_viewdata($entry){
        return $this->_view_object->unset_viewdata($entry);
    }

    function view_destroy(){
        $this->CI->db->where('session_id',$this->userdata('session_id'));
        $this->CI->db->where('view_id',$this->viewdata('view_id'));
        $this->CI->db->delete($this->CI->config->item('sess_viewtable_name'));
    }

    function view_redirect($redir=TRUE){
        if($this->_view_object!==FALSE){
            return;
        }

        if($redir===TRUE){
            show_error("invalid controller/method",500);
        }

        $this->CI->db->select('view_id');
        $this->CI->db->where('session_id',$this->userdata('session_id'));
        $this->CI->db->where('controller_class',$this->CI->uri->rsegment(1));
        $this->CI->db->where('controller_method',$this->CI->uri->rsegment(2));
        $result=$this->CI->db->get($this->CI->config->item('sess_viewtable_name'));
        if($result->num_rows()!=0){
            $this->_view_object=new View();
            $view->_view_object->_read_db($this->userdata('session_id'),
$result->row(0)->view_id);
            return;
        }
        $view->_view_object = $this->_view_create($this->CI->uri->rsegment(1),
$this->CI->uri->rsegment(2),$this->CI->uri->rsegment(3),'NEW');
    }

    function view_anchor(){
```

```
      return $this->_view_object->anchor();
   }

   function parent_link(){
      $view=new View();
      $view->_read_db($this->userdata('session_id'),
$this->_view_object->_data['parent_view']);
      return $view->anchor();
   }

}
// END Session Class

/* End of file MY_Session.php */
/* Location: ./application/libraries/MY_Session.php */
```

9.2   MY_Router.php

```php
<?php  if ( ! defined('BASEPATH')) exit('No direct script access allowed (Router)');

/**
 * Merker für die gefundene View_id
 */

function parsed_view_id($result=FALSE)
{
   static $view_id=FALSE;
   if($result!==FALSE)
   {
      $view_id=$result;
   }
   return $view_id;
}

/**
 * Routerklasse überschrieben für das View-Management
 *
 * */


class MY_Router extends CI_Router {

   function __construct()
   {
      parent::__construct();
      log_message('debug', "MY_Router Class Initialized");
   }

   // -------------------------------------------------------------------

   /**
    * Most function match the original core functions
    */


   /**
    *  Parse Routes
    *
    * This function matches any routes that may exist in
    * the config/routes.php file against the URI to
    * determine if the class/method need to be remapped.
```

```php
 *
 * @access    private
 * @return    void
 */
function _parse_routes()
{
    // Extracte the view_id from the URI-String
    if($this->config->item('sess_views_enable')===TRUE)
    {
        $this->_check_viewid();
    }

    parent::_parse_routes();
}

// ----------------------------------------------------------------------

function _check_viewid()
{

    if(strlen($this->uri->uri_string)==0)
    {
        return;
    }

    if(strpos($this->uri->segments[0],$this->config->item('view_id_prefix'))===0)
    {
        parsed_view_id($this->uri->segments[0]);
        $this->uri->segments=
                array_slice($this->uri->segments,1,count($this->uri->segments)-1);
        $this->uri->uri_string=implode("/",$this->uri->segments);
        return;
    }

    if($this->config->item("view_automatic_control")===TRUE)
    {
        $this->uri->uri_string="";
        $this->uri->segments=array();
        return;
    }
}

}
// END Router Class

/* End of file Router.php */
/* Location: ./system/core/Router.php */
```

9.3 MY_Output.php

```php
<?php  if ( ! defined('BASEPATH')) exit('No direct script access allowed (Session)');

/**
 *
 * @author user
 *
 * The output of a page is cached in the view data. The cached view data are
displayed, if the
 * page is reloaded, instead of constructing the page again.
 *
 */
```

```php
class MY_Output extends CI_Output {

    public function __construct($params = array())
    {
        parent::__construct($params);
        log_message('debug','MY_Output initialized');
    }

    /**
     * (non-PHPdoc)
     * @see CI_Output::_display()
     *
     * Final output is send to the browser (and the database)
     */

    function _display($output = ''){
        parent::_display($output);
        $CI=&get_instance();
        if($CI->session->_view_object!==FALSE){
            $CI->session->_view_object->_data['status']='OPEN';
            $CI->session->_view_object->_data['cached_output']=$this->get_output();
            $CI->session->_view_object->_write_db();
        }
    }
};
```

9.4 Helper.php

```php
<?php if ( ! defined('BASEPATH')) exit('No direct script access allowed');

/**
 * Hilfsmethoden zur Erzeugung neuer Sichten. Diese sind in den Controllern zunächst
 * zu generieren, um Daten hinterlegen zu können.
 */
function _view_make($url,$mode){
    $CI=&get_instance();
    $val=explode('/',$url);
    if(!isset($val[2])){
        $view=$CI->session->_view_create($val[0],$val[1],'',$mode,TRUE);
    }else{
        $view=$CI->session->_view_create($val[0],$val[1],$val[2],$mode,TRUE);
    }
    return $view;
}


function view_free($url){
    return _view_make($url,'VI_FREE');
}


function view_dep($url){
    return _view_make($url,'VI_DEP');

}

function view_lock($url){
    return _view_make($url,'VI_LOCK');
}
```

```php
function view_kill($url){
    return _view_make($url,'VI_KILL');
}

/**
 * Mit Hilfe der virtuellen Sichten werden Links für die Views generiert
 */

function view_anchor($view,$text,$l_type='link'){
    switch($l_type){
        case 'link':
            $output='<a href="#" onclick="viewmanager(';
            $output.="'".$view->anchor()."')".'">';
            $output.=$text.'</a>';
            break;

        case 'button':
            $output='<input type="button" onclick="viewmanager(';
            $output.="'".$view->anchor()."'";
            $output.=')" value="'.$text.'">';
            break;
    }
    return $output;
}

/**
 * Erzeugen eines Links zum Schließen des Fensters
 */

function view_close_window($text="Fenster schließen",$l_type='link'){
    $CI=&get_instance();
    switch($l_type){
        case 'link':
            $output='<a href="#" onclick="viewcloser(';
            $output.="'".$CI->session->_view_object->closer()."')".'">';
            $output.=$text.'</a>';
            break;

        case 'button':
            $output='<input type="button" onclick="viewcloser(';
            $output.="'".$CI->session->_view_object->closer()."'";
            $output.=')" value="'.$text.'">';
            break;
    }
    return $output;
}
```

9.5 JavaScript

```javascript
/*
 Skripte des View-Managers
 */

var _windCtrlAr = new Array();

function CloseWindows() {
    var i;
    for (i = 0; i < _windCtrlAr.length; i++) {
        try {
            _windCtrlAr[i].close();
        } catch (e) {
```

```
        }
    }
}

function viewmanager(url) {
    $.post(url, {
        ask : 'ask'
    },
    function(data) {
        try {
            var obj = JSON.parse(data);
            if (obj.status == 'OK') {
                if (obj.ctrl == 'no') {
                    window.open(obj.link, obj.open, obj.mode);
                } else {
                    _windCtrlAr.push(window.open(obj.link, obj.open,
                        obj.mode));
                }
            } else {
                alert(obj.message);
            }
        } catch (e) {
            alert('Aufruf ungültig.');
        }
    });
    return false;
};

function viewcloser(url) {
    $.post(url,
        {
            cmd : 'close'
        },
        function(data) {
            CloseWindows();
            try {
                var obj = JSON.parse(data);
                switch (obj.status) {
                case 'close':
                    window.close();
                    break;
                case 'load':
                    window.open(obj.link, "_parent");
                    break;
                case 'message':
                    alert(obj.link);
                    window.close();
                }
            } catch (e) {
                alert('Aufruf ungültig. Schießen Sie das Fenster von Hand, wenn es
nicht automatisch geschlossen wird.');
            }
            ;
        });
    return false;
};
```

Stichwortverzeichnis

Gilbert Brands

IT – Sicherheit 1.5

Internetprotokolle, Webprogrammierung, Systemsicherheit

Blick ins Buch!

Wie funktionieren Internetprotokolle im Detail, welche Tricks können Angreifer nutzen, um Informationen auszuspähen? Wie sind EMails, IP-Telefonie und Funknetze organisiert, wie können Angreifer eindringen oder stören, wie kann man sich schützen? Worauf ist bei der Webprogrammierung zu achten, um SQL-Injections, Cross-Site-Scripting und andere Angriffe zu verhindern? Wie baut man ein verschlüsseltes Netzwerk auf, was ist bei Zertifikaten zu beachten? Wie sind die Details von SSL, SSH, PGP, VPN? Wie unterscheiden sich Public Key Infrastructure und Kerberos? Das Buch gibt auf diese und weitere Fragen zu anderen Protokollen detaillierte Auskunft. Darüber hinaus werden Viren und Schadsoftware betrachtet und Möglichkeiten der Absicherung angesprochen. Aber auch Geschäftsprozesse wie Dokumentenverwaltung und anderes finden Berücksichtigung.

Das Buch wendet sich an Studenten Informatik und Wirtschaftsinformatik sowie IT-Fachleute aus Unternehmen. Der Autor ist Hochschullehrer mit den Lehr- und Forschungsgebieten softwaretechnische und mathematische IT-Sicherheit und Mitglied der Arbeitsgruppe IuK-Kriminalität der Polizeidirektion Oldenburg/Hochschule Emden-Leer.

Ergänzend zu lesen: Verschlüsselung, Signaturen, Angriffsmethoden, ISBN 978-8448-0872-8. und Das C++ Kompendium, ISBN 978-3-642-04786-2.

- Taschenbuch: 612 Seiten
- Verlag: CreateSpace Independent Publishing Platform (29. November 2012)
- Sprache: Deutsch
- ISBN-10: 1481119273
- ISBN-13: 978-1481119276
- Link: http://www.amazon.de/dp/1481119273

Pressemitteilung / Bibliotheksinformation

Buchneuerscheingung

Gilbert Brands

Verschlüsselung, Signaturen, Angriffsmethoden

Die Welt der elektronischen Sicherheit in Theorie und Praxis

BoD Norderstedt 2012, 596 Seiten, 45,80 €

ISBN 978-3-8448-0872-8

Das Buch beginnt mit der Untersuchung der Schnittstelle Mensch-Maschine. Wie sollten Kennworte unter verschiedenen Rahmenbedingungen gestaltet und verwaltet werden, warum ist beispielsweise eine vierstellige EC-PIN relativ sicher? Wie funktionieren biometrische Verfahren zur Personenindentifizierung, und wie sicher oder unsicher sind sie? Es geht dann über zu maschinengebundenen Verschlüsselungsverfahren und vergisst auch die für die Praxis wichtige Kodierungsfrage nicht. Über einfache Sicherungsverfahren und Wasserzeichen geht es zu symmetrischen Verschlüsselungsverfahren mit der Vorstellung der wichtigsten Algorithmen aus Netzwerk-, Festplatten- und Mobilfunkverschlüsselung, wobei ausführlich statistische und physikalische Angriffsverfahren vorgestellt werden. Mit der gleichen Sorgfalt werden die Hashalgorithmen der derzeitigen und der nächsten Generation und ihre vielfältige Verwendung vorgestellt, wobei auch hier Angriffsmöglichkeiten und ihre Ausnutzung nicht fehlen.

Für die asymmetrischen Verfahren wie RSA und Diffie-Hellman wird die Mathematik in einem eigenen Kapitel vorbereitet. Neben dem Standardeinsatz SSL oder PKI werden unterschiedliche Gruppensignaturen sowie auch die Möglichkeit der transparenten Durchführung demokratischer Wahlen über das Internet ausführlich vorgestellt. Die letzten beiden Kapitel widmen sich mit mathematischen Betrachtungen zu Primzahlen den noch offenen Fragen der asymmetrischen Algorithmen und mit der Untersuchung verschiedener Faktorisierungsalgorithmen der Sicherheitsfrage von RSA.

Das mathematische Niveau des Buches erfordert in den praxisorientierten Kapiteln kaum mehr als Schulniveau, gewinnt aber in den letzten Kapiteln einiges an Fahrt, wobei darauf Wert gelegt wird, dass der Leser den Anschluss nicht verliert. Dazu tragen auch die in jedem Kapitel reichlich vorhandenen Aufgaben bei, die den Leser meist auffordern, das Gelesene in eine Computeranwendung umzusetzen. Interesse an Programmierung ist daher auch gefragt.

Die Zielgruppen des Buches sind hauptsächlich Informatiker, Mathematiker und Elektrotechniker, und hier nicht nur Studenten und Hochschulen, sondern auch Praktiker im Beruf, die sich mit Sicherheitsfragen in Netzwerken oder der Entwicklung von Sicherheitsanwendungen auseinander setzen. Aber auch der einfach nur interessierte Leser dürfte auf seine Kosten kommen. Einen Eindruck über das Gesamtspektrum des Buches bietet der von den großen Online-Buchhändlern angebotene „Blick ins Buch".

http://www.amazon.de/Verschl%C3%BCsselung-Signaturen-Angriffsmethoden-elektronischen-Sicherheit/dp/3844808728/ref=sr_1_1?ie=UTF8&qid=1334637490&sr=8-1

Kontakt: Prof. Dr. Gilbert Brands, 26736 Krummhörn, email: gilbert@gilbertbrands.de

www.ingramcontent.com/pod-product-compliance
Lightning Source LLC
Chambersburg PA
CBHW080411060326
40689CB00019B/4212

* 9 7 8 1 4 8 9 5 6 5 9 9 0 *